THE RESEARCH ON THE ADMINISTRATIVE POWER OF OVERSEAS INVESTMENT

海外投资管理权研究

王佳宜◎著

法律出版社 LAW PRESS · CHINA

目录

引　言

一、本书的研究目的和意义

（一）研究目的

本书的首要目的是完善海外投资管理权的基础理论，剖析其生成的理论基础、运行机制和主要内容，论证其在海外投资法中的重要作用。海外投资管理权是国家主权，准确地说，是国家经济主权在海外投资领域的具体体现，如同国家主权是国际法的基石，海外投资管理权是国际投资法的基础理论，但是当前中外学者对它的理论研究屈指可数，故本书将其作为首要内容进行研究。

其次，本书旨在分析海外投资管理权在当代海外投资法律体系中的发展与变化，挖掘其内部逻辑与发展轨迹。经济主权与主权同属历史范畴，是动态发展的概念，从其产生到发展都是由不同时代的经济特征所决定的。[1]海外投资管理权亦是如此，它产生于特定的历史时期，随着社会的发展而演变，在不同时期呈现不同的特征和内容，需要用发展的眼光进行审视。本书

[1] 徐泉：《国家经济主权论》，人民出版社 2006 年版，第 91 页。

将海外投资管理权置于海外投资发展进程的不同阶段,追问其现实依据,描绘其发展轨迹。除历史分析外,本书还将海外投资管理权置于不同的主体维度、不同的领域及不同的具体制度中,进行具体而又综合的研究。

最后,本书目的之一在于为中国海外投资管理权法律制度的完善提出建议。具体来说,以中国为代表的发展中国家,需重视自身主权的运用与保护,不应"随波逐流",为了短期的经济利益而放弃对海外投资活动的有效管理。权力的具体运用表现为国家在面临现实利益及未来发展时的一种制度选择,理论是制度背后的有力支撑。研究海外投资管理权法律制度,无论是对发达国家的先进管理措施的学习,抑或是对同为发展中国家的经验的借鉴,都对中国构建合理的、高效的海外投资管理权法律制度大有裨益,并助力其政治、经济利益的实现。

(二)研究意义

1.理论意义

一方面,学界对海外投资活动的管理制度普遍认可,但缺乏相关的基础理论研究。现有的国际投资法理论著述中,对海外投资管理权,甚至国际投资管理权的研究乏善可陈,有限的研究对海外投资管理规则背后隐藏的权力来源和价值理念也未过多着墨;另一方面,海外投资管理权在海外投资法律体系嬗变中的发展和变化颇大。然而,当前国内外学者的研究基本止步于法律制度和经济层面,并没有对其价值趋向的变化、理念的变革予以关注,更不用说深入研究和系统阐述海外投资管理权的当代呈现。萨特(Jean-Paul Sartre)指出,"存在先于本质",当越来越多的海外投资管理制度被人们认识并接受后,总会有一些人从眼前的规则丛林中抬起头,思考隐藏在现象后面的本质。是故,深入研讨海外投资管理权问题并准确把握它的内涵与外延,既有助于延伸传统理论,也能为国际投资法学研究提供一种全新的视角。

2. 现实意义

2015 年,中国对外直接投资实现历史性突破。投资流量连续 10 年持续增长,达到了 1456.7 亿美元,首次位列全球第二。同时,中国对外投资首超吸引外资,开始步入资本净输出阶段,首次成为资本净输出国。[1] 此外,中国发扬丝绸之路精神,提出“一带一路”倡议,更是打开了企业海外投资的新局面,鉴于此,不仅要考虑在海外投资规则问题上的立场,更要深层次地考虑在海外投资管理权上的立场。本书旨在发掘海外投资管理权对国家的影响,海外投资自由化是应当一蹴而就还是循序渐进,是本书亟待解决的现实问题。是故,对于海外投资管理权的运用,第一要义就是“度”的问题:如果长期坚持绝对的海外投资管理权,显然不利于保护海外投资者,也不利于维持海外投资市场秩序;如果完全转变立场,坚持绝对的投资自由化,对海外投资管理权三缄其口,避而不谈,国家利益则可能受损。尤其是在当前中国的海外投资管理法律制度不健全的情况下,现行制度难以为国家的经济安全提供足够的后盾,不足以应对国际投资市场席卷而来的风险。是故,针对中国现状,对相关制度的完善只能采取迂回之法,在海外投资管理权问题上不能采取“非此即彼”的态度与对抗、激进的措施,只能客观认识和把握规律,明确国家的定位,作出符合价值判断的法律制度调整。

二、中外文献综述

(一)国外研究现状及评价

海外投资管理权涉及经济、政治及法律等诸多领域。目前,学界关于它

[1] 王辉耀、苗绿:《中国企业全球化报告(2016)》,社会科学文献出版社 2016 年版,第 1 页。

的研究以间接论述居多，即在国际经济法的基本理论、海外投资的现状及具体的制度研究中有所涉及，而对海外投资管理权的直接、系统、全面的研究几乎空白。同时，现有研究大多从经济学的角度展开，以法学视角，尤其是国际经济法视角，进行系统研究的著述尚付阙如。

基于此，梳理海外投资管理权的研究资料，不能仅局限于海外投资管理权本身，抑或局限于某个学科。从涉及的范围看，可以围绕着海外投资管理权的上位概念——涉外经济活动管理权与下位概念——海外投资管理制度，从这两方面内容展开资料搜集，寻找其中的交集。从涉及的学科看，应该广泛汲取相关学科的研究成果，但将重点放在为法学研究所用。是故，本书将依据上述思路展开探讨，主要内容如下：

1. 涉外经济活动管理权研究综述

关于政府涉外经济活动管理权，国外学者大多在论述国际经济法的内涵及外延时有所提及，如国际经济法领域的两位泰斗杰克逊（John H. Jackson）教授和彼得斯曼（Ernst-Ulrich Petersmann）教授，都曾在其著述中论及国家对国际经济行为的管理权。杰克逊教授将国际经济法律关系分解为三个部分，包括经济交易、政府对经济事务的管理、与国际组织有关的经济关系。[1] 他认为这三种关系，在某种程度上，可以粗略地分为"交易性"和"管理性"两种路径，其中，"管理性"的国际经济法强调国家、地方及国际政府机构的作用，是国际经济法需要研究的重大问题。正如他在"Global Economics and International Economic Law"一文中强调的，研究国际贸易及其规制要求我们更多地研究政府在经济管理事项中的作用、功能和限度，因

〔1〕 John H. Jackson, "International Economic Law: Reflections on the Boilerroom of International Relations", *American University Journal of International Law and Policy* 10, 1995, pp. 595 - 606.

此有必要将国际经济法主要视为“管理法”,[1]强调政府在单边、双边、区域及多边范围的作用。除了强调政府管理在国际经济中的重要作用,杰克逊教授同样指出,政府以往在国内经济市场中的政策及措施,并不能同样简单地适用于国际环境。当政策的“地域性”与经济的“全球性”相遇,其所造成的经济政策制定的困境,是每个政策制定者必须解决的问题,这也意味着他们应该考量经济管理措施给国际社会带来的影响。

彼得斯曼教授在其著作《国际经济法的宪法功能与宪法问题》中指出,各国及国际经济法在历史演进中呈现“行为规则的分层”的状态。其中,在国家层面上,国家享有对外经济政策权力。是故,在当前的国际环境下,任何政府都享有规制各国与国际经济关系的广泛权力,但这种权力逐渐呈现“任意性”。以美国和欧洲共同体为例,其各项贸易政策权力是在缺乏有效控制的情况下行使的,因此有必要通过一些额外的宪法约束来限制和控制任意决定性政府权力的行使。[2]

斯通·艾伦(Stone Alan)论述了涉外经济活动管理权的意义与作用。他指出,在涉外经济活动领域,各国依据贸易、投资和技术等领域的法律规范,行使本国对经济活动的管理权。自由资本主义的发展暴露出市场经济的固有缺陷,各国逐渐加强了对经济活动,特别是涉外经济活动的政府管制,通过法律威慑来限制个体和组织的选择。[3]

---

〔1〕 John H. Jackson, "Global Economics and International Economic Law", *Journal of International Economic Law* 1,1998,pp. 1 – 24.

〔2〕 [德]彼得斯曼:《国际经济法的宪法功能与宪法问题》,何志鹏、孙璐、王彦志译,高等教育出版社2004年版,第196~199页。

〔3〕 Stone Alan, *Regulation and Its Alternatives*, Washington, D. C., Congressional Quarterly Press,1982,p. 10.

罗斯·巴克利(Ross P. Buckley)以发展中国家为视角,结合经济主权对发展中国家的对外经济管理权展开研究。他探讨了包括资本控制在内的六大战略选择,认为这些战略选择是发展中国家经济主权运用的必然结果。同时,他鲜明地区分了发展中国家与发达国家对待经济自由化的不同态度,指出国际资本不受约束的流动反映了以美国为代表的发达国家的战略利益,但作为国内金融市场较为薄弱的发展中国家,采取必要的措施限制海外投资是合理的,对资本的有效管控有利于避免或减少因经济危机而带来的损失。[1]

2. 海外投资管理制度研究综述

在海外投资领域,国外学者大多从经济角度分析海外投资管理制度或资本管理措施对投资国或国际经济效益的影响。罗斯·巴克利批判性地评估了资本管理措施所发挥的作用,认为适当的资本控制有助于投资国(尤其是发展中国家)形成更具稳定性的国际金融体系。[2] 根加塔伦(R. Gengatharen)以亚洲金融危机为切入点,分析了资本管理措施能否在减少国际资本波动中发挥作用。[3] 戴维·帕比安(David H. Pabian)指出,资本管理作为国家面对国际资本流动时管理内部经济的政策工具之一,发展中国家和发达国家对其持有不同态度。发达国家已将资本控制视为全球发展的主要障碍。相反,一些发展中国家认为,它是管理经济的重要工具,否则,他

---

〔1〕 Ross P. Buckley, "International Capital Flows, Economic Sovereignty and Developing Countries", *Yearbook of International Financial and Economic Law* 4, 1999, pp. 17–46.

〔2〕 Ross P. Buckley, "The Role of Capital Controls in Financial Crises", *Bond Law Review* 11, 1999, pp. [i]–246.

〔3〕 R. Gengatharen, "Destabilising Financial Flows: Are Capital Controls the Solution", *Lawasia Journal*, 1999, pp. 12–23.

们将无法面对世界经济动荡带来的冲击。笔者认为,关于资本管理的有效性虽存争议,但接受国际货币基金组织(IMF)对资本管理的建议和统一监管,可以减少负面影响、增强国际协调。[1]

国际组织也高度关注海外投资经济和法律制度的构建。IMF一直致力于研究资本管理对经济发展的作用与影响,持续对各国,尤其是发展中国家的对外投资流量予以监察,并对资本管理措施进行评估。[2] 同时,IMF也注重国别研究,对国际投资高度自由化和管理措施较为严格的国家着重进行研究。其中,2006年世界投资报告专章分析了投资国的国内经济政策,尤其是海外投资管理体制对国际投资的影响。同时,报告重点研究了各国对海外投资的限制性措施、资本输出的控制手段等,分析海外投资自由化的整体程度,预测发展趋势。[3] 联合国贸易和发展会议的国际投资报告每年都会对国际投资流量及趋势、国际投资政策、国际投资体制的现状以及热点问题进行报告,涉及海外投资管理措施的整体现状及评估。

另有学者侧重国别研究,着重比较不同国家的海外投资限制措施。亚

---

〔1〕 David H. Pabian, "Capital Controls in International Law: Clarity through a Central Regulatory System", *Minnesota Journal of International Law* 24, 2015, pp. 1 – 32.

〔2〕 Akira Ariyoshi et al., *Capital Controls: Country Experiences with Their Use and Liberalization*, *IMF Occasional Paper*, No. 190, May 17, 2000; *A Global Perspective on External Positions*, *IMF Working Paper*, 2005, WP/05/161; *Measuring Financial Integration: A New Data Set*, *IMF Staff Papers*, 2009, Vol. 56, No. 1; Jan Brockmeijer, David Marston and Jonathan D. Ostry, *Liberalizing Capital Flows and Managing Outflows*, *Report of International Monetary Fund*, March 13, 2012, p. 5; *Do Inflows or Outflows Dominate? Global Implications of Capital Account Liberalization in China*, *IMF Working Paper*, 2013, WP/13/189; *Outward Foreign Direct Investment and Domestic Investment: the Case of Developing Countries*, *IMF Working Paper*, WP/13/52.

〔3〕 *World Investment Report* 2006: *FDI from Developing and Transition Economies: Implications for Development*, *UNCTAD*, UNCTAD/WIR/2006 & CD-ROM, United Nations New York and Geneva, October 15, 2006.

耶特·梅农(Jayant Menon)梳理了不同时期韩国对外投资政策及制度的变化,从而对韩国海外投资趋势、影响因素及前景进行整体分析。[1] 基尔明·卡洛泰(Kilmin Kalotay)以俄罗斯、匈牙利和斯洛文尼亚为研究对象,分析这三个国家的海外投资管理措施及面临的问题。卡洛泰指出,学者一般重视外商直接投资而忽视了对海外投资的研究,从而无视不合理的管理措施对海外投资的不利影响,通过比较研究、权衡利弊,进一步提出完善俄罗斯海外投资制度的建议。[2] 大卫·贝利(David Bailey)着重分析日本的海外投资政策,包括历史变迁、制度演进及自由化程度等内容。[3] 戈德曼(Jorge A. Huerta Goldman)选择以巴西、玻利维亚、墨西哥三国与跨国投资有关的国内法为样本,分析海外投资的限制措施对国内与国际经济发展的影响。[4] 杰斯·马哈(Jai S. Maha)等学者则将韩国与日本的海外投资发展政策进行分析、比较,总结两国在中国投资的现状及特点。[5] 受中国海外投资快速发展的启发,以其为研究对象的论文、专著不断涌现,其主要针对中国海外投

---

〔1〕 Jayant Menon and Premachandra Athukorala, "Korean Foreign Direct Investment - Trends, Determinants and Prospects", *World Competition* 18, 1995, pp. 55 - 66.

〔2〕 Kilmin Kalotay, "Outward Foreign Direct Investment and Governments in Central and Eastern Europe - The Cases of the Russian Federation, Hungary and Solvenia", *Journal of World Investment* 3, 2002, pp. 267 - 288.

〔3〕 David Bailey, "FDI in Japan: An Open Door or a Legacy of Non-Institutional Barriers", *Journal of World Investment* 4, 2003, pp. 315 - 342.

〔4〕 Jorge A. Huerta Goldman, "Domestic, Regional and Multilateral Investment Liberalization", in Zdenek Drabek and Petros C. Mavroidis, *Regulation of Foreign Investment-Challenges to International Harmonization*, London, World Scientific Publishing, 2012.

〔5〕 Jai S. Maha and Sunyoung Noh Mah, "A Comparative Analysis of the Patterns of Japanese and Korean Foreign Direct Investment in China", *The Journal of World Investment and Trade* 13, 2012, pp. 309 - 324.

资现状及其政策、经济与法律制度进行分析和比较研究。[1]

3. 国外研究现状的评价

从上述研究动态可知：首先，国外学者在研究国际经济法基本理论时，通常会提及涉外经济活动管理权。遗憾的是，当前学界关于国际经济法基本理论的研究成果并不丰富，对涉外经济活动管理权的深入研究仍付之阙如，同时这些研究大都站在实用主义的角度，缺乏系统、宏观的理论分析框架。其次，囿于各国法律体系与法律文化的不同，研究者着重探讨发达国家涉外经济活动管理权，缺乏对发展中国家特殊国情与现实需要的回应。[2]虽偶见一些以发展中国家为背景的文献，但并未形成较大的影响。最后，从范畴上讲，海外投资管理权属于涉外经济活动管理权的一个部分。现有研究多为间接研究，即在研究"涉外经济活动管理权"时，对"海外投资管理权"进行论述，而专门以"海外投资管理权"为题进行直接研究的成果屈指可数。

此外，国外学者对海外投资管理制度的研究丰富而细致，其中以经济学研究成果居多，或单独论述，或比较研究，分析了各国海外投资发展的现状

---

〔1〕 *A Comparative Empirical Examination of Outward Direct Investment from Four Asian Economies: China, Japan, Republic of Korea and Taiwan, BBVA Working Paper*, September 9, 2009; Ross P. Buckley, "Economic Policies of China and India, and the Washington Consensus: An Enlightening Comparison", *Wisconsin International Law Journal* 27, 2009 - 2010; Wei Shen, "Is SAFE Safe Now-Foreign Exchange Regulatory Control over Chinese Outbound and Inbound Investments and a Political Economy Analysis of Policies", *Journal of World Investment and Trade* 11, 2010, pp. 227 - 258; Lutz-Christian Wolff, "Chinese Investments Overseas: Onshore Rules and Offshore Risks", *International Lawyer* 45, No. 4, Winter 2011, pp. 1029 - 1050; Karl P. Sauvant, "China's Outward Foreign Direct Investment and International Investment Law", *Journal of International Economic Law* 18, 2015, pp. 893 - 934.

〔2〕 Ross P. Buckley, "International Capital Flows, Economic Sovereignty and Developing Countries", *Yearbook of International Financial and Economic Law* 4, 1999, pp. 17 - 46.

及具体的管理性措施。在有限的法学研究中,相关成果大都停留在静态的制度构建上,缺乏对根本性问题的归纳与提炼,以及理论与实践之间的互动。海外投资管理制度通常会随着国内外环境的变化而作出调整,就事论事难以回应全球化发展中呈现的一些新问题。因此,在系统地梳理、总结现行法律制度并结合国际社会发展的基础上,探索海外投资管理权法律制度的新发展成为法学界的紧要任务。

总之,在法学领域,无论是对海外投资管理权赖以生存的基础理论的探讨,还是对海外投资管理权法律制度的研究都处于起步阶段,表现出明显的滞后性与不成熟性。

(二)国内研究现状及评价

1. 涉外经济活动管理权研究综述

车丕照教授在论述国际经济法学的基本范畴时,提及国际经济交往中的国家经济管理权并对其进行界定与阐释。他指出,管理权具有公法上的特征,体现在国家单方面制定跨国经济管理的内容,不受跨国交易人意志的影响。[1]

学者王彦志在此基础上对管理权展开了进一步分析。他指出,国家是经济规制的主体,享有跨国经济规制法上的权力。跨国经济法所调整的最广泛的关系就是跨国经济规制关系,而国家在这种跨国经济规制关系中具有最广泛的干预空间,国家出于经济、社会以及政治目标,对货物贸易、服务贸易、技术贸易、直接投资等广泛领域进行规制。[2] 除延续车丕照教授对国

〔1〕 车丕照:《试论国际经济法学的基本范畴》,载《吉林大学社会科学学报》1993年第1期。

〔2〕 王彦志:《再论国际经济法学的基石范畴——一个跨国经济(公)法的视角》,载《法制与社会发展》2009年第5期。

际经济法基本范畴的界定外,他还批判性地对管理权的权力性质进行了重新界定。

何志鹏教授也对国际经济法的基本范畴进行了深入研究,进一步推敲主权与管理权之间的逻辑关系,他认为将管理权、管辖权分别称为"国际经济事务参与权"和"国内经济事务管制权"更符合实际,二者均属于经济主权的范围。在厘清它们的逻辑关系后,他将国际经济法的核心权力(利)分为交易权、经济主权和统筹权三类。交易权是交易主体服从法律,按照国家所设定的规范和条件行使交易的权利;经济主权分为平等权、自卫权和管辖权,其中管辖权指国家采用经济法律手段对涉外经济事务进行处理的权力;统筹权指国际经济组织所具有的约束国家、统一安排跨国经济措施的权力。其中,国家对经济的调控、管理的权力居于核心地位。[1]

另有学者以国际经济法规范为视角,指出跨国经济交往受制于三种规范,即交易性规范、管理性规范和协调性规范。其中,管理性规范指在跨国经济交往领域内各国对其涉外经济活动进行管理的国内法规范的总称,它的形成是各国政府对涉外经济活动干预的结果。[2]

张利民教授在其著作《经济行政法的域外效力》中主要探讨了经济行政法域外效力的基础、国际法依据及所适用的具体领域等问题。他指出,经济行政法的域外适用既有经济性又有行政性,是涉及行政法、国际法的一个交叉领域。为了强化对经济的管理,国家颁布了一大批调整经济管理活动的

---

〔1〕 何志鹏:《国际经济法的基本理论》,北京社会科学文献出版社2010年版,第71~75页。

〔2〕 高国柱:《全球化背景下政府管制的冲突与协调——以涉外经济管理规范为视角》,载《清华法学》2009年第1期。

法律规范,[1]这些规范在涉外经济事务中发挥作用,从而产生了经济行政法的域外效力问题。首先,他从经济行政法域外效力的基础和国际法依据入手,证成经济行政法的运行效力,探讨其存在的合理性;其次,研究各个部门法中经济行政法的域外效力;最后,对经济行政法域外效力的实现、冲突及协调等问题予以论述。

2. 海外投资管理制度研究综述

部分学者从理论及实践角度对国际资本流动的管理制度进行研究,通过对国际资本流动管理成效的检验,总结出相对成熟的国际资本流动管理经验。[2] 同时,还涌现了一批学者,其从经济学的角度分析了中国在新时期海外投资发展中出现的问题并提出对策、建议。[3] 另有学者从法学视阈,对中国现行海外投资管理制度进行了分析。例如,梁开银教授在《中国海外投资立法纲论》中对海外投资的立法基础、原则、路径和体系进行分析,并在此基础上对中国目前的海外投资监管立法实践予以阐述、分析并提出完善建议。[4] 裴长洪研究员在《中国海外投资促进体系研究》中着重阐述了全球及中国海外投资的现状及制度建构,对海外投资监督管理体系有所涉及。[5] 申林平主编的《中国〈境外直接投资法〉立法建议稿及理由》一书对中国境外

---

[1] 张利民:《经济行政法的域外效力》,法律出版社2008年版,第11页。

[2] 李珮璘:《新兴经济体对外直接投资研究——理论分析与中国实证》,上海社会科学研究院2010年博士学位论文;冯艳红:《亚洲新兴经济体国际资本流动管理研究》,辽宁大学2013年博士学位论文。

[3] 成思危:《中国境外投资的战略与管理》,民主与建设出版社2001年版;杨丹丹:《中外对外直接投资比较研究》,辽宁大学2011年博士学位论文;尹德先:《加快中国企业对外直接投资的战略研究》,上海社会科学研究院2012年博士学位论文;黄益平、何帆、张永生主编:《中国对外直接投资研究》,北京大学出版社2013年版;敦忆岚:《新时期中国企业对外投资问题及对策研究》,中国社会科学院研究生院2014年博士学位论文。

[4] 梁开银:《中国海外投资立法纲论》,法律出版社2009年版,第31~121页。

[5] 裴长洪:《中国海外投资促进体系研究》,社会科学文献出版社2013年版,第229~239页。

投资监管、税收、投资保障、外汇管理和反腐败等方面的法律文件加以整理，同时对美国、日本、加拿大和俄罗斯等资本输出大国的境外直接投资政策与法律进行收集，分析了境外直接投资的典型案例，并在此基础上提出完善《中华人民共和国境外直接投资法》的立法建议。[1]

3. 国内研究现状的评价

通过分析学者的研究视角和主要观点，可以发现以下事实：一方面，关于涉外经济活动管理权的研究，其与国外学者的研究状况类似。由于基础性研究是国际法研究中的“冷门”，关于范畴的问题几乎无人问津。而且，从仅有的研究成果来看，研究者将重点放在对涉外经济活动管理权的宏观分析上，探索其本质属性、寻找其理论依据，缺乏从微观层面（资本输出的角度）展开的细致入微的研究。诚然，基础理论研究具有“共性”，但“特性”的缺失将导致海外投资管理权理论研究过于片面、不够深入，难以展现出理论体系的全貌。

另一方面，国内关于海外投资制度的研究文献卷帙浩繁，但大都只涉及促进或保护层面的内容，缺乏对管理层面的探讨，由此会在一定程度上弱化制度顶层设计交融的先进性和科学性，导致研究成果无法为中国海外投资管理权法律制度的制定或执行提供指导。此外，国内学者热衷于借鉴外国尤其是发达国家的经验，缺乏对国际社会发展与中国政治、经济环境的深层次思考，无疑会影响研究结论的严谨性、科学性、时效性与现实回应性。

---

〔1〕 申林平主编：《中国〈境外直接投资法〉立法建议稿及理由》，法律出版社2015年版，第83～334页。

三、本书的研究内容与研究方法

（一）本书研究的主要内容

本书的研究内容将由基础理论和制度论组成。基础理论主要包括海外投资管理权的概念、性质与功能，海外投资管理权形成的理论基础，海外投资管理权的产生与演变，海外投资管理权的基本内容，海外投资管理权的主体。制度论是海外投资管理权的中国实践及其走向，涉及中国海外投资管理权法律制度及其有关法律问题，主要包括海外投资审查法律制度、外汇管理法律制度、反垄断审查法律制度、反腐败审查法律制度与企业社会责任法律制度，最后在总结各项具体制度现状及问题的基础上，提出完善中国海外投资管理权法律制度的基本原则、方式与具体措施。

（二）本书拟采用的研究方法

1. 规范分析法

本书运用规范分析法研究多个典型性国家的海外投资管理权法律制度，包括海外投资审查、外汇管理、税收管理、反垄断审查、海外反腐败审查、企业社会责任监督等相关领域的法律规范。通过探究它们的内容，论证海外投资管理权的法律机理。此外，对各类资料进行加工和梳理，进一步厘清海外投资管理权的基础理论问题，诠释其本质所在。

2. 历史分析法

所有客观事物的现在都是历史发展的积淀，对事物历史发展进程的掌握是客观认识事物不可缺少的环节。本书采用历史分析法研究海外投资管理权的产生及演变，追根溯源，厘清它的来龙去脉；同时，将海外投资管理权在不同时期的内容与特征加以联系，揭示其内在逻辑，描绘其发展规律，更加客观地认识海外投资管理权。

3. 比较分析法

“他山之石,可以攻玉”。对各国海外投资管理权的具体实践进行比较分析,尤其将发达国家与发展中国家进行比较,探讨和论证它们在权力运行和制度设计中的共性与差异性,并在此基础上结合中国实际,“点对点”地助力中国海外投资管理权法律制度的完善。

四、本书的拟创新

1. 现有研究既未重视投资国在海外投资中的重要作用,也未系统地阐述海外投资管理权。本书希冀弥补这一遗憾,从宏观的角度出发,采用“基础理论—利益平衡—制度建构”的递进式研究路径,以期对海外投资管理权进行系统、全面地阐释,形成有机统一的海外投资管理权理论体系。

2. 现有海外投资管理制度的研究较为分散,不够系统,其规则体系的设计也通常局限于某一侧面,无法呈现海外投资管理权法律制度的“全貌”。本书拟在基础理论的研究之上,立足于中国实际,提出完善中国海外投资管理权法律制度的基本原则、方式与具体措施。

第一章　海外投资管理权的概念、性质与功能

海外投资管理权这一法律概念所蕴涵的意义，在其他学科中都曾出现过。在不同的法律规范文本中，也通常会有类似的概念被表达。揆诸实践，各国实施海外投资管理的方式不尽相同，管理的程度与范围也是千差万别，现有的文献更是未对海外投资管理权进行明确界定。要从法学视角对海外投资管理权进行解读，首先需将其置身于经济学、国际政治经济学等相关学科范畴下，解剖该词在不同学科中的词源属性、历史发展轨迹，通过比较与归纳，提炼出海外投资管理权的含义；其次通过洞察海外投资管理权的性质、特点和功能，对其做更深层次的理解。

第一节　海外投资管理权概念的源流

任何法律概念，在它被正式表述为法律规范之前，都会广泛地存在于社会生活中。囿于法律概念创设的高成本与滞后性，与之类似的概念会首先

反映在其他相关学科之中,海外投资管理权亦是如此。可以说,在与法学密切相关的其他社会科学中,那些与海外投资管理权类似的概念,在某种程度上共同阐述着作为法律概念的海外投资管理权的应有之义。

一、经济学中的"投资管制"

(一)管制与规制

20 世纪 30 年代以来,"regulation"或"regulation constraint"等词汇反复出现在市场经济国家的政府法令和专家学者的著作中。但是,中国学者对其的翻译和使用较为混乱,相关的译法有"管制"、"规制"和"监管"等。[1]虽然我们不能简单地认为这些译法有误,但它们并非是最合适的选择。一般来说,与监管相对应的是"supervision"一词,西方学者在著作中常常提及的"regulation and supervision",准确的译法应当是"管制和监管",二者在顺序上有所区分,管制是监管的前提,监管是管制的后续,监管行为应当符合管制的目标。有学者曾从行为依据、行为内容、行为程序和行为结果四个方面对"管制"和"规制"这两种译法进行比较,认为"规制"的译法更为准确,体现了行为本身的合法性和合理性。[2] 但笔者对此并不认同:其一,经济学文献中,"规制"和"管制"的译法都肇始于"regulation",没有理由认为译为"规制"就能够代表行为背后具有的一定规则或规范,从而表明"规制"的

---

[1] 具体来说,《新帕尔格雷夫经济学大词典》将"regulation"译为"管制",余晖等管制领域的著名学者在翻译丹尼尔·F. 史普博(Daniel F. Spulber)著作《管制与市场》时,亦认为"管制"的译法最符合原意;"规制"的译法肇始于日本学者植草益于20 世纪70 年代在《微观经济规制法》一书中的精心构造;而在实际部门,国内学者倾于将其译为"监管",如金融监管、公用事业监管。参见[美]丹尼尔·F. 史普博:《管制与市场》,余晖等译,格致出版社、上海三联书店、上海人民出版社 2017 年版;[日]植草益:《微观规制经济学》,朱绍文译,中国发展出版社 1992 年版。

[2] 沈伯平:《管制、规制与监管:一个文献综述》,载《改革》2005 年第 5 期。

“有规可循”。此外，现实中的相关行为不会因被译为“规制”，就具有合法性与合理性，也不会因被译为“管制”，就不具有合法性与合理性；其二，《牛津高阶英汉双解词典》将“regulation”的词义解释为“controlling sth. by means of rules and restrictions”，译为“管制”似乎更贴近原意。是故，本书不对“规制”和“管制”做任何区分，统一使用人们更为熟悉的“管制”一词。在梳理既有文献时，关于“规制”与“管制”的相关问题，都将被视为“管制”的问题进行研究。

（二）投资管制

管制作为一种普遍现象，最早是在市场经济理论中被作为政府干预的一种方式而备受关注。古典经济学认为，政府应当担任“守夜人”的角色，无须对经济活动进行干预。20 世纪 30 年代，凯恩斯经济学打破了以往经济学对政府角色的认知，政府行为逐渐成为调节经济活动的重要手段。管制作为政府直接干预经济主体活动的一种行为方式，开始逐渐被经济学家提及。对于“管制”一词的理解，史普博认为，管制是行政机构制定并执行的直接干预市场配置机制或间接改变企业和消费者供需决策的一般规则或特殊行为。[1] 植草益将规制归纳为“依据一定的规则对构成社会的个人和构成经济的经济主体的活动进行限制的行为”。[2] 虽然经济学家对“管制”的界定不同，但对其共性已达成共识：其一，管制行为由政府实施，并以国家强制力为保障，具有强制性与威慑性；其二，管制通过干预市场主体的自由决策，引导或控制经济活动；其三，管制以市场机制为基础，旨在防范或矫正市场失

---

〔1〕［美］丹尼尔·F. 史普博：《管制与市场》，余晖等译，格致出版社、上海三联书店、上海人民出版社 2017 年版，第 5 页。

〔2〕［日］植草益：《微观规制经济学》，朱绍文译，中国发展出版社 1992 年版，第 1 页。

灵,这与计划经济下的政府活动有完全不同的性质和内容。

管制经济学涉及经济性管制、社会性管制和反垄断管制三大领域。其中,经济性管制又可以细分为价格管制、进入和退出市场管制、投资管制和质量管制。投资管制是政府运用非经济手段对投资行为进行的限制,具体表现在体制约束、融资管制、税收管制等方面,即投资受到非市场因素的管制,[1]作为政府具体经济性管制的一种,旨在优化市场资源配置,既防止投资者的过度竞争与重复投资,又对投资品的最优组合进行管制,保证投资效率和效益。[2] 在国际投资管制方面,主权财富基金对外投资不断增长,"战略性投资"与"国家资本主义"引发了相关国家的担忧并促使其启动"国家安全审查"程序。[3] 无论是对国内还是国际投资的管制,政府机构须依据相关的法律进行,这些法律为管制行为提供了依据,并由此形成经济学与法学的紧密互动,使得"投资管制"从一个纯经济学概念向法学概念发展与转化。

可以说,经济学中"投资管制"一词为"海外投资管理权"的界定提供了充分的依据。但是,囿于"管制"在经济学领域也并非是具有明确内涵与外延的概念,同时不同学者对"投资管制"的理解也存在偏差,更何况价值判断和研究方法上的差异是学科间客观存在的"鸿沟"。是故,在现行经济学研究中,无论是哪种"投资管制"的概念,均缺乏法律概念中所必需的"权利与义务"的内容,因而不能在法律系统中直接移植经济学中的概念。

---

[1] 于谨凯、单春红:《投资管制与民间投资效率分析》,载《经济评论》2003 年第 3 期。

[2] 王俊豪:《管制经济学学科建设的若干理论问题——对这一新兴学科的基本诠释》,载《中国行政管理》2007 年第 8 期。

[3] 王璐瑶、葛顺奇:《国际投资规制与中国主权财富基金对外投资》,载《世界经济研究》2012 年第 5 期。

二、国际政治经济学中的"对外投资政策"

跨国公司一直是国际政治经济学研究中的热门问题,它对世界政治、经济的影响力是推动国际政治经济学诞生的重要因素。跨国公司的巨型化发展曾引发人们对国家让位于跨国公司的担忧。[1] 是故,国际政治经济学学者不得不将目光转向对外投资政策的研究,以巩固国家对对外经济政策的控制能力——通过政策实施来鼓励对国家经济效益有利的行为,或限制对国家经济效益不利的行为。围绕国家经济政策与跨国公司之间的关系,两位学者深刻地揭示了美国的对外投资政策:其一,罗伯特·吉尔平(Robert Gilpin)指出,战后美国开始主导跨国公司的发展,对外投资被视为美国的一项国家战略;[2]其二,斯蒂芬·克拉斯纳(Stephen D. Krasner)着重阐述为了控制原材料的供应,对外直接投资是如何成为美国国家政策的,[3]作为对外直接投资的主要载体,跨国公司自然备受关注。本杰明·科恩(Benjamin J. Cohen)在研究对外投资政策时,认为这些政策主要是包括税收在内的多种行政管制,强调对国际投资流量与存量的重要影响,以实现国家实力与现期收益的最大化。[4] 此外,一些日本学者,也从不同角度证成了直接投资与投

---

[1] 如国际政治经济学中霸权稳定论的开创者之一查尔斯·金德尔伯格曾有一句被广泛引用的论断,即"民族国家作为一个经济单元即将消失"。海默也曾指出,日益强大的跨国公司可能会使民族国家失去控制经济政策的能力。参见 Stephen Hymer, "The Efficiency (Contadictions) of Multinational Corporations", *The American Economic Review* 60, 1970, pp. 441 – 448; Kindleberger C. P., "American Business Abroad", *Thunderbird International Business Review* 11, 1969, pp. 11 – 12。

[2] Robert Gilpin, "US Power and the Multinational Corporation: the Political Economy of Foreign Direct Investment", *Political Science Quarterly* 90, 1975, pp. 364 – 366.

[3] Stephen D. Krasner, *Defending the National Interest: Raw Materials Investments and US Foreign Policy*, New Jersey, Princeton University Press, 1978, p. 30.

[4] Benjamin J. Cohen, ed., *Crossing Frontiers: Explorations in International Political Economy*, Boulder: Westview Press, 1991, p. 21.

资国的政治经济制度间存在极强的关联性。

总之,虽然有不少学者从国际政治经济学的视角对对外投资政策展开研究,但鉴于其在不同地域和不同时段呈现不同的内容和范围,且一国的经济地位与历史变迁又是政策调整的重要因素,对外投资政策很难有一个确切的定义与范围。此外,对外投资政策的执行需要制度的法律化,由于对外投资政策属于公共政策范畴,具有宏观性,包含但不限于法律规范的范畴且其本身也不是一个法律概念。从这两点意义上讲,对外投资政策与海外投资管理权存在一定的差异,不过,相关研究成果可以为海外投资管理权的研究提供帮助。

三、国际经济法学中的"管理权"

在国际经济法研究中,鲜有对海外投资管理权概念的直接界定,但学者在论述国际经济法的基本范畴时,或多或少都会涉及一个与之极为相关的概念——管理权。

(一)外国学者的界定

国际经济法学界的两位泰斗彼得斯曼教授和杰克逊教授都在其著述中论及国家对国际经济行为的管理权。彼得斯曼教授指出,在国家层面上,国家享有对外经济决策的权力。[1] 杰克逊教授将国际经济法分解为三个部分:经济交易法、政府对经济事务的管理以及与国际组织有关的经济关系,这三种关系可以粗略地分为交易性路径和管理性路径。管理性的国际经济法强调国家、地方及国际政府机构的作用,强调政府在单边、双边、区域及多

---

〔1〕［德］彼得斯曼:《国际经济法的宪法功能与宪法问题》,何志鹏、孙璐、王彦志译,高等教育出版社2004年版,第196~199页。

边范围的作用,是国际经济法的重要问题和核心内容。而管理权正是这种管理性的国际经济法的具体执行与落实,强调国家对涉外经济活动的作用与影响,是对外经济决策权力的重要内容。[1] 此外,斯通·艾伦指出,自由资本主义的发展暴露了市场经济的固有缺陷,各国逐渐加强了对经济活动,特别是涉外经济活动的政府管制,通过法律威慑来限制个体和组织的选择。这些有关贸易、投资和技术等领域的法律规范的执行,是国家经济管理权的实践。[2]

罗斯·巴克利以发展中国家为视角,结合经济主权对发展中国家的对外经济管理权展开研究。他提出了包括资本控制在内的六大战略选择,它们是发展中国家运用经济主权的必然结果。同时,他鲜明地区分了发展中国家与发达国家对待经济自由化的不同态度:一方面,国际资本不受约束地流动反映了以美国为代表的发达国家的战略利益;另一方面,作为国内金融市场较为薄弱的发展中国家,采取必要的措施限制资本流动对其发展有着重要意义,这些措施不仅包括学者经常提及的对外资的限制,更包括对本国资本输出的必要制约,因为对资本的有效管控有利于避免或减少经济危机带来的利益损失。[3]

(二)中国学者的界定

车丕照教授将国际经济法学的基本范畴归纳为交易权、管理权和经济

---

〔1〕 John H. Jackson, "International Economic Law: Reflections on the Boilerroom of International Relations", *American University Journal of International Law and Policy* 10, 1995, pp. 595 – 606.

〔2〕 Stone Alan, *Regulation and Its Alternatives*, Washington, D. C., Congressional Quarterly Press, 1982, p. 10.

〔3〕 Ross P. Buckley, " International Capital Flows, Economic Sovereignty and Developing Countries", *Yearbook of International Financial and Economic Law* 4, 1999, pp. 17 – 46.

主权。他认为管理权,又称国家经济管理权,是国家对国际经济交往活动进行干预和管理的权力,它可以约束自然人、法人和其他经济实体的跨国经济交往,是一种公法上的权利。是故,管理权自然具有公法上的特征,这主要体现在国家对跨国经济管理的内容由国家单方面制定,不受任何跨国交易人意志的影响。[1] 学者王彦志在此基础上,对管理权作了进一步分析,他指出国家作为经济规制的主体,享有跨国经济规制法上的权力。跨国经济法所调整的最广泛的关系就是跨国经济规制关系,而国家在这种跨国经济规制关系中具有最广泛的干预空间,国家出于经济、社会以及政治目标对货物贸易、服务贸易、技术贸易、直接投资等广泛领域进行规制。[2]

何志鹏教授以权力/权利和义务作为认识国际经济法律关系、评价国际经济法律发展的基点,并将国际经济法中的核心权力或权利分为交易权、经济主权和统筹权三类。其中,经济主权涉及平等权、自卫权和管辖权,管辖权是指国家采用经济法律手段对涉外经济事务进行处理的权力。在各种权力/权利与义务中,国家对经济调控、管理的权力居于核心地位,国际经济法具有制定性、管理性和主权性的特点,注重国家的管理以及国家与国家之间的协调。[3]

另有学者从国际经济法规范的角度指出,跨国经济交往受制于三种规范:交易性规范、管理性规范和协调性规范。而管理性规范指在跨国经济交往领域内各国对其涉外经济活动进行管理的国内法规范的总称,它的形成

---

〔1〕 车丕照:《国际经济法原理》,吉林大学出版社 1999 年版,第 15～22、104～217 页。

〔2〕 王彦志:《再论国际经济法学的基石范畴——一个跨国经济(公)法的视角》,载《法制与社会发展》2009 年第 5 期。

〔3〕 何志鹏:《国际经济法的基本理论》,社会科学文献出版社 2010 年版,第 71～74 页。

是各国政府对涉外经济活动干预的结果。[1]

综上所述,从现有研究可知,国家通过“看得见的手”对国际经济活动的控制和管理是国际经济法的重要内容和核心权能。揆之于现实,从涉外经济活动产生至今,各国从未放弃对这些活动的管理。从权力来源看,管理权是国家主权的一部分,也是国家的重要职能,它具有调控经济活动的作用,通过政府管理活动对市场进行干预,体现国家的意志,在很大程度上决定了国际经济市场的走向和秩序的稳定。从相关政策或法规来看,这类规范往往都是具有管理性的,国家或政府职能部门总是以管理者的身份对国际经济活动进行管理。在国际投资法上表现为国家对输入境内的外国投资和输出境外的本国投资的管理,其中海外投资管理权是国家对资本输出进行管理的权力。

第二节 海外投资管理权含义的界定

法律概念是对各种事实进行概括,抽象出它们的共同特征而形成的权威性范畴,包括法律专用的(法言法语)以及从普通语言中移植过来的在法律系统中具有法律意义的概念。在进行学术研究时,概念不是现成的,而是通过对客观实在的抽象获得,在通过抽象获得新概念时,我们要依靠已有的概念。[2] 本书拟深入挖掘海外投资、管理权等相关概念的含义,厘清这些概

---

〔1〕 高国柱:《全球化背景下政府管制的冲突与协调——以涉外经济管理规范为视角》,载《清华法学》2009 年第 1 期。

〔2〕 [德]格·克劳斯:《形式逻辑导论》,金培文等译,上海译文出版社 1981 年版,第 219 页。

念与海外投资管理权在逻辑上的联系及视角或语境下的差异,在此基础上对海外投资管理权作出界定。

一、海外投资的含义

国际投资依据资本流向的不同,包括资本输入(引进外国投资)与资本输出(到海外去投资)两个部分。事实上,“国际投资”、“外国投资”和“海外投资”[1]是三个不同视角的概念:国际投资是外国投资和海外投资的上位概念,是以中性的视角叙述,而外国投资和海外投资犹如硬币的正反两面,是从具体国家的角度叙述。同一项投资,从资本输入的角度讲是外国投资,而从资本输出的角度讲是海外投资。本书将立足于资本输出的角度进行研究。

关于“国际投资”的界定。在早期研究中,国际投资范围非常之大,泛指资本在国际间的流动以及由此产生的各种关系,包括国际投资、国际援助和国际赠与等内容。事实上,这种界定完全超出了国际投资的应有之义,将其范围扩展到国际资本流动的其他领域。在学理上,一般认为国际投资是一个经济学概念,指“投资国的自然人、法人、其他组织、政府和政府间国际经济组织以直接或间接的方式将资本投放到一国或多国的国民经济中以获取利润的国际经济活动”。[2] 但在国际经济法学视阈下,国际投资法的调整对象仅仅是国际私人直接投资关系,在投资主体上剔除了政府和政府间国际

[1] 需要指出的是,“境外投资”和“对外投资”是与“海外投资”含义相近或相似的概念,本书不对它们进行区分,统一使用“海外投资”的表述。

[2] 赵学清、邓瑞平:《国际经济法学》,法律出版社2005年版,第101页。

经济组织,在投资方式上排除了间接投资。[1] 笔者赞同这种观点并在此基础上界定海外投资。

关于"直接投资"的界定。IMF将直接投资界定为"一个国家(或地区)的居民或实体(国际直接投资者或母公司)与在另一国的企业(国外直接投资企业、分支企业或国外分支机构)建有长期关系,具有持续利益,并对之进行控制的投资"。其中,持续利益意味着直接投资者与直接投资企业之间存在长期关系,而且投资者对该企业的经营管理具有显著影响。[2] 新加坡学者孛讷加(M. Sornarjah)将直接投资定义为,有形资产或无形资产从一国流向另一国,旨在使该资产所有人全部或部分控制下的资产增值。[3] 实践中,投资协定或投资仲裁对"投资"一词的解释充满争议,[4]但基于本书研究的对象具有单边性,各国国内法通常会对直接投资作出明确、清晰的界定,因

---

〔1〕 按投资方式不同,理论上可将国际投资划分为直接投资和间接投资。国际私人直接投资在国际投资中占有主导地位,一般来说,国际投资法调整的对象主要是国际私人直接投资。晚近以来,许多国际条约对"投资"作出宽泛的理解,既包括直接投资,又包括间接投资。间接投资,又称证券投资,是指"投资者以股票、债券等形式参与海外投资,获取相应的收益,但并不以持有企业的控制权为目的"。国际间接投资关系一般不在国际投资法的调整对象之列,私人间接投资关系属于一般民商法、公司法、票据法、证券法等法律、法规的调整范畴,国际组织与政府间或政府间的资金融通关系一般是由国际经济组织法或有关政府间贷款协定等调整。参见余劲松:《国际投资法》,法律出版社2014年版,第9页。

〔2〕 *Balance of Payment Manual: Fifth Edition, IMF*, Washington, D. C., International Monetary Fund, 1993.

〔3〕 Sornarajah M., *The International Law on Foreign Investment*, New York, Cambridge University Press, 2010, p. 8.

〔4〕 Berk Demirkol, "The Notion of Investment in International Investment Law", *Turkish Commercial Law Review* 1, 2015, pp. 41 – 50; Rubins N., "The Notion of 'Investment' In International Investment Arbitration", in N. Horn, ed., *Arbitrating Foreign Investment disputes*, The Hague, Kluwer Law International, 2004, pp. 283 – 324.

此本书不再对这种争议进行探究。[1] 通常,直接投资的特点包括以下几方面:其一,以取得投资企业的经营管理权为目的,并对投资企业的经营管理享有较大的发言权;其二,投资回报的有无以及高低取决于投资企业运营的效益。[2] 但在实践中,直接投资与间接投资不能被绝对地加以区分,二者具有相互转化的特征。例如,购买股票的投资行为不能简单地划归为间接投资,而必须考察该投资目的是否涉及企业的经营权。此外,不同国家对投资方在企业中享有多少比例的控制权即可被认定为享有经营控制权的直接投资,也有不同的标准。

据此,笔者认为,海外投资是指为获取利润,一国的自然人、法人或其他经济组织,通过新设、并购企业等方式将资本投入到另一国,并获得该国企业全部或部分管理控制权的一种资本输出活动。

二、管理权的含义

"管理权"一词涵盖的内容广泛而丰富,鉴于前文已进行详细的梳理,此处不再赘述,而是以一个与之相关的概念——"管辖权"为视角,对其展开研究。管辖权是主权的重要内容,[3] 二者关系密切。主权是一个国家行使管辖权的依据,但以主权为依据的事实并不意味着每个国家在国际法上,有在

---

〔1〕 例如,《日本外汇及外贸法》将对外直接投资定义为:居民为与依据外国法律成立的法人建立永久性经济关系而获得其所发行的证券或向该法人贷款,或在外国设立或扩展分支机构、工厂及其他场所而支付资金的活动;又如,中国《境外投资管理办法》将其定义为:在中华人民共和国境内依法设立的企业通过新设、并购及其他方式在境外拥有非金融企业或取得既有非金融企业所有权、控制权、经营管理权及其他权益的行为。

〔2〕 陈安主编:《国际经济法》,法律出版社 2007 年版,第 280 页。

〔3〕 [英]希利尔:《国际公法》,杨泽伟编注,中国人民大学出版社 2006 年版;Bowett D. W., "Jurisdiction: Changing Patterns of Authority over Activities and Resources", *British Yearbook of International Law* 53, 1983, pp. 1–26。

它所选择的任何情况下行使管辖权的主权权力。[1] “管辖权”一词自产生之日就存在诸多争议,[2]毋庸置疑,当一国意在实现其域外的主权利益而适用法律来处理非纯粹的国内事务时,管辖权才逐渐成为国际法上关注的焦点。[3] 一般来说,管辖权涉及国内法与国际法两个层面的问题:国内法规定国家行使管辖权的范围和方式,而国际法则为其设定限制。正如常设法院在 1927 年“荷花案”(The Lotus Case)[4]中的申明:“国家无法超越国际法为管辖权所设定的限制;在这些限制内,国家可以依主权行使管辖权。”[5]

实践中,国家管辖权可以有各种形式,因此,应识别不同种类或不同类型的管辖权。目前,国际上最常见的分类方式是将管辖权划分为制定规则的立法管辖权与执行制定规则的执行管辖权。[6] 前者是指国家有权制定各种民事、刑事和商事法律的权力,而后者是对法律的执行,包括行政机关的管理活动和法院的司法活动,[7]它们分别是对国家立法、司法和行政权力的限制。[8]

---

〔1〕 [英]詹宁斯·瓦茨修订:《奥本海国际法》,中国大百科全书出版社 1995 年版,第 328 页。

〔2〕 关于“管辖权”一词的不同界定详见 Beale J. H. ,“The Jurisdiction of a Sovereign State”, *Harvard Law Review* 36, 1923, pp. 241 – 262; Blakesley C. L. , “United States Jurisdiction over Extraterritorial Crime”, *The Journal of Criminal Law and Criminology* 73, 1982, pp. 1109 – 1163; Bowett D. W. ,“Jurisdiction: Changing Patterns of Authority over Activities and Resources”, *British Yearbook of International Law* 53, 1983, pp. 1 – 26。

〔3〕 Ryngaert C. , *Jurisdiction in International Law*, Oxford, Oxford University Press, 2015, p. 5.

〔4〕 SS. “Lotus” (France v. Turkey) (1927) PCIJ Ser. A, No. 10.

〔5〕 SS. “Lotus” (France v. Turkey) (1927) PCIJ Ser. A, No. 10, p. 19.

〔6〕 Brownlie I. , Baker K. , *Principles of Public International Law*, Oxford: Clarendon Press, 1973, p. 298; Mann, Frederick Alexander, *The Doctrine of Jurisdiction in International Law*, *recueil des cours*, 1964, pp. 13 – 24; Bowett D. W. , “Jurisdiction: Changing Patterns of Authority over Activities and Resources”, *British Yearbook of International Law* 53, 1983, pp. 1 – 26.

〔7〕 Bowett D. W. , “Jurisdiction: Changing Patterns of Authority over Activities and Resources”, *British Yearbook of International Law* 53, 1983, pp. 1 – 26.

〔8〕 Third Restatement (Foreign Relations), 1986, pp. 402 – 403.

在上述管辖权中，执行管辖权与国家行政职能密切相关，本书所指的管理权[1]正是国家依据执行管辖权对经济活动进行管理的权力，经济全球化的发展促使这种本在域内行使的权力向域外拓张。[2] 有学者指出，全球治理的大部分内容可以作为行政行为来加以理解和分析：规则制定、冲突利益间的行政裁决以及其他形式的规制性和行政性的决定和管理，形成了一个"全球行政空间"。其中，国内规制机构作为全球行政空间的一部分行动，它们可以对涉及外国或全球的事项作出决定。[3] 在这个意义上，管理权是一种行政权，是国家对经济活动所作出的行政管理行为，即相关行政部门依据国家所颁布的调整经济活动的法律规范而进行的管理行为。但是，这种管理行为并不是单纯的行政行为，它兼具经济性与行政性，[4]相较于传统的行政管理，它不仅仅是利用行政权进行的许可、处罚、强制和监察等行为，而是以行政管理为主的多种形式和内容的权力体系。

三、海外投资管理权的含义

海外投资是域内经济活动的延伸，当跨国经济交往出现并达到一定的程度时，国家的管理活动自然地向外扩张，本属于一国国内的行政行为，也

---

〔1〕 本书所指的管理权在性质上是一种综合性的权力，在国内层面与国际层面有着不同的呈现。但本书更多的是在关注那些在域内行使、同时伴随全球化发展而逐步向外拓张的权力，即投资国政府在全球范围内对本国投资活动的管理。是故，除特殊语境外，应当将其视为一种权力。

〔2〕 Mark D. Rosen, "State Extraterritorial Powers Reconsidered", *Notre Dame Law Review* 85, 2010, pp. 1133 - 1156.

〔3〕 [美]本尼迪克特·金斯伯里、尼科·克里希、理查德·B. 斯图尔德：《全球行政法的产生》(上)，范云鹏译，载《环球法律评论》2008 年第 5 期。

〔4〕 为此有学者提出经济行政法的概念。但对于经济行政法的地位和学科归属，学界尚无统一定论。以日本学者室井力、德国学者罗尔夫·斯特博、中国学者罗豪才、应松年、胡建森、薛克鹏等学者为代表，认为经济行政法是行政法的分支学科；另一种观点则认为经济行政法是与行政法相并列的一个独立的法律体系。

开始具有域外效力。[1] 具体来说,海外投资管理权的行使是国家对海外投资活动进行纵向管理的行为,是对“管理性规范”的执行与实践,而经济性与行政性是这种规范的必然属性。本书之所以将研究对象聚焦于法律的执行过程,是因为各国虽有权立法,但能否执行是检验相关立法成效的重要标准。例如,为了维护国内外的正常经济秩序,美国推崇反腐败法的域外效力。立法之初,学者们曾担心该法的执行会引发国家间的管辖冲突,但是实践中,为共同解决国际难题,针对反腐败调查和惩罚,各国趋于相互提供帮助并主张合作。[2] 然而,美国在推行反托拉斯法的域外执行中,却遭到诸多国家颁布“阻却立法”以示立场的不同,从而制约了美国相关权力的运行效果,促使其意识到自我约束的必要性(容后再述)。[3]

笔者认为,海外投资管理权,是指一国政府从宏观经济利益出发,依据法律对海外投资者及其行为进行管理的综合性权力/权利。具体而言,它包括以下六个方面的意蕴:其一,国家行使海外投资管理权是一种社会控制行为,而这种行为是在“立法者—管理系统—国际社会”的关系框架下实现的;其二,海外投资管理权的行使依据是国内法中的涉外经济“管理性

〔1〕 De Mestral A L C, Gruchalla-Wesierski T., *Extraterritorial Application of Laws of Export Control Legislation: Canada and the USA*, Dordrecht, Martinus Nijhoff Publishers, 1990, p. 32.

〔2〕 Demas R. R. “Moment of Truth: Development in Sub-Saharan Africa and Critical Alterations Needed in Application of the Foreign Corrupt Practices Act and Other Anti-Corruption Initiatives”, *American University International Law Review* 26, 2011, pp. 315 – 370; Ryngaert C., *Jurisdiction over Antitrust Violations in International Law*, Antwerp, Intersentia, 2008, pp. 15 – 23.

〔3〕 Knapp, Kristen A., “Enforcement of U. S. Electronic Discovery Law against Foreign Companies: Should U. S. Courts Give Effect to the EU Data Protection Directive”, *Richmond Journal of Global Law and Business* 10, Winter 2010, p. 123.

规范”;[1]其三,海外投资管理权是通过特定主体,主要是行政机关实施的,他们行使权力需要得到法律的授权并受法律的制约;其四,海外投资管理权的作用对象是私人投资者,包括自然人、法人和其他经济组织;其五,海外投资管理权的技术性要素,包括行使范围、方式及手段等,是衡量管理成效的重要标准;其六,海外投资管理权不是一种具体的权力,而是综合性的权力/权利体系。需要特别指出的是,实践中,立法、行政(执行)和裁判管辖权的界限并非是泾渭分明的,三者间也会存在诸多交叉与重叠,[2]因而很难将它们清晰地剥离或区分,相对应的,国家对海外投资的立法、行政和司法管辖亦是如此。是故,本书在研究海外投资管理权时,以国家的行政管理为中心,但也会涉及与之相关的立法或司法。

第三节　海外投资管理权的性质与特点

一、海外投资管理权的性质

简单的概念表述并不能充分涵盖海外投资管理权的全部,因此必须在反复考察、综合思考的基础上,深入剖析海外投资管理权的性质,如此方能

---

[1] “管理性规范”,是指在跨国经济交往领域内各国对其涉外经济活动进行管理的国内法规范的总称,它的形成是各国政府对涉外经济活动干预的结果。各国在对外投资等领域制定了为数众多的管理性规范。参见高国柱:《全球化背景下政府管制的冲突与协调——以涉外经济管理规范为视角》,载《清华法学》2009 年第 1 期。“管理性规范”可以被定义为公共市场法,旨在保护公共经济秩序,如反托拉斯法,与其他法律相比,它更注重保护公共利益,是国家经济主权的体现。参见 Ryngaert C. ,*Jurisdiction in International Law*,Oxford,Oxford University Press,2015,pp. 11,17。

[2] Mills A. ,“Rethinking Jurisdiction in International Law”, *The British Year Book of International Law* 84,2014,p. 187.

进行高度地提炼和精准地归纳。

(一)海外投资管理权是一种综合性权力/权利

海外投资管理权的来源和基础是国家主权,更准确地说,是国家经济主权。是故,海外投资管理权的本质属性必然受制于国家主权的特性。理论研究中,对于国家主权之"权"的性质,一般认为包括三种观点:一是权力(Power),二是权利(Right),三是权力和权利的综合。本书赞同第三种观点,国家主权是一个含义相当广泛的概念,是一种权利和权力的综合。

主权本身是抽象的、框架性的,不是具体指代某一种行为或某一种权力/权利,而是具有多重内容,是若干权力/权利的组合,在国家或政府的权力/权利篮子中,存在多种多样的权力/权利,任何一项具体的权力/权利都有专门的名称,它们都是主权的表现,却没有一项本身就是主权,主权是国家的身份。[1] 在现有研究成果中,各种学说对主权有不同的阐释,但它们都共同地指向了一层意思——主权是一国对内的最高统治权和对外的独立自主权的统一。主权之所以具有两面性,源于国家在对内和对外的经济交往中扮演着不同的角色:作为权力,它是指国家有管理本国经济事务的权力,即对内的最高统治权;作为权利,其他国家不得干预主权国家对内部事务的管理,即对外的独立自主权,它也是各国意志协调的产物。基于对主权的上述认识,海外投资管理权在不同语境下有不同的意蕴,它可以表现为国内法范畴下的"海外投资管理之权力"和国际法范畴下的"海外投资管理之权利":

一方面,从国内法的角度看,海外投资管理权内在于一国之中,被国内

[1] 车丕照:《身份与契约——全球化背景下对国家主权的观察》,载《法制与社会发展》2002年第5期。

法律所赋予。海外投资管理权属于一种动态化的权力体系,沿着资本出境到后续经营的脉络,可以分解为多个部分,包括但不限于资本管理权、税收征管权、反垄断审查权、海外反腐败审查权和企业社会责任监督权(本书将在第四章予以详述),每个部分在各自的范围内都有自己的价值和意义。必要时,各个部分又联合起来形成管理的合力,对一国海外投资活动进行管理,调整海外投资活动中的所有失范现象。

另一方面,从国际法的角度看,它意味着投资国行使海外投资管理权免受外部控制。世界上任何国家,无论大小强弱,也无论社会制度如何、经济发展水平好坏,都可以基于主权原则,平等地参与到国际治理之中,在考虑本国现状及发展需求的基础上,独立自主地对涉及本国海外投资的人、物及事项等进行充分的管理,不受任何外来力量或势力的侵扰。

(二)海外投资管理权是一种纵向管理权

如前所述,杰克逊教授将国际经济法分为交易性和管理性两种类型。实践中,行使海外投资管理权所依据的法律规范几乎都是管理性规范。此处的管理性规范,是指各国对其海外投资活动进行管理的国内法的总称,包括但不局限于海外投资管理法、外汇管理法、税法、反垄断法、海外反腐败法及企业社会责任法等,它是基于投资国管理海外投资活动之需要而产生,体现为国家与投资者之间的管理与被管理的关系,而不是双方平等达成的协议。是故,海外投资管理权是一种纵向管理权,具有支配性、强制性和执行性。

第一,支配性。支配性是权力的内在属性。投资国对海外投资的管理是一个系统而又复杂的过程,既要实现经济目标、平衡国际收支及调整产业结构,又要建立国际投资秩序、维护国际市场机制的有效运行,还要避免对东道国及全球造成恶劣影响。要实现上述目标，需要海外投资者的参与和协作。不过，在投资者逐利性的本质驱动下，他们不会自发地参与和协作。是故，在这个过程中，投资国需要行使海外投资管理权，对投资者及相关资源进行支配，迫使其服从本国的控制和管理，实现海外投资管理的目标。这就是海外投资管理权的支配性。

第二，强制性。权力在实质上，乃是一种具有支配性力量的社会资源，服务于人，实现其意志或愿望，对社会主体和其他资源产生影响。权力主要体现在主体之间和资源之间不对等的关系，以直接强制性作为后盾。[1] 由此可见，强制性与支配性息息相关。通常，国家出于经济、政治或外交等目的，设立涉外法律规范对相应的涉外经济活动进行管理，[2]其中支配性能够直接发挥作用，而强制性则隐藏在其身后。是故，在“国家暴力”所至的地方，海外投资者不得从事违法的投资、经营活动，不得破坏国际投资市场秩序，否则海外投资管理权的强制性就会发挥作用，以严格的惩治性措施来矫正已经失衡的社会关系，恢复健康的海外投资秩序。

第三，执行性。法律之所以重要，不在于将其写在纸面而在于执行。执行力是海外投资管理权的重要特征，投资国在管理海外投资者及其行为时，只有政策、措施得到有效地执行，才可能保证海外投资管理目标的实现：一方面，投资国要对投资者进行正面引导，促使其行为符合本国海外投资管理权法律制度及东道国法律、国际法的基本要求；另一方面，投资国要对海外

---

〔1〕 周旺生：《论作为支配性力量的权力资源》，载《北京大学学报》(哲学社会科学版)2004 年第 4 期。

〔2〕 Jackson J. H. et al., *International Economic Relations: Cases, Materials, and Text on the National and International Regulation of Transnational Economic Relations*, St. Paul, West Publishing Co., 2013, p. 3.

投资者的违法行为进行及时地制止和纠正,才能确保权力的有效执行。

(三)海外投资管理权是一种涉外管理权

关于涉外经济法的法律地位,学界众说纷纭,莫衷一是,比较有代表性的观点涉及以下三种:其一,涉外经济法属于国内经济法范畴。这种观点较多地出现在20世纪,徐杰、肖平教授认为,涉外经济法是国内经济法的有机组成部分,其调整对象是涉外经济关系,而后者也是国内经济法的调整领域之一。[1] 其二,涉外经济法属于独立部门法范畴。持这种观点的学者认为,涉外经济法是从其他法律部门独立出来的一个学科,它是一个新兴的法律部门,以一种特殊的社会关系作为自己存在的依据并以此作为自己的调整对象,这里的社会关系就是涉外经济关系。[2] 其三,涉外经济法属于国际经济法范畴。这是学界的主流观点,持这种观点的学者有余劲松、吴志攀、陈安、车丕照等教授。从国内视角出发,涉外经济法是经济法的组成部分;而从全球视角出发,政府管理对外经济交往的法律规范,如关税法、进出口管制法、反倾销法、税法等均在调整不同范围的国际经济关系,[3] 当然也是国际经济法的组成部分。

19世纪以来,各国涉外经济活动日益繁荣,相关的涉外经济管理立法也随之增多并不断地向各个领域渗透。上述关于涉外经济法的理论探讨,虽然更多地针对传统属地原则下的"外国人",但随着海外投资的日益频繁,这些理论也自然而然地延伸至海外投资领域,开始关注属人等其他原则下的"外国因素"。海外投资管理权,作为资本输出视角下的涉外管理权,主要表

[1] 徐杰:《经济法概论》,中国政法大学出版社1991年版,第11页。
[2] 赵洗晨:《中国涉外经济法概论》,中国政法大学出版社1994年版,第2页。
[3] 车丕照:《国际经济法概要》,清华大学出版社2003年版,第13页。

现在以下两个方面：

一方面，管理依据具有“国际性”。一国行使海外投资管理权的依据是海外投资管理法、外汇管理法、税法、反垄断法、海外反腐败法和企业社会责任法等国内法。不过，在经济全球化背景下，世界上没有一个国家可以独善其身。所以，一国海外投资管理立法通常会受到一些多边或双边条约及国际上主流立法规定的影响，不可避免地烙上“国际性”的印记，为本国的海外投资活动营造有利条件。从这个角度来说，回到前段的理论问题，国际经济法应包括类似于海外投资管理系列立法这样的国内涉外经济立法，否则将会出现大片的空白地带。

另一方面，管理效果具有“涉外性”。在海外投资视域下，投资者积极地跨越国境去海外投资。通常情况下，他们的经济活动范围不在本国，而是在东道国的疆域内，为了维护国家利益免受这些跨国投资行为的侵蚀，一国需要逐步加强对其国民的海外投资活动的干预力度，相应地，管理的效果也就随之延伸，及于国外。

二、海外投资管理权的特点

（一）单边性

从国家管理权之行使方向看，海外投资管理权是投资国的一种单边性管理权，即在关系到不同国家利益的事务上，投资国单独地考虑以及处理与他国之间的关系，[1]这种单边性，主要有三个特征：

第一，海外投资管理权属于单边方法的范畴。海外投资管理权是投资

〔1〕 刘宁元：《自我约束的单边方法和国际协调——以美国反垄断法域外管辖实践为视角》，载《政治与法律》2011年第11期。

国根据自身意志去调整、处理本国与东道国之间的问题,而不论东道国的意志(即使可能被考虑)是否能在权力的行使过程中得到满足。具体来说,海外投资管理权在单边方法的框架内,主要表现为权力的行使主体和行使依据分别是投资国政府及其国内涉外经济法律:一方面,海外投资管理权的决策主体是投资国,但管理权的实施需要通过具体的政府或者其他有关部门、机关的行为来完成;另一方面,海外投资管理权的行使依据是投资国的涉外经济立法,投资国可以结合自身情况制定不受他国干涉的涉外经济法律制度。基于此,一国的海外投资管理权具有独立性和排他性,权力运行不应受到任何其他国家或国际组织的干预,这是国际法长期以来形成的规则,也是单边方法的基本要求。在此意义上,双边或多边条约不是海外投资管理权的行使依据。换言之,如果权力的行使是投资国和东道国,甚至其他国家"合意"的结果,或者说,虽然是投资国的单独行为,但该行为在本质上是为了履行双边或多边条约的义务,那么,这些情形就并不属于海外投资管理权的研究范畴。

第二,海外投资管理权属于单边自我约束的范畴。海外投资管理权因其单边性特征而不是解决国家间利益博弈的最优方法,但国际实践证明,它对缓和国家间的矛盾和冲突大有裨益。事实上,投资国行使海外投资管理权,不可能仅仅考虑自身的利益或喜好,它也会受到东道国等相关国家可能产生的反应及国际法上一些共同原则或规则的约束,从而进行"自我让步"。从这个层面上讲,为促使国家间的博弈变得相对理性和温和,单边形态的海外投资管理权已经受到了越来越多的约束,并且这种约束在本质上是一种自我约束。申言之,国家本来可以不受这种约束,或者约束具有很大的灵活性,一国之所以接受这种约束,完全是自由选择的结果,因此国家迫于外力而产生的约束并不属于这种情况。需要指出的是,自我约束并非不用考虑外在的影响,何况也正是因为这些影响的存在,一国才会谨慎地行事。只要这种约束还能够为国家的自由选择保留必要的空间,它就依然属于自我约束的范畴。

第三,海外投资管理权属于单边国际协调的范畴。当今世界,围绕国家间利益的博弈,各国崇尚以双边或多边合作、协调的方式来解决。然而,鉴于以下两个方面的原因,意欲以双边或多边合作、协调的方式来解决国家间的利益冲突只是“远离现实的理想”:其一,多边投资协议(Multilateral Agreement on Investment, MAI)谈判失败。自从经济合作与发展组织(Organization for Economic Co-operation and Development, OECD)1998 年主持下的 MAI 流产以来,国际社会虽仍然谋求制定多边条约,确保有更多的国家参与合作与协调,在更大限度上统一国际投资法的实体和程序规则。然而,许多关键性问题难以达成共识,到目前为止,这种方法基本处于设想和论证阶段,其所预设的效果难以实现。可见,多边条约的形成前景不容乐观。其二,双边投资条约(Bilateral Investment Treaties, BIT)缺失保护国家利益的内容。BIT 是两国为促进和保护相互投资而缔结的条约,其历史可以追溯到 18 世纪末各国间签订的友好通商航海条约。[1] 晚近 20 多年以来,受新自由主义理论影响,BIT 主要条款呈现高度自由化、以保护投资者为重心的特征,不但引发东道国的利益危机,也缺乏对投资国的利益回应。此外,纵使双边或多边条约具有一定的约束力,但受制于各国的合作意向并非一致,以及理解上可能存在偏差等因素,其适用效力在深度和广度上均会受到

〔1〕 Andrew T. Guzman, “Why LDCs Sign Treaties That Hurt Them: Explaining the Popularity of BIT”, *Virginia Journal of International Law* 38, 1998, p. 654.

限制。况且,这些协定或条约的内容通常还需要通过投资国的国内立法予以确认,否则对海外投资者不产生任何效力。例如,税收协定并不要求一国必须避免双重征税。联合国《关于发达国家与发展中国家间避免双重征税的协定范本》规定,“对于在解释和实施本协定时所发生的困难和疑义,缔约国双方主管部门应相互协商,寻求解决”,而不是必须解决。

总之,一国的海外投资管理权本身就应当嵌入“自我约束”的含义——根据东道国等相关国家可能产生的反应,以及国际法上一些共同原则或规则等外在因素来调整自己的主观愿望或行动方式。这样的做法显然属于国际协调的范畴,事实上,国际协调并非等同于双边或多边协调,也可以是单边协调。换言之,各国受外在因素的影响,单方面地作出“让步”,以适应其他国家的利益主张及共同原则或规则的一致理解,理应属于国际协调的范畴。

(二)有限性

海外投资管理权的单边性决定了权力的行使受制于国家的单边考虑。然而,在现实世界中,国际上存在一些共同的原则或规则,即使各个国家在行使权力时,对这些共同的原则或规则有不同的理解与认识,也不可能完全无视它们的存在。进一步讲,海外投资管理权在运行形态上是单边的,但权力本身已被附加了越来越多的约束性或限制性条件,正是这种不纯粹或不完美的单边性,从另一个角度展现了海外投资管理权的有限性。具体来说,海外投资管理权的有限性表现在域内和域外两个方面:

首先,在海外投资管理权的域内行使上,作为主权在具体领域的体现,它具有对内最高的权威,但仍然呈现一定的有限性。国家作为海外投资管理权的决策主体,有权对海外投资领域的相关事宜进行立法,指导海外投资管理权的具体实践。实际上,权力必须源自法律的规定,否则行政机关不得享有或行使任何权力。同时,权力又必须受到法律的制约。是故,“有权不得任性”是海外投资管理权行使的一种应然状态,它需要以权力清单的形式明确海外投资管理权的边界:一方面,对政府的越界行为有了抵制或制约的标准,即在法律没有规定的情况下,行使海外投资管理权不得加重投资者的负担或侵害其权利,也不得免除特定投资者的法律义务。唯有有效减少海外投资管理权的越界,才能维护法律至上的权威。另一方面,该清单为海外投资者的经济、社会活动留下了在边界之内和底线之上的必要空间,有利于投资者开展海外投资活动,遵守海外投资管理权法律制度。

其次,在海外投资管理权的域外行使上,它的有限性则表现得更为明显。一方面,行使海外投资管理权的条件是有限的。一国是否可以行使海外投资管理权,首先必须考虑其是否存在管辖权基础。在管辖权的适用上,很难说某一国对特定的人或事享有绝对的管辖权。因为管辖权往往是一个相对的概念,通常情况下,两个或两个以上的国家都可以提出一个或多个管辖权原则来支持自己的主张。是故,管辖权要解决的首要问题是,为什么一国较另一国更适宜主张管辖权及一国的立法如何生效。当然,实践中时常出现“并行管辖权”的情况,如跨国公司的商业活动经常会受到多个国家的管理,[1]因此管辖权要解决的终极问题是以什么标准来判断某一国行使管辖权是否“适度”。具体而言,笔者认为应当遵循以下四个标准:其一,管辖权是否建立在公认的规则之上,即是否符合属地原则、属人原则、普遍性原则、保护性原则或效果原则。其二,管辖权是否符合国际法的基本原则。国

---

〔1〕 Ryngaert C. ,*Jurisdiction in International Law*,Oxford,Oxford University Press,2015,p. 15.

际法的基本原则是处理国家间关系的准则，[1]一般涉及是否符合国家主权平等、不干涉内政和国家领土完整原则。其三，管辖权是否符合国际条约。一国在行使管辖权时，不得违背其所签署的多边或双边条约。其四，管辖权的运用是否实现了利益平衡。

另一方面，海外投资管理权的效力是有限的。一国的域外管理行为是国家利益的传输带，旨在维护投资国的利益，这种行为有时也会实现国际社会的整体利益。[2] 传统理论认为，与人或行为有最密切联系的国家享有管辖权是解决冲突的最佳途径，[3]但这种观点在全球化时代显得并不完美，跨国经济行为往往会给多个国家或国际社会带来负面影响，如最密切联系国存在法律空白或为本国利益而拒绝管理，此时就为遭受影响的国家提供了管理的依据。不过，投资国虽能单方面地行使权力，但切不可将单边方法绝对化，毕竟实践中权力效力的实现，不能脱离国际合作，仍需得到东道国或相关国家的帮助，这也是各国利益博弈的结果。

总之，任何权力都是有边界的，海外投资管理权亦是如此。如果一国突破海外投资管理权的有限性，超出其边界行使权力，就会对世界经济运行格局、其他国家合法权益以及投资者的利益造成损害。

（三）协调性

从全球范围来看，当前的国际社会秩序还没有走出现实主义国际关系

---

〔1〕 Brownlie I., Baker K., *Principles of Public International Law*, Oxford, Clarendon Press, 1973, p. 128.

〔2〕 Noonan C. "Globalisation, International Enforcement and Extraterritoriality", *Competition Law Review* 5, 2009, pp. 147－151.

〔3〕 Ryngaert C., *Jurisdiction in International Law*, Oxford, Oxford University Press, 2015, p. 228.

学者所阐释的国家之间为了寻求利益和优势而进行斗争的樊篱。[1] 海外投资管理权因其结构特点，容易引起国家之间的摩擦或激烈对抗，在投资国和东道国之间产生权力的冲突。在冲突的调节中，自然调节是最为基础、原则的方式，强调对冲突的自然调节过程，即在自然的秩序和规律下的“自然的自由”。此时，“自由乃秩序之母，而非秩序之女”。[2] 然而，纯粹的自然调节状态因其发展路径不确定，充斥着不可预测性或危险性。在这种情形下，冲突的自然调节远非理想状态，投资国和东道国之间遵循的也只是自然力量的博弈规则。很显然，在海外投资空前发展，国家力量日趋悬殊的时代，这种方式无法使国家间的冲突消弭。

在国家间相互依赖日益增强的全球化时代，大力发展海外投资对各个国家大有裨益。但是，冲突的存在使之变得模糊和遥远，因此必须依赖于各方，尤其是投资国的努力。海外投资管理权具有单边性和有限性的特点，其中单边性具有利己的价值取向，而有限性又具有利他的价值取向。可见，海外投资管理权具备了在利己和利他两种价值取向间寻求平衡的导向，而这种导向能够化解国家间的冲突，促使各类主体的利益趋于平衡，这就是海外投资管理权的协调性，它可以从以下两个维度来阐释：

第一，协调性涉及国家间的利益分配关系及冲突的解决。在国际法层面，各国政府的政策、措施都是从本国的综合利益出发，投资国在对外投资和布局全球价值链的同时，往往会谋求本国利益最大化，强化自身的政治经济实力；而东道国在引进、利用外资发展本国经济的同时，往往会采取措施

〔1〕 何志鹏：《国际法治：良法善治还是强权政治》，载《当代法学》2008 年第 3 期。

〔2〕 [英]诺尔曼·P. 巴利：《古典自由主义与自由至上主义》，竺乾威译，上海人民出版社 1999 年版，第 16 页。

规避风险，充分实现外资效用，减少外资对本国利益的侵害。是故，双方会就国家利益诉求展开博弈，投资国行使海外投资管理权，就不得不顾及东道国的诉求并由此形成相对平衡的利益分配关系。从这个意义上讲，海外投资管理权追求的实际上是一种相对利益，而非绝对利益。换言之，投资国在追求利益最大化时，必然损失了某些利益或出现利益上的弱化，是一种相对利益最大化。比如，根据属地原则的扩张性解释（本书将在第二章进行研究），对于一个在投资国发生却在东道国产生结果的投资行为，两国的管理行为都是合理的，但他们的利益又都不是绝对的。如果投资国追求绝对利益的最大化，唯一的结果就是与东道国产生激烈的权力冲突。在此情形下，投资国作出让步，实现管理权的自我约束，虽无法获取绝对利益最大化，却可以避免或缓和权力间的冲突，实现国家间的利益平衡及相对利益最大化。

前文提及，海外投资管理权属于单边国际协调的范畴，它在解决冲突方面具有较大的价值：其一，单边国际协调是签署双边或多边条约的基础。历史上，在签署双边或多边条约前，缔约的一方或多方可能会采取各种形式，尤其是长期的单边国际协调。其二，相较于双边或多边国际协调，单边国际协调没有复杂而烦琐的启动程序，运行成本低、效率高，适合投资国采用。其三，单边国际协调能够使国家间的关系更融洽，符合各国的预期和利益。是故，海外投资管理权对于解决投资国和东道国间的冲突具有积极意义，其单边协调方式应该成为平衡国家间利益关系、化解国家间矛盾的常态。

第二，协调性还体现在一国与海外投资者之间的利益平衡。海外投资是一国投资者追逐跨国投资利益的活动，从理论上讲，在一定的“范围”内，海外投资管理权会促使利益分配在国家和投资者间呈现负相关关系。也就是说，一国行使海外投资管理权若趋于严格，利益则向国家靠拢，反之，若趋于宽松,利益则向投资者靠拢。需要指出的是,如果超出这个范围,结论其实不然。例如,如果一国的税收征管权过于严格,会在相当大的程度上抑制本国的海外投资活动,在客观上造成税源的减少,消极地侵蚀国家的税收权益;反之,如果一国的税收征管权过于宽松,会给海外投资者的避税行为大开方便之门,积极地侵蚀国家的税收权益,同时,还可能扰乱海外投资市场秩序,反过来损害投资者的利益,这实际上是一种"双输"。总之,海外投资管理权的行使是一门学问,如果权力运行不科学或不合理,大量的分配失衡或无效将长期存在。事实上,一国海外投资管理权是应该趋于严格还是宽松,并无定论,需要决策者在不同时空下,在大量调研和综合分析的基础上,以实现"双赢"为目标,谨慎决定并指导实践。值得一提的是,海外投资管理权调整的投资国与投资者及东道国间的分配关系的界限日趋模糊,其协调性通常是同步体现而没有先后之分。

(四)经济性

海外投资管理权的经济性表现在以下两个方面:一方面,行使海外投资管理权可以促进国民经济的发展。国家行使海外投资管理权,一来可以调整海外投资政策,充分实现权力行使的导向性功能,形成良好的海外投资秩序,惠及本国海外投资企业,提高它们的经济实力与国际竞争力。二来可以限制投资资本的流向,控制海外投资企业的数量和规模,改善国际收支和国内投资状况,增强国家在国际经济秩序中的话语权和控制力。由此可见,一国的海外投资管理权直接关系着国家经济的综合实力,对国民经济在世界范围的发展具有不可替代的作用。

另一方面,国家可以通过行使海外投资管理权来获取它所需的经济收入。在经济发展全球化的浪潮下,税收在海外投资领域的意义无可比拟:其一,海外投资具有外部性和高风险性,为了维护本国海外投资者的跨国利益,投资国往往会对海外投资予以一定的干预或限制;其二,市场失灵并不局限于一国的疆域范围内,它会随着经济全球化的发展而不断蔓延。基于上述两点原因,国家需要适度介入海外投资活动,提供投资者需要的公共物品或调整市场机制。当然,国家的"适度介入"不是免费的,它需要以税收的形式占有投资者的财产并参与社会财富的分配,为国家机器的跨国运行提供经济支撑或财政保障。

第四节　海外投资管理权的功能

一、海外投资管理权的功能指向

法的"功能"之词意肇始于社会学中的功能之意,[1]而功能主义是法社会学的重要分析范式和方法。要理解法的功能,除以法学为视角进行研究,还须从社会学的视角进行考察。根据美国当代著名社会学家艾尔·巴比(Earl Babble)的观点,每个社会实体都是有机体……如同其他有机体,一个社会系统可以分解为若干部分,而每一部分对整个系统的运作都有功用。[2]是故,对功能研究的首要任务是将认识的对象视为一个有机整体;其次是将这个有机整体进行分割,探寻各个组成部分对有机整体的贡献。

据社会学中的功能界定,结合理论法学的现有成果,海外投资管理权的

---

〔1〕 [美]乔纳森·特纳:《社会学理论的结构》,邱泽奇译,华夏出版社2001年版,第76页。

〔2〕 [美]艾尔·巴比:《社会研究方法》,邱泽奇译,华夏出版社2000年版,第63页。

功能,是指投资国为控制或管理跨国经济活动,在特定的价值取向与立法目标之指引下,预设于海外投资管理权法律制度中,并通过法律的执行积极地促成预期的法律后果——实现海外投资市场的繁荣和秩序的稳定,实现投资国与投资者及东道国的利益。由此可见,海外投资管理权功能的体现对一国的海外投资发展起着关键性的作用。通常,有两条路径考察海外投资管理权的功能:其一,海外投资管理权对投资者的经济行为的影响。该路径着眼于海外投资管理权法律制度及其执行对投资者经济行为所发挥的功能,进而实现投资国及全球的社会经济功能,因此可称为海外投资管理权的规范性功能。其二,海外投资管理权对投资国及全球经济市场的经济贡献或意义。该路径着眼于海外投资管理权对投资国及全球整体经济效果的影响,因此可称为海外投资管理权的社会性功能。

二、海外投资管理权的规范性功能

通常,法的功能涵摄指引、评价、预测、强制和教育五种功能。[1] 由于海外投资管理权对投资者经济行为的影响,早已预设于相关的法律规范中,因此它的规范性功能与法的功能在大体上是一致的。理论法学界对法的功能已有丰富而详细的论证,基本上可以延伸至海外投资管理权,因此本书仅就规范性功能做简单地分析:

第一,指引功能。海外投资管理权能够为投资者提供一个既定的行为模式,从而指引投资者在其所允许的范围内从事海外投资活动。例如,中国"一带一路"倡议构想为中国企业去沿途国家投资提供了优惠待遇,具有引

---

〔1〕 付子堂:《法律功能论》,中国政法大学出版社1999年版,第41页。

导投资者向实现国家战略方针的方向发展的功能；又如，美国长期对古巴实行经济封锁，就有引导美国投资者不去古巴投资的功能。

第二，评价功能。海外投资管理权具有衡量或评价海外投资活动法律意义的功能。例如，在国际税收中，对避免重复征税的执行，本身就体现了投资国对海外投资者对本国经济发展的价值评价：对本国整体发展有利或有价值的，就采用抵免法或免税法予以优惠；而对本国整体发展不利或价值较小，甚至无价值的，就不予税收抵免，诸如去避税天堂建立基地公司。

第三，预测功能。海外投资管理权对投资者行为的评价及可能产生的法律后果，能够帮助投资者对其海外投资行为进行预判，从而选择合理的行为方式。例如，美国《反海外腐败法》（Foreign Corrupt Practices Act，FCPA）对海外腐败实施严厉打击，投资者能够提前知晓对东道国行贿的严重后果，高额的违法成本迫使其不得不作出守法的行为安排。

第四，强制功能。凭借国家强制力保障，可以确保海外投资管理权沿着一国预设的方向运行。强制功能主要由国家意志决定，也正因为它的存在，使得海外投资管理权具有威慑力，从而保障了其他功能的实现。

第五，教育功能。教育功能是指通过海外投资管理权的行使，影响投资者的思想认识、法律意识和道德水平的功能。例如，在全球治理背景下，跨国公司不再一味地被动接受国家对企业社会责任的监管，而是以更加积极的姿态全面地参与到人权、劳工和环境等问题的全球治理中，主动承担企业社会责任、分担国家公共职责。

三、海外投资管理权的社会性功能

在社会学中，关于社会制度的功能界定，不同的学者基于不同的知识背景和分析框架，得出了不同的研究结论。例如，有学者认为它的功能涉及行为导向、社会整合和文化传递三种功能。[1] 又如，也有学者认为应当包括有效协调和信任、保护个人自主领域、防止和化解冲突及权势和选择四种功能。[2] 这些观点虽有分歧，但却存在一个共通点：功能的预设要与社会的需要存在密切的联系。是故，在分析海外投资管理权的社会性功能时，绝不能够就事论事地展开研究，而应当深入到权力背后的价值问题，全面了解海外投资发展所需要的条件。

(一)分配功能

根据法的价值理论，海外投资管理权作为国家对跨国投资行为进行管理、协调国家间利益分配的权力，其首要价值就是公平，而合理的利益分配是公平最好地体现。一般认为，海外投资管理权的分配功能涉及两个方面：其一，国家和海外投资者之间的利益分配。基于利益平衡原则的考虑，一般来说，海外投资管理权的行使不能过于严格，否则会侵害投资者的利益；也不能过于松弛，否则会造成投资国国家利益的减损。其二，投资国和东道国之间的利益分配。在经济全球化时代，地球村落的任何一个国家或地区、任何一个跨国投资集团都不可能活在小国寡民的封闭状态。各国发展环环相扣，在投资国和东道国间呈现共生共长、相互依赖的状态，“一荣俱荣，一损俱损”。在利益分配时，如果一国只拘泥于本国利益，就无法得到其他国家的普遍尊敬，反而容易受损。相反，经常考虑如何实现本国利益与全球利益同时最大化的国家通常值得信赖、受到尊敬且最终获益最多。[3] 是故，为达

---

〔1〕 吴增基：《现代社会学》，上海人民出版社1997年版，第257～258页。

〔2〕 [德]柯武刚、史漫飞：《制度经济学》，韩朝华译，商务印书馆2000年版，第142～147页。

〔3〕 [日]兼原信克：《战略外交原论》，东京日本经济新闻出版社2011年版，第60～61页。

致公平分配之目的，海外投资管理权须保障投资国与本国投资者以及东道国之间的利益平衡，从而实现海外投资市场的健康发展。这种分配的平衡性或公平性，正是海外投资管理权分配功能的体现。

（二）信息传递功能

在经济学中，每一个市场主体都是"经济人"。他正确的决策或行为抉择以其获取的有效信息为基础。海外投资管理权作为管理海外投资活动的重要权力，通过权力的行使规定投资者的行为模式，并向他们提供、传递海外投资市场的相关信息：一方面，借助政府提供的信息，包括投资审查、外汇、税收、反垄断、海外反腐败及企业社会责任等制度的相关规定，作为市场主体的海外投资者可以决定自己的投资取向并预先安排投资行为；另一方面，政府提供的信息还可以帮助海外投资者预期与之相关的其他投资者的行为，毕竟海外投资行为本身就是一种互动的博弈。任何投资行为的作出都必须考虑他人的对策，只有充分掌握他人的相关信息与行为选择后，才能及时地调整自己的行为，作出正确的行动。可见，海外投资管理权法律制度及其执行提供了对他人行动的保证。例如，一国行使海外投资管理权，可以有效防止本国投资者盲目地将资本投入到某一东道国，从而造成本国资源在海外配置的低效，进而影响国家利益的实现。可见，在海外投资活动中，信息传递功能是非常重要的。

（三）激励功能

现代经济学以"经济人"假设为分析框架，涉及三个方面的内容：其一，人是自利的，利益追求是人从事经济活动的动力所在；其二，人是理性的，他总是以利益最大化或代价最小化为目标；其三，好的法律或制度能够保证

"经济人"在追求利益最大化时有效促进整体利益。[1] 这个分析框架对研究海外投资管理权至关重要,只要海外投资管理权在目标定位、权力设置及运行上是科学的、合理的,就可以达到激励相容。更进一步讲,海外投资管理权的激励功能不仅在于促进投资者从事海外投资活动本身,还应当促进整体利益的实现。在海外投资活动中,投资国与投资者的利益需求是不同的,利益差别为激励提供了基础。如果投资国为行使海外投资管理权提供的激励可以将投资国与投资者、甚至东道国的互利统一起来,这种激励就是激励相容。据此,一国海外投资管理权行使得如何,是优是劣,可以以激励相容作为判断标准。

在海外投资中,依据对主体的有利性,有投资者主义和国家主义之分:投资者主义多发生在一国对海外投资采取听之任之、放任自流的态度之时。这种态度在促进本国海外投资繁荣的同时,却极有可能招致国家利益的减损,造成不容小觑的负面影响;国家主义是指由于管理权的扩张,导致各国国内法具备了域外适用的可能性,导致投资人不得不承受双重、甚至多重管理的局面。上述两种情形分别将对投资者或国家利益的关注发挥到极致,形成非此即彼的局面,这显然与激励相容相背离。海外投资管理权的激励功能,要求审视制度和执行中的缺失与漏洞、交叉与重复,并在此基础上,采取必要的措施推动投资者主义和国家主义向整体主义的转化。例如,为了鼓励本国的海外投资活动,不少国家都出台了延迟纳税的条款,然而实践中,延迟纳税却被投资者利用为国际避税的工具。是故,为了避免大量的避税行为侵蚀国家税收主权,国家又制定了受控外国公司(Controlled Foreign

---

〔1〕 李昌麒、岳彩申:《经济法学》,法律出版社2013年版,第131页。

Corporation, CFC）法则（容后再述），实现了国家和投资者利益的激励相容。

（四）整合功能

海外投资管理权给投资者的行为提供了信息和激励，并以强制力保障相关规定得以执行，旨在将海外投资者的经济活动纳入某种"轨道"，形成"海外投资秩序"——海外投资者具有稳定的行为框架。这样不仅可以在一定程度上缓解海外投资活动产生的个体利益冲突、投资国与东道国之间的国家利益冲突，而且会将海外投资市场分散的经济力量重新集中起来，这就是海外投资管理权的整合功能。它通过整合过程控制分配过程，[1]形成健康的、稳定的海外投资秩序，促进海外投资活动的兴盛与繁荣，提高投资者及其投资国的整体福利。

一国在管理海外投资活动时，必须充分地认识到整合功能的意义：一方面，海外投资活动是一个有机和谐的整体，而投资者和政府部门是这个有机体的器官，只有器官健康，才能确保海外投资活动蓬勃发展。然而，实践中，投资者和政府部门不可避免地会产生冲突，从而危及器官。是故，为了将冲突限制在可控的范围内，不影响器官的正常运行，就必须对其进行整合。另一方面，在这个有机体中，投资者和政府部门所扮演的角色虽有不同，却相伴相生、功能互补。是故，他们只有各自履行好自身的权利和义务，以及权力和职责，才会形成整体合力，对投资者有利，对投资国有利，对东道国有利。否则，一旦有机体受损，对整体和个体都会产生消极影响。总之，海外投资管理权强调整体性及个体的社会责任和义务，旨在形成整体力量，促进投资国及全球福祉。可以说，整合功能给建设创新、开放、联动、包容的世界

[1] ［美］杰弗里·亚历山大：《社会学二十讲》，贾春增等译，华夏出版社2000年版，第40页。

经济提供了现实的可能。

需要指出的是,以上四种功能无法穷尽所有,却是当前海外投资管理权最具代表性的社会性功能。他们之间并非是简单地堆积,而是相互补充、互为关联。不过,对海外投资管理权功能的研究或提炼,不能离开权力运行的特定时代背景,换言之,随着经济全球化和海外投资活动的发展与变迁,其功能无论在内涵上还是层次上都会出现变化。

本章小结

本章首先从海外投资管理权概念的源流出发,从经济学、国际政治经济学和国际经济法学的视角对该词的词源进行考究,解剖不同学科中该词的词源属性,并通过比较、归纳与提炼,对海外投资管理权的含义进行界定。笔者认为,海外投资管理权,是指一国政府从宏观经济利益出发,依据法律对海外投资者及其行为进行管理的综合性权力/权利。其次,以基本含义为基础,进一步探讨海外投资管理权的性质、特点与功能。海外投资管理权是一种纵向的、涉外的、综合性的管理权,呈现单边性、有限性、协调性和经济性的特点。作为一个法学范畴的概念,海外投资管理权除具有规范性功能外,还具有特殊的社会性功能,包括分配功能、信息传递功能、激励功能和整合功能。

第二章 海外投资管理权形成的理论基础

黑格尔认为,一切事物都是相互转化的,发展是一个矛盾的过程。作为法学范畴的海外投资管理权,它的形成不是自然而然的,其产生与发展背后有着深厚的政治学、经济学和法学理论基础。其中,国家在海外投资管理权的形成中始终居于主动地位,而法律的内容依赖于社会经济,是国家为回应涉外经济的发展需求而创设的制度,任何国家的政权掌握者都不可能离开经济基础而随心所欲地制定或执行法律。是故,相关的政治学、经济学及法学理论基础为海外投资管理权的形成与发展起着引导作用。

第一节 海外投资管理权形成的政治学理论基础

海外投资管理权由主权国家享有,其目的之一是为国家的政治利益服务。国家意志贯穿于法的形成与发展,政权掌握者借助法律手段,将海外投资活动维持在自己允许的范围内。是故,从某种程度上看,海外投资管理权是一种政治行为的映射，是国家对经济乃至整个社会的积极干预，在一定程度上反映了国家的利益需求与政治倾向。

一、国家利益说

国家利益是一个非常抽象的概念，“横看成岭侧成峰”，无论是西方学者还是中国学者，均早已对其进行过深入的研究，并从不同的视角得出不同的结论。在西方学者的研究中，阿姆斯特茨(Mark R. Amstutz)将国家利益解释为相较于其他国家，一国的基本需求和欲求。[1] 按照皮尔逊(Frederic S. Pearson)和罗切斯特(J. Martin Rochester)的观点，国家利益至少涉及以下三个方面的内容：其一，自身的生存，包括保护国民的生命和维护领域的完整；其二，促进国民的经济福利与幸福；其三，保持其政府体系的自决与自主。这些东西构成了国家的核心价值和最基本的对外政策目标。[2] 事实上，对国家利益的诠释通常涉及两点共性：其一，逻辑上所需要的利益，诸如上述领土完整、国家安全、政治体制与经济生存等，它们是国家利益之首要利益；其二，环境上所更新的利益，它们是国家利益之次要利益，是随历史变迁或环境变化而新增的利益。在中国学者的研究中，有学者认为，国家利益是指民族国家追求的主要好处、权利或受益点，其反映了这个国家的全体国民及各种利益集团的需求与兴趣。它在界定上应考虑内部和外部两方面的因素，是一种综合加权指数。[3] 另有学者认为，国家利益的层次划分至关重

---

〔1〕 Mark R. Amstutz, *International Conflict and Cooperation*, Boston, Mc-Graw-Hill, 1999, p. 179.

〔2〕 Frederic S. Pearson and J. Martin Rochester, *International Relations*, New York, Mc-Graw-Hill, 1998, pp. 177 – 178.

〔3〕 王逸舟：《国家利益再思考》，载《中国社会科学》2002 年第 2 期。

要,因此它应当具有鲜明的层次性,且不同层次的利益对国家的重要程度并不一致,这种“不一致”会最终反映在与国家利益相关的国际法上。[1]

尽管中外学者对国家利益各执一词,但国家利益就好像一根“魔杖”,只要一被提及就会使人认同。况且,无论是哪种界定,其都将国家利益的核心内容指向国家主权、领土完整、生存发展、获得承认等客观范畴,这也是理性主义理论的共识。是故,笔者认为,国家利益主要涉及生存与安全、自主决策、经济与发展三个方面:

第一,国家的生存与安全属于“生死攸关的利益”,新现实主义将之称为国家利益之首,不容妥协。在国际经济法的实践中,常用一些相似或近义的词语,包括国家安全利益、根本安全利益和公共安全等来诠释国家安全的含义。[2] 联合国贸易和发展会议将国家安全界定为:国家、公民及制度的安全,尤其是指免受军事、间谍和恐怖行动的威胁,同时也包含国民健康、环境、严重经济问题等内容。[3] 海外投资企业,尤其是国有企业或控制国家经济命脉的企业,其投资活动往往伴随着技术或信息输出,极有可能引发国家安全问题。例如,美国曾限制技术输出与转让,1979 年《出口管理法》规定,除加拿大外,美国向其他国家的技术输出都必须获得商务部颁发的普通许

---

〔1〕 刘志云:《国家利益的层次分析与国家在国际法上的行动选择》,载《现代法学》2015 年第 1 期。

〔2〕 Sauvant, K. P., “The Regulatory Framework for Investment: Where are we Headed?”, in Ramamurti, R. and Hashai, N. eds., *The Future of Foreign Direct Investment and the Multinational Enterprise*, Bingley, Emerald Group Publishing, 2011, p. 417.

〔3〕 *The Protection of National Security in IIAs*, *UNCTAD Series on International Investment Policies for Development*, UNCTAD/DIAE/IA/2008/5, March 2009, p. 7.

可证。[1] 总之,基于国家安全因素的考量,各国都会通过一定的方式,在一定的程度上对海外投资活动进行管理。

第二,独立自主、不受干扰地行使经济决策权是保障国家利益的重要手段。经济全球化给主权国家造成了冲击,一些学者认为全球的经济事务在民族国家的范围内是无法解决的,经济和技术的力量正在开创政治边界和国家政府不再重要的世界经济。[2] 诚然,经济和技术的发展深刻地影响着国家行为,但在高度一体化的全球经济中,国家更需利用他们的权力,推行有利于国家利益的政策。[3] 这些国家利益必然涉及从国际经济活动中获得更多的利益和保持本国独立。在国际经济领域,海外投资管理权作为一种典型的单边主义进路,是国家独立自主决策权的实践,旨在促进主权利益。除对域内经济活动的管理,国家趋于行使域外管理权,这种单边行为较多方合意更能体现国家的利益。双边或多边协定作为各方妥协的结果,必然要求一国为他国利益让步,从而导致自身利益的减损。[4] 此外,多方合意之法制定过程冗长,难以适应国际经济快速发展给国际治理带来的挑战,也使得单边方法仍有较大的存在空间。[5] 正如学者在维生素案[6]中指出,美国反托拉斯法对域外交易的适用将增强其国际威慑力,在维护国际秩序的同时

[1] 美国《出口管理法》已于2001年8月到期,但呼吁制定新出口法案的声音不绝于耳。2001年,美国国会曾对制定新的出口管理法案进行讨论,但因国会意见无法达成一致而流产。近年来,尤其是受到"9·11"事件的影响,美国国家安全面临严峻的形势,美国商务部和国会因此拟将现已失效的1979年《出口管理法》再延长5年有效期。

[2] [德]哈贝马斯:《后民族结构》,曹卫东译,上海人民出版社2002年版,第76~130页。

[3] [美]吉尔平:《全球政治经济学:解读国际经济秩序》,杨宇光、杨炯译,上海人民出版社2006年版,第16页。

[4] Ryngaert C., *Jurisdiction in International Law*, Oxford, Oxford University Press, 2015, p. 192.

[5] G. Shaffer, "International Law and Global Public Goods in a Legal Pluralist World", *European Journal of International Law* 23, 2012, pp. 669 – 694.

[6] F. Hoffmann-LaRoche v. Empagran S. A., 2004 W. L. 1300131 (2004).

保障美国的国家利益。[1]

第三,经济与发展无疑是国家利益的重要组成部分。[2] 自冷战结束后,美国及其盟国开始将目光从军事安全转向经济问题。这两个领域密切相关,正如英国经济学家拉尔夫·乔治·霍特里(Ralph George Hawtrey)所指,至少在长时间里,经济事务与国家安全的关系是互惠的,[3] 随着时间的推移,经济利益无疑显得更加重要。是故,一国的海外投资政策必然与经济利益挂钩,国家对海外投资的政治态度完全取决于其能否带来良好的经济效应,严苛或宽松的政策取向都体现着国家对本国经济发展的考量。例如,新一届美国总统特朗普(Donald Trump)在竞选期间曾提出一系列经济计划,在就业上,把流向海外的制造业就业机会重新带回美国;在税收上,主张对美国企业的海外利润一次性征收10%的税;在贸易上,反对跨太平洋伙伴关系协定等。特朗普的计划试图以政策控制经济的走向,推动美国生产力、增加就业,以刺激经济增长。"特朗普经济学"对美国及全球经济发展的利弊有待时间检验,但美国对开放性经济和区域经济一体化的态度的截然转变蕴含着其重振经济的强烈意愿。可见,政策的改变是经济与发展的必然要求,并将进一步引导经济发展的方向,与此同时,也势必会影响海外投资管理权的行使。

综上所述,无论是基于国家安全、自主决策还是经济与发展,无论是促

---

〔1〕 Brief of Amici Curiae Economists J. E. Stiglitz and P. R. Orszag in Support of Respondents, F. Hoffmann-LaRoche v. Empagran S. A. ,542 U. S. 155 (2004) (No. 03 - 724).

〔2〕 事实上,国家利益在实现过程中,不同问题与利益相互交织,彼此重叠,实难区分与厘清其中哪部分属于经济、那部分属于政治。

〔3〕 Hawtrey R. G. , *Economic Aspects of Sovereignty*, London: Longmans, Green and Co. ,1930, p. 24.

进还是抑制海外投资,海外投资管理权的实施都体现了一定的政治因素,其背后更深层次的原因在于对国家利益的渴望与追求。国家通过制定资本输出的规则,政府通过执行法律干预经济,试图左右和影响市场,促使本国投资者在市场中受益,进而实现国家利益。可见,为了谋求国家利益,各国往往会立足于本国实际,选择适合自己的方式行使海外投资管理权。

二、国家外交说

在全球经济一体化的进程中,政治与外交相互影响、相互制约,呈现外交与政治相互交融的特点,并且这一特点随着政治多极化发展而日益显著。按照现实主义大师汉斯·摩根索(Hans J. Morgenthau)的理论,一国所追求的利益应当与自身实力相称,因此国家所追求的利益是否限定在国力所能及的范围内是衡量外交政策合理与否的标准。[1] 是故,在政治上处于强势的国家通常会主动拓宽一些强制性规则的适用范围,试图在国际社会中构建对自己有利的秩序,从而谋求外交上的话语权和掌控力。

近年来,在学术研究中,"经济外交"一词的使用日趋频繁。虽然经济外交由来已久,但真正大规模兴起并成为一种惯常的国际现象,却是最近一轮经济全球化发展的产物。[2] 所谓经济外交,是指以实现各种经济利益为目的,借助经济手段来进行的外交活动,它是以和平方式处理国家间在经济领域的摩擦与纠纷。[3] 经济外交旨在发展与他国的经济关系,但背后却充斥

---

〔1〕 [美]汉斯·摩根索:《国家间政治》,徐昕、郝望、李保平译,北京大学出版社2006年版,译序第4页。

〔2〕 李巍、孙忆:《理解中国经济外交》,载《外交评论》2014年第4期。

〔3〕 赵可金:《经济外交的兴起:内涵、机制与趋势》,载《教学与研究》2011年第1期。

着政治与战略意图,可谓另一种维护国家安全与政治利益的手段。相较于传统外交,经济外交在运作规律上并无本质上的不同,因此没有必要将其纳入经济学范畴专门研究。

投资外交——经济外交的内容之一,是政府通过投资手段对国际政治关系施加影响的过程,这种手段可以是促进的,也可以是阻碍的。海外投资利益是国家利益的重要组成部分,各国政府都对利益的实现抱有极大的兴趣与热情。事实上,"外交"、"利益"和"国力"三组概念相伴相生:外交保护了利益、利益增加了国力、国力强化了外交。是故,在国际法规定的范围内,一国可采用任何妥当的手段,在妥当的程度内进行投资外交,因为国家所维护的是自身的权利。例如,2004 年,时任俄罗斯副外长杰尼索夫(Andrei Denisov)就极为直接地宣称"俄罗斯外交部和经济发展部的任务就是要充当推进俄罗斯海外经济利益的急先锋"。[1] 又如,美国利用其所构建或掌握的国际经济体系,推行本国的政治与外交目标,在向世界经济提供保障稳定与增长的公共产品的同时,自身的"世界领袖"地位和作用也通过该体系得以强化。[2]

总之,对海外投资活动的有效管理有助于一国外交政策的推进和外交红利的实现。同时,缺乏有效的管理也会给一国外交带来严重的负面影响。例如,跨国公司海外贿赂曾使美国遭受"外交困境",毕竟揭露不正当的支付行为总会使友邦陷入尴尬,导致美国在东道国甚至全球的尊重度降低,并促使人们更愿意相信美国政府的反对者所散布的"美国将对他们国家的政治

[1] 王文华:《打击跨国贿赂犯罪的刑事政策研究》,载《法治研究》2013 年第 7 期。

[2] 汪段泳:《海外利益实现与保护的国家差异——一项文献综述》,载《国际观察》2009 年第 2 期。

进程造成不良影响”的言论。

第二节　海外投资管理权形成的经济学理论基础

一、政府经济职能说

（一）政府角色的代表性理论

在市场经济理论中，政府和市场的关系可谓众说纷纭，莫衷一是。但如何处理好二者之间的关系，寻求一个均衡点，一直以来都是各国政要、学者不遗余力探索的重大议题。近代以来，围绕政府和市场的关系，在两大主流思潮——经济自由和政府干预——的长时期“斗争”中，形成了三种典型的政府角色理论：

第一，“守夜人”。伴随资本主义原始积累的完成，重商主义逐步瓦解，取而代之的是经济自由主义。缺乏政府管理的自然状态有诸多缺陷，政府有保护社会成员自然权利的义务；此外，它没有其他目的。[1] 亚当·斯密（Adam Smith）作为自由主义的集大成者，他认为：“任何人，在不违反正义之法律时，都应听取其完全自由，让他以自己的方式追求利益，以其劳动与资本同任何其他人或阶级相竞争。”[2] 在这种思想下，盛行的“自由主义”挤占了国家干预、管理市场的空间。市场机制只需依靠“看不见的手”就能发挥作用，政府的职能范围受到严格的限制，除提供国防、维护治安等方面外，不

〔1〕［英］洛克：《政府论》（下），叶启芳、瞿菊农译，商务印书馆1981年版。

〔2〕［英］亚当·斯密：《国民财富的性质和原因的研究》，郭大力、王亚南译，商务印书馆1979年版，第252页。

得影响市场资源的任何配置。

第二,"看得见的手"。随着市场经济的深入发展,自由主义的缺陷正在逐步显露。[1] 人们对市场经济的认识和政府角色的定位出现了转变,法国政治经济学创始人西斯蒙第(J. S. Sismondi)、德国历史学先驱李斯特(Friedrich List)等人开始强调政府的经济参与和干预作用。但凯恩斯(John Maynard Keynes)主义的影响无疑更加深远,他认为,国家已经不能固守消极的角色,而要积极地干预经济。可以说,凯恩斯主义推动了西方国家政府干预的实践。作为与市场机制相对应的概念,政府干预突出了"有形的调节"作用,因此被称为"看得见的手"。

第三,"裁判员"。自20世纪70年代以来,"看得见的手"开始无法应对一些国家出现的经济滞涨现象。凯恩斯主义的失效,促使新自由主义学派产生,该学派将政府定位于"裁判员",[2] 主张政府在经济自由的前提下,实行极为有限的干预职能,反对政府对市场的过度干预。

由此可见,无论是作为"守夜人",还是"看得见的手"的政府,都无法成为市场经济永远繁荣的筹码,绝对的自由主义和绝对的政府干预都是不可取的。根据公共选择学派代表人物詹姆斯·布坎南(James Buchannan)的"经济人"理论,政府并不完美。[3] 是故,市场经济需要政府干预,但我们需

---

[1] 例如,1788年,英国棉纺织业生产出现过剩危机并于1825年爆发了第一次周期性生产过剩危机,之后每10年左右就会周期性地出现生产过剩危机。1929年,严重的市场失灵彻底导致了世界范围内的经济大萧条。

[2] 米尔顿·弗里德曼(Milton Friedman)认为,自由市场不排除对政府的需要;相反,政府的必要性在于它既是"竞赛规则"的制定者,又是解释和强制执行这些已被决定的规则的裁判者。参见[美]米尔顿·弗理德曼:《资本主义与自由》,张瑞玉译,商务印书馆1986年版,第16页。

[3] 鉴于"人"是构成政府的基本单位,因此政府的不完美可以分为两个方面:一方面,政府因"人"的主观臆断和认识局限而无法达到全知全能;另一方面,政府因"人"的经济人属性而存在官僚主义、权力寻租等问题。

要根据实践，重新探索政府角色的科学定位，毕竟政府角色定位事关政府干预经济的范围、程度和方式，进而决定着政府干预市场失灵的效果以及市场配置资源绩效的发挥。[1] 环顾全球，纵使理论上对两大主流思潮认识不同，但实践中没有一个现代市场经济国家完全放弃政府干预而实行彻底的自由市场制度，差别仅在于程度和范围的不同。总之，市场和政府不是有无的问题，而是多少的问题，只有二者合力才能共同维护市场经济的正常运行，当然，政府干预应当以克服市场的缺陷和不足为目的。

（二）经济全球化与政府角色的适当定位

1985 年，美国经济学家奥多尔·拉维特（Theodore Levitt）在《市场全球化》一文中，率先提出了"经济全球化"的概念，并将全球化理解为各国经济的开放、相互依赖以及一体化的过程。经济全球化倡导经济要素冲破民族国家的壁垒，使其能够在国际市场中最大限度地自由流动。[2] 然而，市场经济条件下的经济全球化必然导致市场失灵的范围扩大化，冲破一国的疆域而向世界蔓延，在这种情况下，仅靠世界市场机制的作用自然无法克服国际性市场失灵。按照经济学的观点，国际性市场失灵主要表现如下：

第一，国际市场机制不健全。经济全球化发展使得各国经济紧密相连。但是，各国在文化、价值上存在差异，投资及其相关领域有着错综复杂的制度或政策安排，在一定程度上抑制了国际市场的有效配置。第二，跨国公司垄断国际市场。跨国公司通过海外并购垄断市场，挤压其他企业的生存空间，抑制国际市场的良性竞争，导致全球资源配置效率的减损和福利水平的降低。同时，跨国公司因资金、技术或规模等优势，享有绝对的话语权，从而

[1] 李昌麒：《经济法学》，法律出版社 2010 年版，第 133 页。

[2] 俞可平：《论全球化与国家主权》，载《马克思主义与现实》2004 年第 1 期。

导致国际市场价格与供求关系产生错位。第三,国际市场公共产品供给不足。跨国公司的“经济人”属性决定了其从事投资的着力点在于开拓国际市场,谋取经济利益而非提供公共产品。东道国可能因经济实力较弱而难以提供足量的公共产品,而投资国也可能会因资本的大量输出而制约公共产品的优质供给。此外,国际性市场失灵还表现在外部性问题增多,国际市场无法自发实现公平和稳定发展等。

为了缓解经济全球化与国际市场的矛盾,国际市场需要政府干预。这只“看得见的手”在国际市场上发挥作用,是政府经济职能的体现,为海外投资管理权的形成奠定了经济学基础。“枝枝叶叶,独处难活”,辩证法指出,世界是普遍联系的。全球化对于国家的管理提出了挑战,但是国家却绝不可能任由全球化恣意发展。[1] 每个国家都有必要的经济法律体系,通过合理限制交易者的自由来控制国内市场,对本国的经济秩序进行保障,落实国际社会对全球化的方向所提出的目标,从而维持国际秩序。据此,海外投资管理权是政府在国际投资市场上经济职能的体现,它要求各国政府坚守互助、包容、共赢的理念,承担更多的国际责任,为完善国际市场机制,克服国际市场失灵,促进海外投资市场的发展与繁荣贡献投资国的力量。

二、整体利益最大化说

近年来,整体利益被视为经济学的基石范畴,这已是大多数当代经济学学者的共识。整体利益肇始于何处,与它相关的利益有哪些,以及相互之间的关系如何?这是关于经济学基石范畴理论研究中必须首先厘清的问题。

---

〔1〕［英］戴维·赫尔德等:《驯服全球化》,童新耕译,上海译文出版社2005年版,第98～114页。

现代汉语通常将“利益”释义为“好处”。[1] 例如,国家利益就是对国家有好处。然而,实践中,一部分主体所追求的“好处”,可能被另一部分主体视为“害处”,反之亦然。据此,各类主体的利益追求并不一致,这里的“好处”与“害处”也就自然地产生了矛盾与冲突。通常情况下,利益冲突可以依靠社会的自发调整而解决。不过随着经济全球化而产生的利益主体多元化和利益需求复杂化,使得利益冲突早已超越社会自发调整的范畴,再一味地强调某一主体的利益需求已然不符合时代的发展。相反,我们应当从全局出发,使相关各方的利益在共存和相容的基础上达到合理的优化状态,实现整体利益最大化。

海外投资管理权的域外拓张为国际社会整体利益的保障提供了有力手段。在国际经济领域中,美国最常运用域外管辖权,[2]在诸多发展中国家缺乏或不执行对跨国经济犯罪或垄断行为的惩罚时,增强美国相关法律的域外威慑力是维护国际秩序的有效方式。[3] 在这些领域,发展中国家不仅存在法律空白,也缺少多边规则的约束。例如,在反垄断领域,国际社会虽致力于建立多边治理体系,[4]但仍因多方利益难以协调而困难重重,甚至难以在短期内建立一个令人满意的调控跨国垄断行为的制度。[5] 这时,法律多元论支持某一国家法律的域外适用以填补全球治理的漏洞,从而维护国际

---

[1] 《现代汉语词典》,商务印书馆2015年版,第800页。

[2] A. Parrish,“The Effects Test: Extraterritoriality's Fifth Business”, *Vanderbilt Law Review* 61, 2008, pp. 1455 – 1506.

[3] Ryngaert C., *Jurisdiction in International Law*, Oxford, Oxford University Press, 2015, p. 206.

[4] M. Matsushita, “International Cooperation in the Enforcement of Competition Policy”, *Washington University Global Studies Law Review* 1, pp. 463 – 476.

[5] Noonan C. Globalisation, “International Enforcement and Extraterritoriality”, *Competition Law Review* 5, 2009, pp. 147 – 151.

社会的整体利益,[1]即它允许在国际准则缺乏或执行力不足时,通过赋予国内法域外效力,实现国际共同的价值观。[2]

一方面,域外管理可以为国家间的合作与多边规则的创制提供战略性支持,尤其在他国的相关法律处于“真空”时。例如,2002 年,美国无条件地在域外适用萨班斯法案(Sarbanes-Oxley Act)曾引发欧洲的激烈反对,[3]但受美国影响,欧洲委员会随后于 2006 年颁布新 8 号指令(2006/43/EC 指令)。毋庸置疑,欧盟指令的颁布源于美国的推动,从内容来看,二者在立法精神和具体制度上存在诸多相似之处。[4] 这些“相似之处”证明各国追求的利益虽有差异,但仍存共性,由此为国家间的合作甚至国际条约的签署提供了基础。实践中,不少双边或多边国际投资协定难以推进,与各国国内法的差异较大不无关系。可见,海外投资管理权的单边方法为他国规则或国际规则的制定提供了范本,是各国开展契合整体利益的国际合作之前提。

另一方面,海外投资管理权的域外执行为发展中国家提供了利益保障。传统观念认为,域外管辖权是在“权力导向”下实施的,由经济强国施加本国法律效力于他国(大多是经济实力较弱的国家),意图达到符合强国利益的结果。[5] 而“规则导向”下的域外管辖权,可以通过国际规则的内化和行为

[1] P. S. Berman, “Towards a Cosmopolitan Vision of Conflict of Laws: Redefining Governmental Interest in a Global Era”, *University of Pennsylvania Law Review* 153, 2005, pp. 1819 – 1882.

[2] Harmen Van Der Wilt, “Universal Jurisdiction under Attack: An Assessment of African Misgivings towards International Criminal Justice as Administered by Western States”, *Journal of International Criminal Justice* 9, 2011, pp. 1043 – 1066.

[3] Letter of EU Internal Market Commissioner F. Bolkestein to W. Donaldson, Chairman of the SEC, 24 April 2003, http://www.iasplus.com/resource/letterfbaonaldson.pdf, 2 May 2017.

[4] 欧盟指令的通过标志着欧盟法和美国法相互接近的决定性一步,二者在审计监管领域已有诸多共同点。参见石佳友:《中欧上市公司审计监管合作法律问题研究》,载《法学家》2014 年第 1 期。

[5] Ryngaert C., *Jurisdiction in International Law*, Oxford, Oxford University Press, 2015, p. 208.

体的互动重塑新的利益观念,不仅能够强化各国对规则的遵守、抑制经济大国的权力扩张,还能帮助经济实力较弱的国家抵御他国的无端干涉、促使其参与国际事务并实现自身利益。据此,可以认为以规则为导向的海外投资管理权符合公认的原则和国际法规则,能为经济实力较弱的国家赢得谈判地位:合理的域外适用规则有助于迫使强国拟定考虑整体利益的协定,如果协定损害了弱国利益,弱国可以选择离开谈判桌,自行行使针锋相对的单方域外管辖权。[1] 可见,"规则导向"下的海外投资管理权为实现整体利益最大化提供了可能,关键在于规则本身的科学性。

第三节　海外投资管理权形成的法学理论基础

一、经济主权说

(一)主权与经济主权

主权理论是现代国际法学研究的基础,是现代国家政治、经济交往的逻辑起点,它的历史与现代国家的演变相对应,反映广大国家与市民社会、政治权力与共同体之间关系的发展。在国际法上,主权的概念恐怕是最让人疑惑的,[2]要给主权下一个精确的、统一的定义是很难实现的,毕竟主权的概念因人而异。在各国对主权的研究中,囿于学者的国家背景及其服务的

〔1〕 A. Bianchi, "Reply to Professor Maier", in Karl M. Meessen, ed., *Extraterritorial Jurisdiction in Theory and Practice*, The Hague, Kluwer Law International, 1996, p. 82.

〔2〕 Morton A. Kaplan and Nicholas B. Katzenbach, *The Political Foundations of International Law*, New York, John Wiley & Sons, Inc., 1961, p. 135.

国家利益不同,对“主权”一词存在诸多含义不同却又无所谓对错的理解。在中国的研究中,尽管学者对主权的表述不尽相同,但可将其归纳为“对内最高”和“对外独立”两个方面,认为主权是对内的最高统治权和对外的独立自主权的统一,而后中国国际法学研究都以这一经典论述为根基。

主权是全面的,包括政治、文化、经济等各个方面,《联合国宪章》明确规定主权应当包括政治主权和经济主权。经济主权是主权推论的必然结果,因而主权的独立性在理论上赋予了国家在处理经济事务时,享有完全的排他性权力。事实上,国家对其境内一切经济活动享有管理的能力肇始于国际习惯法,是“国际法主权的一个基本属性”。[1] 作为国家主权实质性组成部分的经济主权,在实践中为国家经济管理活动提供指导,并被逐步提炼、细化和系统化为一种学说。[2] 然而,如同主权的概念因人而异,经济主权的概念也是一个颇具争议的问题,在现有的外国文献中,很少有学者对其进行界定,通常是在论证经济问题时有所提及。[3] 在中国,亦有很多学者加入经济主权的研究队伍,比较有代表性的观点是:“经济主权是国家主权在经济领域的体现,是指一国政府在对外经济活动中有自主决策权,在国内层面,表现为对外经济活动管制权和制定对外经济法规的自主权;在国际层面,表现为自主参加国际经济活动的权力。”[4]

---

〔1〕 *The Development Dimension Of FDI: Policy and Rule-making Perspectives*, UNCTAD, UNCTAD/ITE/IIA/2003/4,2003,p.216.

〔2〕 Peter B. Payoyo, “Economic Sovereignty in International Law: The State of the Art”, *Philippine Law Journal* 65,1990,pp.129－142.

〔3〕 1945年,伊莎贝尔·伦尼(Ysabel F. Rennie)在 *The Argentine Republic* 中设专章“The Struggle for Economic Sovereignty”对阿根廷外交中的经济主权进行探讨,被认为是学界最早研究经济主权的文献,但该书并未对经济主权的概念进行界定。

〔4〕 杨泽伟:《国际法析论》,中国人民大学出版社2003年版,第25页。

(二)经济主权的产生与发展

国家经济主权的提出与发展源自半个多世纪以来发展中国家的不断斗争。第二次世界大战后,发展中国家获得政治上的独立,但国家的经济命脉仍由殖民列强所操控。为寻求经济上的独立与发展,发展中国家开始在国际场合不断强调和维护自己在本国经济领域内所享有的独立自主的权利,鲜明、突出地提出了经济主权的概念和原则。[1] 由于国家经济主权的提出与确立是为了保障发展中国家的经济命脉不再被列强所控制,因此当时对国家经济主权的界定,主要在于强调一国应对其境内包括外资在内的一切经济活动享有绝对的管理权与监督权,并有权独立自主地参与国际经济事务。

随着全球经济交往的日益深入,发展中国家的涉外经济活动逐步由“资本输入”转向“资本输入和资本输出”并行的局面。是故,国家经济主权的概念也应得到继承与发展,其内涵和外延理应更加丰富。因为在理论与现实社会脱节的情况下,无论以前的经济主权理论多么完美无缺,也应当予以修正,使之符合现实发展,否则,理论会因自身的不完整而造成其价值的减损。有学者认为,经济主权应当包括经济战略决策权、天然资源所有权、经济交往管理权和国际事务合作权四个方面的内容。[2] 据此可以认为,经济交往管理权源于国家经济主权,国家经济主权通过经济交往管理权予以体现。揆之于现实,在当前的国际形势下,这种管理的权力不应再局限于一国的疆域内,因为它不仅应包括国家对境内一切经济活动进行管理的应有之义,还应包括国家对涉外经济活动进行管理的时代含义。换言之,在国际投资领

---

〔1〕 徐泉:《国家经济主权原则析论》,载《甘肃政法学院学报》2007 年第 3 期。

〔2〕 何志鹏:《国际经济法的基本理论》,社会科学文献出版社 2010 年版,第 120 页。

域,它表现为一国享有对境内的一切资本和与本国有特定密切联系的海外资本进行管理的权力,这种特定密切联系可以表现为国籍上的联系,也可能是因跨国经济活动给国家造成了经济或社会影响而产生的联系。前者体现为资本输入国对外国资本的认许,后者体现为资本输出国对本国相关资本的管理。海外投资管理权,正是这种权力在具体领域的运用,是资本输出国对海外投资活动实施控制和管理的权力,其管理手段包括海外投资项目审批、外汇管理、税收管理、企业并购审查以及其他不断延伸的域外法律措施。

综上所述,一国有权选择国家经济制度,有权通过国内立法来管理涉外经济活动,而海外投资活动作为涉外经济活动的一个重要组成部分,理应纳入投资国的管理范围且投资国对其享有最高的独立决策权。

(三)对经济主权的反思:负责任的主权

经济主权是一个历史范畴,它产生于特定的历史时期;同时,经济主权是一个动态发展的概念,它随国家的发展而演变。主流观点认为,经济主权应以国家利益为主导,是国家所享有的一种至高无上的权力,在国际经济合作的过程中必须牢牢掌握和始终坚持经济主权,这是"不可须臾离"的前提和基础,[1]对维护国家经济利益至关重要。事实上,在仅追求本国经济利益最大化的理论指导下,经济主权成为实现国家利益的工具,导致一些国际社会的公共价值在某种程度上被选择性无视。[2] 是故,随着经济全球化的推进,经济主权的概念被要求融入更多的整体利益层面的价值。萨鲁什(Dan Sarooshi)教授认为,早期的国家经济主权集中于对国家领域内事务处理的

〔1〕 陈安:《国际经济法学》,北京大学出版社2007年版,第103页。

〔2〕 左海聪、宋阳:《超越"国家利益":对经济主权概念的反思与重塑》,载《学术界》2013年第4期。

绝对性与独立性。然而,今天西方的经济主权概念已经嵌入了许多其他的价值理念,包括自由、人权、责任、平等,这些价值原来都是游离于经济主权概念以外的。[1]

基于此,一种负责任的经济主权观念得以产生,它要求国家在独立自主的基础上,对自身权力进行适度的约束与限制,“欲有所取、必有所予”,因此,国家在行使经济主权时,除须考虑本国利益,还须考虑国际社会的整体利益,实现本国利益与国际社会整体福祉的巧妙平衡,促进全球经济协同、可持续发展。更进一步讲,国家行使经济主权不能仅局限于一国域内,更不能只充当守夜人的角色,而是应该积极行动起来,实现一种负责任的治理,[2]既维护本国的涉外经济利益与秩序,又通过全球化在宏观上将各个国家的这种利益与秩序相互连接,进而形成和谐的国际经济秩序。

跨国公司是海外投资的重要主体,投资国对跨国公司的支持与保护会给双方带来可观的利益。虽然跨国公司的利益和投资国的外交政策在很多情况下会有抵触,但是两者之间已经存在利益的互补性。[3] 是故,晚近以来,受投资自由化的影响,各国强调放松管制以促进和保护海外投资,获取经济利益。一般来说,对海外投资放任不管通常不会造成投资国的利益减损,但是却可能给其他国家或国际社会带来灾难。例如,有些跨国公司利用自身的经济优势与社会地位,实施污染东道国环境、垄断市场或在交易中行

---

〔1〕 Sarooshi D., “Sovereignty, Economic Autonomy, the United States, and the International Trading System: Representations of a Relationship”, *European Journal of International Law* 15, 2004, pp. 651-676.

〔2〕 Helen Stacy, “Relational Sovereignty”, *Stanford Law Review* 55, 2003, pp. 2029-2060.

〔3〕 [美]罗伯特·吉尔平:《国际关系政治经济学》,杨宇光等译,上海世纪出版集团2006年版,第223页。

贿等行为,引发了国际社会的强烈反感。可见,所有的经济活动都应受到主权国家的控制,缺少国家的制约,跨国公司无法正常运作。但是,投资国一般都是投资者利益的代言人且监管不能为其带来任何利益,致使投资国缺乏监管的意愿。[1] 不过,在促进世界经济包容联动发展的背景下,或迫于国际社会的压力,或担心国家招致负面影响,投资国开始转变对海外投资的态度,逐步在一些领域,采取一定的措施对本国海外投资活动进行限制。例如,近年来,美国开始考虑并购行为对国际市场的影响,不断扩大海外并购的审查范围,加强对海外投资企业信息披露的管理,强化海外投资企业社会责任的承担和违法行为的处罚等。这一系列行为都是管理权在海外投资相关领域的运用,体现出国家对海外投资活动的一种负责任的治理,也是负责任的经济主权的体现。这种负责任的主权是除本国经济利益外,从国际社会的整体利益出发,寻求海外投资活动绿色、健康、可持续的发展。

二、适用规则认定说

管辖权被认为是有关国家权力与权利的重要问题,从这个角度讲,管辖权规则具有划分国家管理权力与权利的功能,旨在厘清人或事何时应受国家的管理。[2] 在相关的著述中,其基本规则主要有属地原则、属人原则、效果原则、保护性原则和普遍性原则等。其中,保护性原则适用于发生在域外的严重侵害本国重大利益的行为,[3]且该原则的滥用极易侵犯他国内政,而

---

〔1〕 赵红梅:《跨国公司对国际经济法创制和实施的参与》,北京邮电大学出版社 2014 年版,第 166 页。

〔2〕 Mills A., "Rethinking Jurisdiction in International Law", *The British Year Book of International Law* 84, 2014, p. 187.

〔3〕 这些犯罪行为包括针对国家和针对国民的特定犯罪。

普遍性管辖原则是指国家对违反国际法特定罪行的域外行为享有管辖的权利。[1] 因此，二者不属于海外投资管理权可以适用的规则。本书仅就可以适用于海外投资管理权，或者作为确立不同国家之间管理权分配依据的几个原则进行探讨。

（一）属地原则

1. 属地原则及其域外效力

属地管辖权是实现国家经济主权的最基本方式，被联合国前秘书长潘基文称赞为"国家行使权力的基石性原则。属地原则以机构性、组织性和功能性的法律构建行政管理体系，并使之与管辖的内容、程度、地域等连接因素相融合，形成以空间和地理划分各自管理边界的标准。[2] 美国《对外关系法重述（第三版）》（以下简称《重述》）认为，一国有权对全部或实质部分发生在领域内的行为制定法律。[3] 简言之，属地原则不受国籍的影响，一国可以对发生在本国领土范围内的事件和行为进行管理，而不论行为人是否具有本国国籍。

严格的属地原则禁止一国权力的域外运行，这在美国早期司法实践中得到了广泛体现。[4] 1808 年，美国最高法院在罗斯（Rose v. Himely）一案中

〔1〕 在各国经济立法领域，一般不涉及违反国际法的特定罪行，因此普遍性管辖并不适用。

〔2〕 Leslie J. Moran, "Placing Jurisdiction", New York, Routledge-Cavendish, 2007, pp. 159 – 160.

〔3〕 Rest. 3rd, Restatement of Foreign Relation Law of the United States, § 402(1)(a)(1987).

〔4〕 本书在探讨法律的域外适用及冲突时，大多以美国实践为研究对象，原因有二：其一，强大的经济实力使得美国规则输出的国际化程度较高；其二，美国在诸多领域的法律标准较高。事实上，法律发生域外冲突的前提通常是一国为行为人设立了更高的标准。例如，在反垄断领域，在日本的美国投资者更担心美国法在日本的适用，而在美国的日本投资者则不担心日本法在美国的适用，因为美国有更高标准的规则。基于此，美国实践可以为本书的研究提供丰富的材料。

指出:“各国的立法具有地域性”。[1] 四年后,美国最高法院法官马歇尔(John Marshall)在交易号帆船案(The Schooner Exchange v. McFadden)中解释道:“一国对其领域内的一切当然地享有管理上的排他性和绝对性。除自我限制外,不应再受任何限制,否则都将视为对主权的减损。是故,未征得国家同意,不得对其完全的、彻底的权力设定限制性条件,否则,这些条件都不具有合法性。”[2] 该理论在之后的案件中被重申,[3] 安东尼诉奥尔蒂斯案(Attorney of New Zealand v. Ortiz)的判决指出,没有国家能够以立法的形式干预管辖地域范围外的财产,如果一国作出这种行为,就构成对属地主权理论的直接侵犯。[4] 可见,国际法管辖理论的早期研究认为,一国仅在领域内享有绝对的主权与管辖权,[5] 反对权力的域外行使,除非属地国同意。

海外投资活动的涉外性,必然造成国家管理行为自内向外的延伸。属地原则能够为投资国的海外投资审查提供当然的依据,却不能成为权力域外行使的理据,即使东道国同意投资国对本国投资者的域外管理,也是基于双方的合作或对方的授权,而非对本国海外投资管理权的行使。毕竟海外投资管理权的单边性特点决定了权力运行无须得到对方的同意。[6] 是故,属地原则会成为一国权力域外运行的障碍,如果东道国不同意投资国对其领域内的经济活动进行管理,投资国则“无能为力”。

---

〔1〕 United States v. Felix-Gutierrez, 940 F 2d 1200 (9th Cir 1991).

〔2〕 The Schooner Exchange v. McFadden, 11U. S. (7 Cranch 116, 136) (1812).

〔3〕 Perm Ct. Arb, Island of Palmas (United States v. Netherlands), (1928) 2 RIAA 829.

〔4〕 Attorney of New Zealand v. Ortiz[1984]1 A. C. 1[1982]3 All E. R. 432.

〔5〕 J. Story, *Commentaries on the Conflict of Laws*, Stockstadt, Keip, 2007, p. 21.

〔6〕 需要指出的是,如前文所述,海外投资管理权在运行形态上是单边的,无须获得东道国的同意,不过在效力的实现上可能离不开东道国的帮助或同意。但这与必须依据东道国的同意才能够实施的经济管理行为是两回事。

2. 属地原则的扩张性解释

严格的属地原则之适用有特殊的历史背景。以美国为例,19 世纪初,作为从大英帝国独立出来的新兴国家,对属地原则的恪守意在减少其他国家对本国事务的干涉。在维护主权的规则导向下,美国无暇顾及法律的域外效力。19 世纪末,随着美国实力的逐渐增强,一些突破传统属地的解释开始适用。此外,随着国际交往的深入,严格的属地原则表现出诸多现实不适性,或者说现实的问题超越了传统的理论框架,招致理论与现实的脱节。例如,行为始于 A 国却终于 B 国的情形。是故,扩大原有的属地原则理论的内涵迫在眉睫。

属地原则扩张的结果是形成了主观属地和客观属地两种不同学说。从理论上讲,根据行为的发生过程,可以将行为地划分为行为开始地和行为结果地,属地原则的扩张性解释正是基于对行为地的不同认定。主观属地,又称主观领土原则,指一国对在其境内开始而不在其境内结束的行为具有管辖权。客观属地,又称客观领土原则,允许一国对在其境内完成而不在其境内开始的行为行使管辖权。[1] 主观属地和客观属地是一对相对应的概念,对于同一行为过程,一国可以依据主观属地对在内国开始而在外国完成的行为进行管辖;反过来,另一国也可根据客观属地对在外国开始,但在本国完成的行为进行管辖。

如果说,严格的属地原则限制了一国管理权在海外投资领域的适用,那么,扩张后的属地原则则允许一国权力的域外适用。事实上,无论是主观属地还是客观属地,其权力的运行都超越了一国的疆域范围而向其他国家扩

〔1〕 [英]詹宁斯、瓦茨修订:《奥本海国际法》(第 1 卷 · 第 1 分册),王铁崖等译,中国大百科全书出版社 1995 年版,第 329 ~ 330 页。

张。根据上述分析，可以认为，海外投资活动始于投资国，终于东道国，因此投资国可以根据主观属地对它进行管理，而东道国则根据客观属地进行管理。是故，主观属地原则为海外投资管理权的形成提供了规则依据。

（二）属人原则〔1〕

属地原则在理论上的分歧或局限，给其适用造成了诸多困扰，因此我们需要其他原则进行补充，共同解决管辖问题，而属人原则便是其中之一，它是指一国对所有在其领土范围内或领土范围外的、具有本国国籍的人享有管辖权。〔2〕可见，国籍是人与国家之间固定的法律联系，国家据此对具有本国国籍的人行使管辖权。路易斯·亨金（Louis Henkin）教授指出："国际体系承认国籍是国家体系中的国家地位的一种延伸——乃至加强，从而也没有任何理由否定国籍作为管辖权的基础，这似乎是合情合理的，几乎不证自明。"〔3〕是故，国内法的效力不仅与地域因素有关，也与各国的人员关系有关。

在属人管辖权中，当权力的作用对象处于一国的领域外，那么，该权力在实质上就是一种域外管辖权。法律的域外管辖并不是一个最近才出现的新问题，也不是一个专属于某一个主权国家的问题，环顾全球，许多国家或地区的法律条文均含有域外管辖的条款。〔4〕属人原则最初是刑法域外效力

---

〔1〕 属人原则又称"国籍原则"，包括主动国籍原则和被动国籍原则，后者被认为是对管辖权的过度解释。因此，国际法上的属人原则通常是指主动国籍原则，而本书所研究的属人原则也仅指主动国籍原则。

〔2〕 周忠海主编：《国际经济法》，中国政法大学出版社2008年版，第129页。

〔3〕 ［美］路易斯·亨金：《国际法：政治与价值》，张乃根译，中国政法大学出版社2005年版，第236页。

〔4〕 Mark Janis, *An Introduction to International Law*, Boston, Little Brown § Company, 1988, pp. 258 – 259.

的依据,由法国诉土耳其的"荷花案"(The Lotus Case)[1]引申,在后续的发展中,它常被国际经济法学者引用,作为国内经济立法的域外效力依据。揆诸现实,属人原则被各国广泛地应用于域外税收和经济制裁领域:一方面,诸多国家依据属人原则推行本国税法的域外效力。例如,在1924年的库克诉塔特案(Cook v. Tait)[2]中,美国对域外征税权进行论证,最高法院指出,跨国征税的理论基础是公民所享受的利益超越了领土界限。美国对世界任何地方的本国公民进行保护,公民享有政策保障,而税收正是保持这种保障性政策的成本。[3] 据此,美国公民应就其海外收入向美国政府纳税。美国对公司亦是如此,采用国籍原则,要求美国公司就世界范围的收入向美国纳税。[4] 总之,国际法不禁止一国对不在其域内的国民和在外国成立的公司行使管辖权,因为他们仍受国家属人权威的支配。[5] 另一方面,在经济制裁领域,一些国家也会依据属人原则对本国公司的域外行为主张权力,甚至通过控制理论将国籍原则的适用范围进一步扩大,将那些不具有本国国籍,而被本国人或公司控制的公司纳入管理范围。例如,1941年美国《与敌国贸易法》修订案,禁止任何"受美国管辖的人"[6]与特定国家或国民进行商业交

---

〔1〕 France v. Turkey (1927) P. C. I. J. Ser. A, No. 10.

〔2〕 265 U. S. 47, 54 – 56 (1924). 参见[美]理查德. L. 多恩伯格:《国际税法概要》,马康明、李金早等译,中国社会科学出版社1999年版,第16页。

〔3〕 [美]理查德. L. 多恩伯格:《国际税法概要》,马康明、李金早等译,中国社会科学出版社1999年版,第13页。

〔4〕 《国内税收法规》第7701条(a)、(3)及(4)。参见[美]理查德. L. 多恩伯格:《国际税法概要》,马康明、李金早等译,中国社会科学出版社1999年版,第13~14页。

〔5〕 [英]詹宁斯修订:《奥本海国际法》(第1卷·第1分册),王铁崖等译,中国大百科全书出版社1995年版,第327页。

〔6〕 "受美国管辖的人"包括(1)任何美国国民;(2)在美国的任何人;(3)根据美国法成立的或在美国有主要营业地点的任何商业企业;(4)由任何上列三类中的任何一类所拥有或控制的任何商业企业(不管其成立地点)。

易。该条的效力范围及于具有外国国籍但被美国控制的公司。

总之,国内法规则的“域外适用”一直是国际经济法的重大课题,而属人原则在很多情况下就是这种“域外适用”,它的意义在于:其一,实现国内法之目的。如果一国的国内法规则不能在域外适用,则可能无法实现其规则制定的初衷。可以说,属人原则能够从行为主体的角度为海外投资管理权的形成提供合法性理据。在海外投资管理权的域外适用中,属人原则的适用对象主要是具有本国国籍的海外投资者,涉及自然人和法人等。其中,法人国籍的确定存在理论上的分歧,相关的标准包括“成立地说”“住所地说”“投资地说”“实际控制或成员国籍说”“复合标准说”等(本书将在第五章着重论述)。其二,为本国投资者提供行为标准。在属人原则下,海外投资者可以合理预期其行为应遵守的规则,因为他已提前被告知。因此,无论在任何国家或地区,他不仅须遵守当地法律,也同样受国籍国管辖。此外,如果一个国家实施较高的行为标准,那么即使其他国家标准较低,投资者被要求遵守较高标准也是合理的。[1] 是故,明确海外投资管理权的域外效力,乃属人原则的应有之义。

但是,需要指出的是,以严格的属地原则作为参照,属人原则是管辖权理论中的一种例外,它的管辖效力需要受到限制。世界上绝大多数国家的观点是,与国籍所属国权威相比,行为地当局的权威显然更加有力,当属人原则赋予一国对其在外的国民行使管辖权时,不得干预另一国的合法

[1] G. R. Watson, “The Passive Personality Principle”, *Texas International Law Journal*, Vol. 28, No. 1, Winter 1993, pp. 1 – 46.

事务。[1]

(三)效果原则

随着当代国家经济交往的日趋频繁,一些国家不再满足仅仅依据属地原则或属人原则来管理经济活动。在这方面,美国充当了"急先锋",率先提出"效果原则":不论某一经济行为是否发生在本国国内、是否有本国人参与,只要该行为可能会对一国的利益造成影响,该国就可以据此行使管理权。[2]

1. 效果原则的产生与发展

依据属地原则,国家可以对其领土上的所有人、财产及行为享有管辖权。但是,从另一个角度分析,国家无权对域外的人、财物和行为享有管辖权。而属人原则的缺陷在于无法对非本国国籍的人及其行为进行约束。例如,为获取其他国家的自然资源或宽松的法律环境,跨国公司通常在东道国设立子公司进行生产和销售。在这种情况下,依据属人原则,投资国无权对该子公司及其行为进行管理。基于此,上述两种原则并非穷尽管辖的各个方面,随着国际法的发展,学者们提出了诸多传统原则的例外,[3]其中之一就是效果原则。效果原则最早见于反垄断领域,它是针对外国企业在外国所为的违反一国国内反垄断法的行为,若该行为对国内市场产生了直接或间接的影响效果,则应该适用国内反垄断法予以管制。[4]

---

〔1〕 Statements of Principles, United Kingdom Aide-Memoire of 20 October 1969 to Commission of the European Communities.

〔2〕 需要指出的是,在本书的研究视阈下,海外投资者主要是指具有投资国国籍的私人。但是,随着国际投资活动的复杂化,一些不具有投资国国籍的私人活动也会给投资国造成一定影响,因此也应纳入海外投资管理权的研究范围。

〔3〕 王晓晔:《反垄断法》,法律出版社2011年版,第385页。

〔4〕 陈丽华、陈晖:《反垄断法域外适用的效果原则》,载《当代法学》2003年第1期。

揆之于现实,美国在最初制定《谢尔曼法》时,并未提出"域外问题"。1909 年,在美国香蕉公司诉水果公司(American Banana Company v. United Fruit Co.)一案中,[1]美国仍然奉行严格的属地管辖,霍姆斯(Holms)法官关于属地管辖依据的论述也成为此后几十年审理案件的重要依据。而对属地管辖进行突破,最早将效果原则应用于涉外经济领域的是 1945 年美国诉铝业公司案(U. S. v. Aluminum Company of America)(以下简称美铝公司或 ALCOA 案)。[2] 该案中,美铝公司是美国的一家铝业公司,在加拿大成立铝材公司并与其他几家外国公司成立了名为联盟的卡特尔,再通过瑞士的公司进行运作,相关公司共同维持着世界铝市场的价格。由于联盟公司在全球范围内均有业务,其卡特尔行为必然会影响美国的铝市场价格,因此美国反托拉斯局对此进行审查,将美铝公司诉至法院。地方法院驳回了起诉,认为美铝公司并未直接参与卡特尔,其他参与者均为非美国公司且卡特尔也在国外运作,因此并未违反《谢尔曼法》的规定。但第二巡回上诉法院推翻了原判决,汉德法官认为《谢尔曼法》应当适用于那些有意影响并确实影响美国贸易与商务的行为,而不论该行为发生于何地,抑或行为主体是否具有美国国籍。汉德法官所提出的理论就是后世所称的"效果原则"。美铝公司案标志着反托拉斯法域外适用的开始,效果原则的确立为企业海外并购的反托拉斯审查奠定了基础。如今,它已成为美国法院普遍适用的原则。

受美国的影响,许多国家开始推行效果原则。20 世纪 90 年代,除少数国家尚未明确规定反垄断法的域外效力,其他绝大多数国家或地区都在反

[1] American Banana Company v. United Fruit Company, 213 U. S. 347, 356, 29 S Ct. 511, 512 (1909).

[2] U. S. v. Aluminum Company of America et al., 148F. 2d 416, 443 (2nd Cir. 1945).

垄断法中规定了域外效力。[1] 但在使用上,欧盟没有选择"效果原则"这一术语,而是采用"实施原则"一词,虽然措辞不同,但二者没有实质的区别。《建立欧洲共同体条约》第81、82条是反垄断法的域外效力条款,其规定适用于非成员国的企业实施的限制性或滥用行为,[2] 干预的前提是交易行为将会对欧盟市场产生直接影响或实质影响。[3] 也就是说,只要集中行为可能对共同体市场产生影响,无论被指控的企业是否属于欧盟成员,欧盟都有权进行干预。

2. 一定效果:效果原则的适用条件

效果原则的适用不是绝对的、无条件的,它必须符合一定的前提才能成为法律域外适用的依据。一般认为,这个前提是域外行为对国内市场产生了"一定效果"。那么,何为"一定效果"?在美铝公司案中,汉德法官认为"效果"适用的标准是"有意影响并确实影响到美国的贸易与商务",但该标准在美国法院审判中的应用十分混乱,不具有统一性。实践中,有法院要求"效果"必须是"有意产生的"且具有"实质性的",[4] 也有法院认为应以是否对国内贸易有"直接影响",[5] 或以是否造成"反竞争"为判定标准。[6] 《美国对外关系法重述(第二版)》结合美国法院多年的实践,要求"效果"是实

---

〔1〕 王晓晔:《反垄断法》,法律出版社2011年版,第387页。

〔2〕 H. Van Houtte, "Application by Arbitrators or Articles 81 and 82 and Their Relationship with the European Commission", *European Business Law Review* 19, 2008, pp. 63 – 76.

〔3〕 Kiobel et al. v. Royal Dutch Petroleum, Case T – 102/96 Gencor [1991 ECR 11 – 753], at para. 90.

〔4〕 Laker Airways, Ltd. v. Sabena, Belgian World Airlines, 235 U. S. App. D. C. 207. 731F. 2d 909(DCCir. 1984); Untied States v. General Elec. Co., 82F. Supp. 735, 891(D. NJ. 1949).

〔5〕 Todhunter-Mitchell & Co. v. Anheuser-Busch. Inc., 383 F. Supp. 586 (ED pa. 1974).

〔6〕 National Bank of Canada of Canada v. Interbank Card Ass'n, 666F. 2nd 6(2nd Cir. 1981).

质性的、有直接的后果，但删除了动机因素，不再要求是“有意产生的”。[1] 1982年《外贸反托拉斯促进法》将效果原则的适用标准明确为“直接的、实质性和可合理预期的影响”。欧盟规定，竞争法的域外适用要求行为对欧盟的竞争产生了“实质性的抑制效果”。[2] 德国竞争法适用于在德国境内产生了可察觉的反竞争效果的外国行为。[3]

3. 效果原则在其他领域的扩张

效果原则是基于反垄断行为的复杂性而产生，而反垄断法的域外适用是国家管理企业域外行为的必然结果。在经济全球化时代，国家之间的交往日益频繁，越来越多的政府管理措施开始超出一国领土或国籍限制而具有域外效果。是故，效果原则的适用也呈现突破反垄断法领域并向外延伸的趋势。

在海外投资中，一个投资行为会涉及两个或者以上国家的法律。不同的法律制度通常会造成国家利益的冲突。但在实践中，冲突的起因不仅是那些对外具有“侵略性”的制度，还包括针对本国内部，以促进海外投资，实现经济利益为目的的内部制度。如果单纯地恪守属地管辖，将会使这些“内部制度”无法适用，进而无法回应当前海外投资日趋兴盛的发展现状。一方面，随着越来越多的企业融入全球化进程，他们的行为越来越多地受到东道国的管理。国家之间的利益冲突需要国际化网络予以协调，但在国际化网络协调效果甚微的情形下，如果投资国仍旧一味地否认单边经济立法的域

---

[1] Rest. 2rd, Restatement of the Foreign Relations of the United States, § 18 (a), 1965.

[2] Market Sharing by Aluminium Producers, OJ No. L 92, 30 March 1985.

[3] Gerber D. J., “The Extraterritorial Application of the German Antitrust Laws”, *The American Journal of International Law* 77, 1983, pp. 756 – 783.

外适用、排斥效果原则的效力,显然与保护国家利益的宗旨不相吻合。另一方面,法律保持适度的效果原则,已在反垄断等领域取得成功,成为一个在国际法上被普遍承认和接受的现象。在不干涉内政、不违反国际礼让的前提下,效果原则并不会对东道国的主权造成损害。与此同时,它对国际法的发展是有益的,它有助于促进海外投资者社会责任的承担,包括人权、劳工和环境等领域的国际保护。总之,效果原则在其他领域的扩张有助于证成一国政府对海外投资管理的合法性和合理性,为海外投资管理权的行使奠定基础。

(四)合理原则:管辖权冲突的协调

上述各种管辖原则从不同方面描述了国家与被管理者间的联系,但并没有限制只能由一个国家进行管理。事实上,针对同一人、财产及行为,可能出现并行管辖的情况,尤其在涉外经济领域,相关国家都可以依据属地、属人或效果原则主张权力,即使是属地优先,也可能因为涉外经济的跨地域性而被多个国家同时主张管辖。虽然各国致力于签署双边或多边条约解决冲突,但国际条约的签署是一个漫长的过程且其内容也无法穷尽所有领域。例如,在海外投资税收方面,双边或多边条约尚可缓解管辖冲突,但反垄断方面,双边或多边协作尚显不足,缺乏必要的协调规则。是故,它不能完全代替海外投资管理权的单边主义进路。

当然,单边主义进路由于缺乏双方的合意,过度地适用会造成国家间的矛盾。例如,美国反托拉斯法及其调查程序招致其他国家对单边推行的域外效力充满警觉。这些国家认为,效果原则体现了美国的霸权主义,因此美国反托拉斯法的域外适用受到一定的阻碍。有学者指出,反垄断法的域外适用会造成不同国家政策与法律间的冲突,在现有的国内法与国际法无法解决时,应通过协商或谈判的方式解决。如果一国政府为追求自身利益诉诸本国法,在本国法庭上解决冲突,那么,这并不是在适用法律原则,而是披着法律的外衣适用以经济实力为导向的原则。[1] 可以说,单边主义的过度适用源于扩大地适用了属地原则的扩张性解释、属人原则与效果原则。本书认为,过分背离严格的属地原则危害极大,以效果原则为例,主要表现在:其一,侵害其他国家主权,影响他国的立法选择,可能招致他国的不满和报复,[2] 因此有学者将美国的做法称为"长臂管辖"、"法律霸权主义"或"扬基式的沙文主义管辖"。[3] 其二,造成"民主赤字",依据法理,管理规则的适用必须得到被管理者的同意,但在效果原则中,外国当事人并没有制定和修改管理规则的发言权。其三,违背国际礼让原则,破坏国家合作和全球治理的宗旨与目标。其四,造成管辖门槛过低。实践中,将会有大量的、与一国没有实质性联系的行为被纳入国家管理的范围内,造成管理上的混乱与不便。其五,对外国企业造成影响,不利于国际投资的发展。

是故,扩张的属地原则、属人原则和效果原则的适用都应受到限制,国际社会对这种"限制"的需求,使得"合理原则"应运而生。合理原则首先产生于判例中,以约束过度适用的效果原则。在 1976 年美洲银行案中,乔伊法官对效果原则作出限制性解释:效果管辖本身是不完善的,其未考虑其他国

---

[1] Standford J. S., "Application of the Sherman Act to Conduct Outside the United States: A View from Abroad", *Cornell International Law Journal* 1, 1978, p. 195.

[2] Austen Parrish, "The Effects Test: Extraterritoriality's Fifth Business", *Vanderbilt Law Review* 61, 2008, pp. 1455 – 1506.

[3] Mark P. Gibney, "The Extraterritorial Application of U. S. Law: The Perversion of Democratic Governance, the Reversal of Institutional Roles, and the Imperative of Establishing Normative Principles", *Boston College International and Comparative Law Review* 19, 1996, pp. 297 – 322.

家的利益及行为人与本国的密切联系程度。[1]《重述》对效果管辖权进行重申，并将其归为属地管辖权，与此同时，还通过第403条肯定了合理原则。[2] 至此，合理原则不仅成为限制效果原则的规则，更成为平衡国家利益，确定管辖权合理、合法、有效的重要原则。《重述》指出，依据属地原则、属人原则和效果原则，美国有制定和执行法律的管辖权。但如果不符合合理原则，即使存在一个或多个管辖依据，美国仍不能行使该管辖权。

关于是否合理的判断，《重述》列举了八个方面的考量因素：其一，该行为与本国地域有关，即行为发生在本国领域内，抑或在本国领域内产生了实质性的、直接的和可预见的影响的程度；其二，行为主要负责人或受保护人与本国的联系，包括国籍、住所或经济活动等；其三，被管辖行为的性质、该行为对本国的重要性、其他国家干预该行为的程度、此等干预目标的国际普遍接受度；其四，可能因此种干预而受到保护或损害的合理预期的存在；其五，该规范对国际的影响；其六，该规范与国际传统体制的一致度；其七，其他国家干预该行为时可能具有的利益程度；其八，与其他国家规范发生冲突的可能性。[3] 根据规定，不难发现合理原则是多方利益平衡的结果：第一、二项考虑的是国家与被管辖行为之间的联系的密切度；第三项是对被管辖行为的一种综合性考量；第四、五、六项是对本国法的分析；而第七、八项则是针对他国利益平衡的考量。虽然在判断一国管辖权是否合理时，上述列举并不能穷尽所有，不排除可将一些未列举的因素纳入衡量的范围内。总

[1] Timberlane Lumber Co. v. Bank Of America. 4C. I. T. 263; 553F. Supp. 1050, 1982 Ct.

[2] Rest. 3rd, Restatement of the Foreign Relations of the United States, § 403, 1987.

[3] Rest. 3d, Restatement of the Foreign Relations Law of the United States, § 403(2) (a) – (h) (1987).

之,《重述》第403条强调了任何实际运用的管辖权都须受到合理原则的约束,而不论是否存在管辖权冲突,[1]合理原则为立法、执法和司法,尤其为行政机构的管理活动提供了行为的基本框架。[2]

综上所述,并行管辖权的协调在一定程度上催生了合理原则,它是国际制度发展的必然趋势,也是全球治理的必然要求。合理原则在本质上并不是一种新的原则,而是对各种管辖原则扩张的一种制约,促使这些原则的适用更具正当性。揆诸实际,合理原则为海外投资活动的多国管理提供了解决方案,是国际礼让原则在解决管理权域外冲突方面的有效尝试。[3] 是故,前文提及的扩张的属地原则、属人原则与效果原则只是判断一国能否行使海外投资管理权的初步标准,只有进行了"礼让"的考量与分析,才能被认为是适当的、合法的。

本章小结

海外投资管理权的形成与政治学、经济学和法学相关理论紧密相连。作为一个法律概念,法学理论的支撑尤为重要,海外投资管理权以经济主权

---

〔1〕 Oliver C. T., Henkin L., Lowenfeld A. F. et al. "The Draft Restatement of the Foreign Relations Law of the United States (Revised)", *The American Society of International Law*, 1982, pp. 184 - 205.

〔2〕 只有在执行法律时,人们才会关心法律的域外效力,同时,也只有在此时,人们才会关注效力的克制问题。参见 A. Bianchi, "Extraterritoriality and Export Controls: Some Remarks on the Alleged Antimony between European and U. S. Approaches", *German Yearbook of International Law* 35, pp. 366 - 434。

〔3〕 合理原则中包含了礼让的成分,但又有不同。

为基础,通过管辖权予以实现。管辖权的适用规则主要包括属地原则、属人原则和效果原则,各原则能为海外投资管理权的行使提供依据,但其域外行使须受到合理原则的约束。

在本书的讨论中,尚有未尽事宜需要指出:海外投资管理权是一种综合性的权力体系,讨论海外投资管理权的域外效力和其中一项具体权力的域外效力是有区别的,前者是泛指,后者是特指。泛指不用精确,只要有一种情况能为某种原则所支持,结论就可成立。例如,属人原则是海外投资管理权的基础。但是,这种说法难以被纯粹地理解,因为依据属人原则可以对本国海外投资者行使征税权,然而反垄断审查权似乎就不完全在属人原则的管辖下,而特指意味着没有变通。囿于各种管辖原则都有被限制的适用范围,且又没有一种原则可以穷尽海外投资管理权的全部情况,所以属地原则、属人原则和效果原则,它们都是泛指意义上海外投资管理权的形成基础。

第三章　海外投资管理权的产生与演变

海外投资管理权是一个历史范畴,是动态发展的概念,从其产生到发展都是由不同时期的经济特征所决定的,因此,我们需要用发展的眼光去考察海外投资管理权的运用及法律制度的构建,唯有如此,才能从更深层次发掘其内部逻辑与发展轨迹。在投资自由化及全球治理背景下,海外投资管理权面临着诸多困境与挑战,尽管备受争议,却从不曾消失。可以说,海外投资的自由化与管理之间的关系、全球治理与国家地位之间的关系是本章研究的核心问题。

第一节　海外投资管理权的产生

一、海外投资管理权产生的背景

(一)第二次世界大战前:海外投资管理权尚未产生

对于国际经济法的研究,学者一般侧重从第二次世界大战以后国家间、国家与跨国公司和私人间的经济关系入手。当然这并不是说在第二次世界大战以前,国家没有对国际经济交往加以干涉。事实上,自从有社会的时候起,商业交易即已存在,并且可以肯定这类交易是由远古时代的规则所规范,[1]显然,各国的经济交往早已形成。回顾国际投资的发展史,早在自由资本主义时代,一些发达的资本主义国家在开展国际贸易的同时,就伴随有少量的资本输出。而当资本主义进入垄断阶段后,发达国家的资本家们开始在其他国家直接投资建厂,旨在占据海外市场、参与资本运营及攫取垄断利润。不过,从总体上看,这一时期的投资规模较小,发达国家也仅仅是对各自的殖民地或附属国进行投资,而国家对资本输出活动也不会加以限制,更多地是为本国的经济发展和资源掠夺提供政策支持。可以说,当时的国际经济交往,尤其是海外投资活动,处于一种畸形的发展状态,国家对于海外投资的"管理"带有明显的"侵略性",缺乏合理性与合法性。例如,在1931年日本入侵中国前,欧洲对华投资的主导性地位表现得非常明显,约占对华所有外国投资的2/3,[2]但是欧洲对华的投资是其殖民制度的组成部分,对中国的作用大都是消极和负面的。[3] 此外,法国和德国等资本主义国家也都有过一段通过对外横征暴敛而发展的历史。[4]

揆之于现实,法律总是反映着统治阶级的愿望和要求。国际经济法自产生之日起就体现着资本主义统一全球市场的经济关系,维护着垄断资本

---

[1] Elos G. E. ,*Comparative Law*,publisher: F. B. Rothman (Littleton,Colo.),1979,p.7.

[2] 单文华:《欧盟对华投资的法律框架——解构与建构》,蔡从燕译,北京大学出版社2007年版,第8页。

[3] Feuerwerker A. , *The Foreign Establishment in China in the Early Twentieth Century*, Ann Arbor,Center for Chinese Studies,1976,p. 111.

[4] 《帝国主义是资本主义的最高阶段》,载《列宁选集》(第2卷),人民出版社1995年版,第626~631页。

对殖民地或附属国等弱小国家及人民进行剥削和掠夺的国际经济旧秩序。[1] 在海外投资领域亦是如此，发达国家的相关立法体现着他们的利益诉求，国家权力的运行并非良法意义上的主权使用，而是依附于国家政治权力的“肆意妄为”，成为强国掠夺弱国、大国掠夺小国的工具。可见，这个时期的海外投资活动维系着极低的“道德标准”，投资国也没有针对海外投资进行真正意义上的“管理”，世界范围内的海外投资关系及市场秩序都带有鲜明的资本主义片面偏狭伦理观的烙印。

（二）第二次世界大战后：海外投资管理权初具雏形

第二次世界大战以来，受资本全球化的驱动和跨国公司的方兴未艾，海外投资迅猛增长，领域扩及到各个行业，尤其是20世纪70年代，贸易开始服务于投资，全球经济的引擎不再是商品的跨国流动而是资金的跨国流动。[2] 20世纪80年代以来，受益于科技革命、金融改革等诸多因素，国际投资蓬勃发展，其增长速度超过了国际贸易和世界经济，逐渐成为经济一体化进程的主力军。随着全球经济开放程度的提高，公司作为市场的主体，开始迈出国门，走向全球化的发展道路，成为全球经济发展中的活跃因素。1973年，世界上大约有1万家跨国公司，其附属公司达3万多家，而到2000年，世界跨国公司的总数就发展到6万家，其在国外拥有的附属公司达80多万家。

海外投资不仅关系投资者的私人利益，更会影响投资国的国家利益与经济发展。一般来讲，海外投资对投资国的影响和作用具有二重性：一方面，投资国通过海外投资可以占领或扩大全球市场，利用东道国成本低廉的

[1] 姚梅镇：《国际投资法》，武汉大学出版社1994年版，第23页。

[2] 德鲁克、邹玉峰：《全球经济与民族国家》，载《现代外国哲学社会科学文摘》1998年第7期。

劳动力与丰富充足的原材料等取得高额利润,促进本国经济发展,提升国际竞争力;另一方面,大量资本输出也可能导致投资国国内投资减少,就业机会减少,商品出口减少,技术外流以及影响国际收支平衡等。此外,一些敏感技术、行业的投资甚至会严重危及投资国的国家安全和经济发展。

是故,为充分发挥跨国公司的积极作用,限制和避免其消极作用,投资国政府开始将目光转向对海外投资的管理与控制。在跨国公司与民族国家关系的争辩中,有学者认为:"无论跨国公司如何发展……当它对外投资时,投资母国政府和东道国政府在一定程度上都可以限制其发展和扩张,至少从理论上讲,投资母国可以完全控制跨国公司,跨国公司相对于民族国家仍然处于劣势。"〔1〕可见,跨国公司的海外投资活动理应受到海外投资法的调整,投资国与它之间依旧是管理者与被管理者、调节者与被调节者的关系。不过在这个时期,各国几乎都没有明确的、统一的海外投资法,相关的规定并不健全,散见于外汇、税收等法律的涉外规定之中,也正是这些分散的法律规定,催生了现代意义上的海外投资管理权。

二、海外投资管理权产生的意义

(一)经济全球化的现实需求

WTO将全球化定义为:"世界各国在经济上跨国界联系和相互依存日益加强的过程",〔2〕其表现形式是国际社会经济的一体化以及列国经济的市

〔1〕 张宇燕、李增刚:《国际经济政治学》,上海人民出版社2008年版,第330页。

〔2〕 1996年,联合国贸易和发展会议召开了议题为《全球化与自由化》的讨论会并对经济全球化进行界定。

场化,[1]包括商品、资本、技术等要素的国际流动日益加深。[2] 在经济全球化的推动下,世界经济出现了放松管理的普遍要求,海外投资领域也不例外。各投资国纷纷开始放松对海外投资的限制与干预,重视市场的自律,发挥市场主体的作用。但是,放松管理不代表放弃管理,除积极方面外,投资者在追求利润最大化的过程中也会引发一系列问题并使之国际化,例如,环境污染、腐败等问题都已经超越了一国的范围开始向全球蔓延。其中,环境问题最为严重,囿于跨国公司行为的多地域性和复杂性,东道国很难依靠自身的力量进行约束,况且,一些东道国为了发展本国经济,不惜降低环境保护标准来吸引投资。跨国公司这种不负责任的行为给全球环境带来了灾难。例如,埃克森公司瓦尔迪兹号(The Exxon Valdez)油轮漏油事件中,海洋污染已经超过一国的界限,造成了全人类的损失。此外,海外投资的某些领域涉及国家经济命脉或国家安全,如果一国仍然对其完全放任或不予管理,跨国公司便会利用自身的经济实力与垄断地位,在投资活动中给投资国和国际社会造成恶劣影响。

可以说,经济全球化凸显了国家治理的重要性,每推进一步,都需要有新的法律规则来规范和调整。[3] 在这种背景下,投资国不仅要维护本国的国家利益和投资者利益,还要承担起相应的管理职责,扩大和强化对跨国公司等投资者域外行为的监督范围和控制力度,正是这种管理职责,凸显了海外投资管理权产生的现实意义。

---

〔1〕 王贵国:《经济全球化与全球法治化》,载《中国法学》2008 年第 1 期。

〔2〕 王林生:《经济全球化与中国的对外贸易(一)》,载《国际贸易问题》2000 年第 10 期。

〔3〕 钟立国:《经济全球化背景下国际投资法的新发展——兼论我国的应对之策》,载《法学》2003 年第 7 期。

(二)负责任主权理念的时代需求

区别于传统经济主权过分强调"本地性"和"政府诉求性"的观念,受全球治理理论的影响,现今经济主权概念已经嵌入了自由、人权、责任等诸多价值理念。据此,一国在行使具体权力时,既要从本国利益出发,也要充分考虑和照顾其他国家及国际社会的整体利益,坚持习近平主席提出的正确义利观,"以义为先、义利并举,不急功近利,不搞短期行为"。

随着经济全球化的产生和发展,当今世界没有一个国家可以脱离现实的总体生存环境而片面地谈论自身的发展。据此,传统意义上的经济主权理念及其价值功能正在悄然演变。经济主权概念逐步被国际法学者所使用论证,并被各国实践,从而在国际法语境中进一步发展。[1] 这些理念在引导各国放松资本流出限制的同时,要求投资母国对企业域外运行的监管日趋严格。

东道国的投资环境是中国及其企业无法改变的,但当中国企业已经或即将损害东道国利益而按东道国法律标准又无法对相关主体进行有效约束时,中国应坚持习近平主席强调的"亲诚惠容"的理念——与邻为善、以邻为伴,睦邻、安邻、富邻,有的放矢地采取监管措施,督促投资者履行社会责任、约束其腐败行为,助力中国企业更好地参与投资东道国的建设。更进一步讲,负责任的主权可以借助母国监管构建合作、共赢的新型国际关系,母国监管也促进本国经济的发展,二者具有天然的契合性。总之,负责任的主权为完善海外投资管理体系提供了新思路,不

〔1〕 习近平:《习近平谈治国理政:第2卷》,北京外文出版社2017年版,第501页。

仅使企业把疏于“自我规制”造成的风险降到最低，避免陷入不必要的纠纷，还有利于在投资东道国推动形成更加公正、合理的国际经济秩序。

作为海外投资新兴大国，中国资本流动方向及溢出效应已发生深刻变化，一个负责任的大国不仅要依靠东道国法律约束本国企业行为，更要将相应的监管义务随资本流动而向外延伸，实现国内法治与国际法治的良性互动，推进海外投资行为标准与国内标准的接轨。其中，中国推进的“一带一路”即是对负责任主权的践行。作为负责任的大国，“一带一路””建设不是中国的独奏，而是沿线国家的合唱；它不会重复地缘博弈的老套路，而是要建设和谐共存的大家庭。各国应当相互尊重彼此的主权、核心利益和重大关切。在东道国不能自我保护或保护力度不够时，中国有条件、有能力有序引导本国企业的海外投资活动为“一带一路”建设提供坚实的保障。投资者都是理性的经济人，为追逐短期的利益最大化，很可能忽视长远的声誉建设。因此，中国在促进海外投资活动时，要有针对性地兼顾各方的利益需求，挖掘和协调投资者与东道国的利益契合点，通过政府干预，诸如明确企业社会责任标准、有效打击海外腐败行为等，敦促投资者实现短期利益和长远利益以及自身需求和东道国发展之间的平衡。尽己之力，贡献世界，才是大国的责任担当。

第二节　海外投资管理权的演变

海外投资管理权的演变阐释了国家在国际经济交往中的重要作用。揆诸实践,无论是以放松管制为特征的涉外经济立法,还是全球治理要求利益攸关者的参与,实际上都依赖于国家的主导作用或角色定位。从总体上看,海外投资管理权的演变,呈现由弱化向坚持与复归转变的脉络。

一、海外投资管理权的弱化

(一)投资自由化理论下的必然趋势

为适应资本全球增长的需要,晚近以来,投资自由化作为一种应经济全球化而产生的观念或政策,逐渐在世界范围内盛行起来。投资自由化的理念源于新自由主义,而后者继承了古典自由主义的假设,崇尚"放任自由",认为政府在政治经济活动中的作用是有限的,其主要职能是为市场提供必要的保障和基础。[1] 引申到国际经济领域,新自由主义倡导国际投资的自由化,主张政府只能为国际竞争创造条件,而不能主动干预。为进一步向世界传播新自由主义的意识形态,约翰·威廉姆斯(John Williamson)提出对拉美国家国内经济改革的十项建议,称为"华盛顿共识"。至此,新自由主义开始蔓延并塑造国际经济新秩序,强调市场主体的作用,主张"去国家化""去管制化"。

1. 投资自由化对海外投资管理权的冲击

国际经济法是国际经济协调之法,强调国家对跨国经济的制约或约束。投资自由化追求国家管理的最小化,主张削弱甚至消除国家管理因子。然而,事实上并不存在没有任何约束的自由,正如哈耶克(Friedrich August von Hayek)所言,"我们之所以享有自由,是因为我们对自由的约束所致"。世界

---

〔1〕 倪世雄:《当代西方国际关系理论》,复旦大学出版社1998年版,第356页。

上没有绝对的自由，绝对的自由也就意味着绝对的混乱，最终导致没有自由可言。[1] 这样的观点同样适用于解读投资自由化与海外投资管理权的关系：

一方面，投资自由化对海外投资管理权的冲击表现为国际经济发展要求各国减少对海外投资的约束、提高海外投资的便利程度。例如，美国囿于国际收支逆差的加剧，曾在20世纪60年代制定一系列法律限制资本外流，但是随着经济形势的转变，美国所倡导的自由化投资政策逐渐成为各国学习的典范。又如，韩国的海外投资发展也经历了从严格管理到逐步放松的过程。20世纪80年代后期，韩国经济实力提升，国际收支出现顺差，政府逐渐放松对海外投资的限制。1992年，韩国颁布了《海外直接投资制度改善方案》和《外汇管理规定修正案》等法律规范，减少对海外投资的实质性限制并简化了审批程序，助力本国企业的海外投资活动。[2]

另一方面，限制措施的减少是一国海外投资管理权缩减的表现，但实质上却是国家的"有意而为之"。事实上，一国的行为受到限制并不等同于主权受到限制。[3] 在国际法的历史中，各国权力都曾或多或少地受到约束，但是国家行为被限制的现象不能一概视为"主权限制"。理论上，依据国家是否自愿对行为予以限制，可以将国家行为受到的限制分为"非自愿的限制"和"自愿的限制"两种情况。其中，非自愿的限制当然地涉及对一国主权的削弱与限制，如土地被其他国家占领或殖民；而自愿的限制并不违背国际法规则，也不会造成主权的减损。是故，国家通过调整海外投资政策和国内立

---

〔1〕 何志鹏：《国际经济法的基本理论》，社会科学文献出版社2010年版，第279页。

〔2〕 谈萧：《韩国海外投资法制评析及启示》，载《国际贸易问题》2006年第9期。

〔3〕 车丕照：《国际经济法研究》，法律出版社2014年版，第90页。

法等行为自愿地放松对海外投资的管理,不能被认为是对主权的削弱与限制,恰恰相反,这正是一国自主地行使主权的表现。不过,这种"放松管理"在外观或形式上表现为海外投资管理权的缩减或弱化,同时,它也是国际政治经济变迁的结果。

总之,在投资自由化的驱使下,为了融入全球经济一体化进程,各国纷纷进行改革,通过宽松的外汇管理、简化海外投资项目审批等方式减少对海外投资的限制,促进经济交流,鼓励私人投资者在全球范围内合理地配置各种生产要素,实现利润最大化。由此可见,国家对海外投资的管理呈现一种弱化的趋势。不过,在这种状态下,国家与海外投资者之间管理与被管理的关系没有任何改变。

2. 各国对海外投资管理权的态度

19 世纪 80 年代之后,发达国家便开始推崇投资自由化理念,OECD 各成员国率先消除对海外投资的各种限制,包括取消对海外投资的审查、放宽外汇管理等,着力推进本国资本输出。[1] 但是,这种取消或放宽的措施并没有达到完全放开的程度,OECD 仍然保障成员国在经济出现短暂困难时实施背离自由化措施的权力。[2]

在国际经济法领域,很难直观地发现自由的空间,而更多的是限制性措施的呈现。不过,我们在研究时可以通过对限制性措施的归纳与提炼,反向推导出自由的范围。环顾全球,美国作为践行投资自由化的典型代表,只有

---

〔1〕 *Handbook on Outward Investment Agencies and Institutions*, *Report of United Nations Conference on Trade and Development Geneva*, UNCTAD/ ITE/ I IP/8, Jan. 10, 1999, p. 10.

〔2〕 单文华:《欧盟对华投资的法律框架——解构与建构》,蔡从燕译,北京大学出版社 2007 年版,第 69 页。

在某些特殊的情形下，国家出于政治或军事等方面的非经济性原因，才会对海外投资活动加以直接限制。20 世纪 90 年代，美国对世界上 35 个国家颁布了数十项制裁法案和行政命令，包括限制、禁止与对象国的部分或全部商品交易以及其他经贸往来等，[1]限制本国资本流向特定国家。例如，长期以来，美国对古巴实行全方位的经济封锁政策，其中就包括严禁对古巴投资，即使 2016 年奥巴马政府采取了一系列措施缓和对古巴的经济制裁，[2]比如，放宽侨汇和赴古巴旅游，但仍然限制"美国管辖下的人"[3]向古巴投资，[4]除非获得海外资产控制办公室的许可。[5] 又如，德国出于国家安全的考虑，禁止特定企业向缅甸特定公共领域进行投资。再如，日本自 20 世纪 60 年代末以来，分步骤、分阶段地推进海外投资的自由化进程，放弃了绝大多数限制海外投资的措施，[6]但对于军事制造业等行业的海外投资仍然予

---

〔1〕 杜涛：《美国单边域外经济制裁的国际法效力问题探讨》，载《湖南社会科学》2010 年第 2 期。

〔2〕 Treasury and Commerce Announce Significant Amendments to the Cuba Sanctions Regulations Ahead of President Obama's Historic Trip to Cuba, U. S. Treasury Department Office of Public Affairs, March 15, 2016, https://www.treasury.gov/resource-center/sanctions/Programs/Documents/cuba_fact_sheet_03152016.pdf.

〔3〕 "美国管辖下的人"包括三种：(1)美国公民；(2)美国境内的任何人；(3)任何合伙、协会、公司或其他组织，只要符合如下条件：(1)根据美国法律组建；或(2)其主营业地位于美国境内；或(3)被美国管辖下的一个或多个人直接或间接拥有或控制；或(4)美国管辖下的任何人所直接或间接拥有的或控制的任何代理人、分支机构、成员或其他人。参见杜涛：《美国单边域外经济制裁的国际法效力问题探讨》，载《湖南社会科学》2010 年第 2 期。

〔4〕 Department of the Treasury Frequently Asked Questions Related to Cuba, U. S. Treasury Department Office of Public Affairs, July 25, 2016, https://www.treasury.gov/resource-center/sanctions/Programs/Documents/cuba_faqs_new.pdf. U. S.

〔5〕 Cuban Assets Control Regulations, 31 CFR § 515.573.

〔6〕 肖卫国：《跨国公司海外直接投资研究——兼论加入 WTO 新形势下我国利用外商直接投资的战略调整》，武汉大学出版社 2002 年版，第 171 页。

以限制。[1] 换言之,限制之外即自由,只要投资者不触及一国政府管理海外投资活动的“红线”,其投资行为就是自由的、不受约束的。

长期以来,发展中国家囿于自身实力等原因,在国际投资体系中居于次要地位,几乎没有或很少开展海外投资活动,它们更多地是对发达国家海外投资活动的配合,因此它们在政策上缺乏对外国资本的必要制约。事实上,制约或者不制约对发展中国家来说,是一个两难的问题。以环境问题为例,当一个国家、民族、地区的发展道路很狭窄时,即使一些发展中国家可能或已经认识到环境问题的迫切性,但在价值抉择时也只能将之置后,毕竟其环境政策的当务之急是“摆脱落后”而不是“环境整治”。从这个意义上讲,发展中国家在一定程度上助推了全球投资的自由化程度。随着国际投资的迅速增长,一些发展中国家在吸收外资的同时,也逐步发展并拓宽了本国的海外投资。不过,基于国家实力不强、海外投资起步较晚等原因,在投资自由化背景下,发展中国家放宽海外投资限制的步伐显然要比发达国家缓慢得多。从现实来看,大部分发展中国家都要求企业在海外投资前提交申请及相关材料,尼泊尔与塞拉利昂甚至全面禁止海外投资。[2] 根据 IMF 2005 年的调查报告,全球超过 60% 的发展中国家保留了海外投资的限制性措施,要求海外投资企业进行事前申报。[3] 不过近年来,发展中国家对资本输出的控制逐步放松,尤其是海外投资审查制度和外汇管理制度逐步呈现自由化

〔1〕 2005b, Philip R. Lane and Gian Maria Milesi-Ferretti, *A Global Perspective on External Positions*, *IMF Working Paper*, WP/05/161, August 2005, p. 5.

〔2〕 2005b, Philip R. Lane and Gian Maria Milesi-Ferretti, *A Global Perspective on External Positions*, *IMF Working Paper*, WP/05/161, August 2005, p. 2.

〔3〕 *World Investment Report* 2006, UNCTAD/WIR/2006 & CD-ROM, United Nations New York and Geneva, 15 Oct. 2006, p. 205.

的态势。[1]

总之,投资自由化能够为投资国经济强劲、可持续、平衡增长作出积极的贡献,无论是发达国家还是发展中国家,都趋于弱化本国的海外投资管理权,放宽对海外投资的制约或限制。

(二)全球治理理论下国家管理角色的重塑

全球治理是全球化时代世界的主题词之一。[2]“治理”一词流行于20世纪90年代的西方,治理理论的主要创始人罗西瑙(J. N. Rosenau)认为,治理是一系列活动领域中的管理机制,这些管理机制虽未得到正式授权,却能发挥作用。与统治不同,治理是一种由共同目标支持的管理活动,而对这些活动进行管理的主体未必是政府,它也无须依靠国家的强制力来实现。[3]俞可平教授将这一定义应用到国际背景,他认为“全球治理”是指通过具有约束力的国际规制解决全球性的问题,以维持正常的国际政治经济秩序。[4]全球治理理论基于复杂的国际形势和人类共同的追求而产生,它要求利益攸关的新型治理主体参与其中,并分享国家管理的权力,试图攻破传统规则模式下的难垦之域。毕竟,全球化问题无法仅靠一国政府的力量而有效解决,国际间的“合意”往往又因为利益冲突而进展缓慢,通过诸多努力制定的国际规则通常无法适应风云变幻的国际社会。

---

〔1〕 Jan Brockmeijer, David Marston and Jonathan D. Ostry, *Liberalizing Capital Flows and Managing Outflows*, *Report of International Monetary Fund*, March 13, 2012, p. 5.

〔2〕 赵骏:《全球治理视野下的国际法治与国内法治》,载《中国社会科学》2014年第10期。

〔3〕 Rosenau J. N., “Governance in the Twenty-first Century”, *Global Governance* 1, 1995, pp. 13 – 43.

〔4〕 俞可平:《全球治理引论》,载《马克思主义与现实》2002年第1期。

1. 国家和海外投资者(跨国公司)关系的转变

全球治理理论的提出,为海外投资管理权注入了新的活力——除传统的主权国家外,以跨国公司为代表的利益攸关者[1]也加入到了治理之中。这使得国家在海外投资管理中的角色发生转变,开始与其他参与主体分享管理的权力。在这种理论下,各相关主体因在某种层面上具有利益的一致性或趋同性,而表现出相互依赖的关系。对跨国公司与国家的关系来说,国际上的成功经验表明:投资国在全球政治经济上地位的上升,通常会助力跨国公司开展海外投资活动;反之,跨国公司国际影响力的提升,也会助力投资国政治形象的改善。

需要指出的是,在海外投资领域,传统的观点认为,国家与海外投资者之间是管理和被管理的关系,而现今这一观点受到了挑战。[2] 以跨国公司为例,随着国际经济的不断发展,国际竞争的重心逐渐由国家层面向企业层面转移,跨国公司成为全球竞争的主角,它不仅是经济的推动者,也是国际规则制定和实施的参与者。与此同时,国家已经从跨国公司的管理者变成它的谈判者和合作伙伴。[3] 总之,全球治理重塑了国家在海外投资管理活动中的角色,以跨国公司为代表的海外投资者的加入,必然与传统意义上的"国家管理"模式发生冲突,国家不再是海外投资管理的绝对主体,这在很大

---

〔1〕 全球治理理念的成果之一即在治理模式中引入利益攸关者,即国家及政府间组织以外的利益相关人,包括非政府间组织、国际市民社会及投资经营者等,旨在建立政府和利益攸关方的新型合作关系,突出企业、非政府组织和国际社会的作用。参见 Michael P. Vandenbergh, "The New Wal-Mart Effect: The Role of Private Contacting in Global Governance", *UCLA Law Review* 54, 2007, pp. 913 - 970。

〔2〕 赵红梅:《跨国公司对国际经济法创制和实施的参与》,北京邮电大学出版社 2014 年版,第 176 页。

〔3〕 车丕照:《国际经济法研究》,法律出版社 2015 年版,第 100 页。

程度上可视为海外投资管理权的一种弱化。

2. 跨国公司"自我约束"机制分担国家职能

自我约束与跨国公司相伴而生,在不同的时期呈现不同的特征。在商事交往的早期,传统的自我约束往往集中于商业行为的规则。因为早期的商事活动缺乏规范,商人们便自发形成了调整贸易关系的商人习惯法。[1] 跨国公司将商人习惯法延续并扩充,利用自身的优势地位建立并推行符合其利益的国际标准,以保持它在国际经济交往中的主导地位。全球化时代,跨国公司的自我约束规则已经发生了本质的变化,自我约束的领域逐步扩张,一些涉及公共利益的领域开始出现不同程度的自我约束。

一般认为,现代意义上的"自我约束"机制的产生涉及两个方面的因素:

一方面,投资自由化背景的影响。如前所述,第二次世界大战后,在发达国家的推崇下,新自由主义逐渐上升为国际社会的主流经济思想并塑造了国际经济新秩序。在这种思潮下,投资自由化理念使得跨国公司开始积极要求国家"去管制"。同时,作为维护国际市场秩序的补充手段,跨国公司的"自我约束"机制应运而生。

另一方面,受到社会舆论的压力。市民社会的兴起使得跨国公司被要求承担更多的社会责任。从"权力—责任模型"出发,责任是权力的对等物,[2] 那么,既然跨国公司权力如此之大,实践中不仅国民的地位变得微乎

[1] Euteneier G. T., "Towards a Corporate Law of Nations: Multinational Enterprises Contributions to Customary International Law", *Tulane Law Review* 82, 2007, p. 778.

[2] Davis, Keith., "Understanding the Social Responsibility Puzzle: What does the Businessman Owe to Society?", *Business Horizon* 10, 1967, pp. 45 – 50.

其微,国家的权威也随之减弱。[1] 因此,为了缓解社会信任危机,维护自己的声誉,跨国公司开始限制自己的行为,通过制定自我约束的生产守则,抑或成立企业间的联盟共同督促社会责任的承担。此时,生产守则是迫于政府监管压力的自救和妥协行为,[2]是“自我约束”机制的表现。此外,就跨国公司来说,主动制定某些规则能够有效避免或减少政府权力的介入,自我约束显然比政府约束更受欢迎。

毋庸置疑,“自我约束”机制对“国家管理”模式造成了冲击。实践中,这种冲击既有积极作用,也有消极作用:从积极方面看,“自我约束”机制不仅弥补了海外投资管理中的某些“真空”地带,解决了主权国家无法完全解决的“疑难杂症”,还丰富了国际经济法的内容;从消极方面看,跨国公司参与管理的目的性,决定了其行为可能带有狭隘性。在利益最大化的驱动下,跨国公司很可能会滥用经济权力,从而扰乱国际投资秩序、牺牲环境或社会整体利益。总之,在跨国公司日益强大的经济背景下,“自我约束”机制是其主动出击、或分担国家管理职能、或挑战国家政治权威的体现,无论是哪种情况,都会在一定程度上造成海外投资管理权的弱化。

二、海外投资管理权的坚持与复归

(一)投资自由化理论下主权过度沦丧的反思

20 世纪 80 年代后,随着新兴市场国家的兴起,发展中国家的海外投资迅

---

〔1〕 车丕照:《跨国公司何以对抗国家?》,载赵建文主编:《国际法研究》(第 4 卷),中国人民公安大学出版社 2011 年版,第 30 页。

〔2〕 Bantekas I., “Corporate Social Responsibility in International Law”, *Boston University International Law Journal* 22, 2004, p. 309.

速增加,成就了全球投资市场的兴盛。受投资自由化理论的影响,新兴经济体纷纷制定促进海外投资自由化的措施,逐步放松,甚至完全放弃对海外投资的限制或管理。在这一过程中,海外投资管理权可谓是“丢盔弃甲”“城池尽失”。

1. 海外投资管理权过分弱化的现实教训

揆之于现实,海外投资管理权的过分弱化给发展中国家带来了惨痛的教训。例如,20 世纪 70 年代末至 80 年代初,一些拉美国家取消了外汇管制,实行金融自由化。在国际国内市场急剧恶化的情况下,本国资本大量外流、国际收支失衡、外债急剧增加,国际性的债务危机因此而产生。又如,1997 年亚洲金融危机,当时东南亚国家的金融监管并不健全,却贸然实行金融自由化政策,结果造成了短期资本的大量抽逃、货币和金融市场急剧震荡。在这次危机中,不少企业遭到重创,严重影响了东南亚各国海外投资市场的健康发展,部分企业不得不从海外机构抽走资金,缓解自身的财务危机。针对这一状况,在危机爆发后,受资本外逃困扰比较严重的国家(如马来西亚)开始重新对资本流动进行严格管理。

对此,联合国贸易和发展会议指出,对海外投资予以一定的限制,有利于降低发展中国家资本外逃的风险,保障其充足的外汇储备。即使这些限制性措施可能对海外投资造成影响,但在本质上也并不是针对海外投资的限制。同时,由于一些发展中国家的企业尚处于起步阶段,并不具备参与国际竞争的能力,对海外投资项目进行审批,有利于筛选有竞争力的企业参与国际市场的竞争。[1] 事实上,完全的自由化不一定适合任何国家,对资本的

〔1〕 *World Investment Report* 2006: *FDI from Developing and Transition Economies*: *Implications for Development*, UNCTAD, UNCTAD/WIR/2006 & CD-ROM, United Nations, New York and Geneva, 15 Oct. 2006, p. 9.

限制有时比自由化更能给国家带来利益。[1]

总之,放松海外投资限制应是一个循序渐进的过程,过早地放开资本限制可能给发展中国家带来经济灾难。尤其是新兴市场经济体,放松对海外投资的管理虽是国际经济发展不可回避的趋势,但并不意味着可以放弃宏观意义上的管理。[2] 可以说,现实中一次次因过度的投资自由化而爆发的危机,为海外投资管理权的复归创造了条件。

2. 主权"反对者"与"支持者"之争

投资自由化加剧了国际经济的多元化和复杂性,引发了学者对主权问题的再思考。传统的主权理论认为,主权是"绝对且永久的权力",[3]是不能分割、不能共享的权力。显然,现实中的国家主权已很难再做如此定义。据此,"主权过时"的论调开始不绝于耳,美国国际公法教授路易斯·亨金指出,主权已经不能适应国家的现代化及发展,"我们应当把主权一词作为旧时代的残余遗物摆放到历史的陈列架上去"。[4] 该观点被视为国家主权"过时"的最早论调,学者对此展开激烈讨论:一方面,主权"反对者"认为,国家主权的内涵与现代国家所追求的价值相悖。因此,"主权再也不像过去一样是无可争辩的基本价值",[5]在经济领域,全球化正在"去除边界化",主权国家在诸多方面的权力必然遭到弱化。另一方面,主权"支持者"认为,

---

[1] Jan Brockmeijer, David Marston and Jonathan D. Ostry, *Liberalizing Capital Flows and Managing Outflows*, *Report of International Monetary Fund*, March 13, 2012, p. 5.

[2] 国务院发展研究中心对外经济研究部课题组:《新兴市场经济体放松境外投资管制的经验教训》,载《经济研究参考》2002 年第 66 期。

[3] [法]让·博丹:《主权论》,李卫海、钱俊文译,北京大学出版社 2008 年版,第 1 页。

[4] L. Henkin, *International Law, Politics and Values*, Martinus Nijhoff Publishers, 1995, p. xi, pp. 1 – 2.

[5] 王列、杨雪冬编译:《全球化与世界》,中央编译出版社 1989 年版,第 93 页。

“国际化与其说是削弱经济性国家主权，还不如说是加强了各国政府的责任，即在充分理解本国经济政策的国际影响的基础上，采取了适当手段，有效的行使国家经济主权”。[1]“那种不受民族国家政治束缚、遨游于国界日益消失的世界市场中的全球公司，仍然只是一种神话……在世界大多数主要的跨国公司所处的母国中，政府仍然具有税收权和管理权，并且有权影响商业活动。”[2]

揆诸实际，主权“过时论”的认识有失偏颇，夸大了当代国际新发展对民族国家主权的冲击。面对风云变幻的国际环境，民族国家主权仍有回旋的空间，因此我们需要运用动态的、发展的眼光，对旧的威斯特伐利亚体系[3]下的主权进行反思：一方面，正确对待主权遭遇全球化冲击的问题。虽然主权“有害论”较为极端，但却从侧面反映出国家主权在当代国际经济环境下的现实变化。无疑，现代国家主权，尤其是经济主权确实受到冲击，但并未构成实质性的、根本性的冲击，不能完全对其持抵制态度，主权也未到消亡的地步，它依旧是国家公民安身立命的基石，国家主权依然边界广大。[4]另一方面，各国尤其是发展中国家应该合理运用主权。当前的国际经济形势，就发展中国家而言，可谓是机遇与风险并存，它们须牢牢地掌握自己的经济主权，不仅要抓住机遇，以经济主权为杠杆，引导和管理各种国内、国际经济因素；还要预防和抵御风险，以经济主权为屏障，利用各种有效措施及时化

---

〔1〕 刘杰：《经济全球化时代的国家主权》，长征出版社2001年版，第17页。

〔2〕 王列、杨雪冬编译：《全球化与世界》，中央编译出版社1989年版，第197页。

〔3〕 See Leo Gross, “The Peace of Westphalia, 1648 – 1948”, *American Journal of International Law* 42, 1948, pp. 20 – 41.

〔4〕 徐晓明：《全球化压力下的国家主权——时间与空间向度的考察》，华东师范大学出版社2007年版，第12页。

解那些已经或将要发生的风险。

笔者认为,“主权之争”对通晓海外投资管理权大有裨益。当国家主权受到冲击时,海外投资管理权也随之受到限制,这种限制在投资自由化背景下愈加明显。毋庸置疑,投资自由化能够促进国家经济发展、提升国家竞争力,也正是基于这种考虑,各国才对海外投资采取了“有意而为之”的放松态度。但是,市场的自由化与对市场的管理是一个系统内互相契合的两个方面,二者既此消彼长、相互制约,也彼此依赖、互为前提。是故,投资自由化与海外投资管理权不是“非 1 即 0”的关系,二者需要平衡与协调,这种平衡与协调为海外投资管理权的坚持与复归创造了条件。

(二)全球治理理论下“共同管理”模式的要求

1. 共同管理模式的产生

在过去 30 年的时间里,全球化对国际社会产生了深远的影响。在全球经济一体化的进程中,跨国公司包括海外投资在内的商业活动,已经超出国家对政治、经济和法律的控制。对跨国公司社会责任的管理,包括环境、劳工和人权等问题,各个国家无法再独担此任,以往由国家践行的、由国家控制的领域,开始出现跨国公司的身影。联合国第七任秘书长安南指出,私营部门在国际经济交往中占有的份额越来越大,因此全球治理必须要求国家、私营部门和国际机构共同承担责任,从而建立责任到位的新机制。[1] 可见,跨国公司所引发的一系列国际化问题,使得传统的“国家管理”模式显得“力不从心”,解决问题的方法是多元主体的合作与协调,基于此,跨国公司“自我约束”机制应运而生。

---

[1] UN Global Compact (2000), The Ten Principles of the UN Global Compact, https://www.unglobalcompact.org/what-is-gc/mission/principles.

不过,基于实践中观念和意愿层面的差别,跨国公司"自我约束"机制的效果或作用并不能够达到国家或国际社会的预期。比如,囿于自身的逐利性和自私性,跨国公司通常是在"成本—收益分析"的框架下作出海外投资的管理决策,而非以国家利益或全球利益为价值导向,因此"自我约束"机制很难从根本上消弭跨国公司对国际社会产生的负面影响。况且,从长远看,跨国公司也不可能摆脱主权国家的制约,而仅受自我规则的约束。是故,各国应重新评估跨国公司在海外投资管理中的力量,既不否定跨国公司分担国家管理职能的现实意义,又不夸大单一"自我约束"机制的实施效果。也就是说,国家不仅需要实现跨国公司的管理职能,还需要保留对跨国公司管理的职能。在这种需求下,迫切需要"国家管理"模式经由跨国公司"自我约束"机制的过渡,转向多元主体"共同管理"模式。

2."共同管理"模式的法治要求

"共同管理"模式和"自我约束"机制都强调多元主体的参与。然而,二者在本质上还是存在区别,即管理上能否体现"法治"。从实然层面看,法治是推进全球治理可依赖的手段,全球治理的法治实践正在不断增加,从规范层面看,法治是全球治理下最优的治理方式,推动全球治理的发展方向。[1]"自我约束"通常是一种封闭的单向管理方式,是跨国公司单方面对自己设置的约束,它更多的是企业联盟的各类自治或自律规范,缺乏必要的法律监督与保障;而"共同管理"模式是在法治的框架下,在双向互动的基础上实现的:

第一,"共同管理"模式要求有法可依。在国际治理中,规范缺失的困境

〔1〕 赵骏:《全球治理视野下的国际法治与国内法治》,载《中国社会科学》2014年第10期。

普遍存在。所以,要推进"共同管理"模式,需要国家和跨国公司等利益攸关者在合作的基础上,制定具有法治意义的海外投资管理规则。形式法治要求共同管理规则具备统一性、明确性和可用性,从而使国家和跨国公司能够依据法制规则进行海外投资管理活动。

第二,"共同管理"模式选择民主方式。跨国公司作为企业社会责任的承担主体,希望积极介入、甚至参与相关企业社会责任标准的制定和实施。[1] 而利益诉求不同、参与动机各异的攸关者的加入,是海外投资市场日益兴旺的不竭的动力源。相较于"自我约束"机制,"共同管理"模式最大的亮点是解决了跨国公司参与管理的合法性和程序性问题。具体而言,共同管理规则的制定,需要以民主的方式推进,而民主正是共同管理规则合法性的判断标准。可以说,公开透明的共同管理规则既能保证跨国公司参与其中,又能确保其具有参与共同管理的能力并在其中发挥作用。

第三,"共同管理"模式需要国家主导。为了防止跨国公司利用"共同管理"模式之"栈道",诉求经济利益之"陈仓"。"共同管理"模式要求以国家主导为基础,建立一套系统的、符合法治要求的管理体系。这种管理是在双向互动的基础上实现的,不仅须在程序上限制跨国公司的不良参与,还须突出国家在实质上的主导力和鉴别力,实现这种双向互动的功能。如果国家的主导力或鉴别力不足或缺失,可能导致国家被动地或盲目地采用跨国公司所倡导的欠佳方案,致使共同管理规则无法达到预期的效果。

---

〔1〕 早在1977年联合国跨国公司专门委员会就开始拟订《联合国跨国公司行动守则草案》(以下简称《守则》),其中包括大量的企业社会责任条款,跨国公司以未参与《守则》制定为由,拒绝接受。跨国公司将这一诉求游说其母国,并最终通过母国得到表达,《守则》至今尚未取得实质性进展。

综上所述,“共同管理”模式的法治要求,不仅赋予并保障了跨国公司等利益攸关者参与管理的资格,更是确定并加强了国家在管理体系中的主导地位。可以说,“共同管理”模式体现了国家主导下的民主与合意,这是该模式可以在开放的全球市场中得以长久的原因,同时,它也是良性的双向互动的前提,构成了海外投资管理权坚持和复归的基础。

（三）海外投资管理权在实践中的复归

经济全球化推动了全球资本的自由流动,原本计划经济桎梏下解放出来的资本在国际市场中逐渐壮大,为跨国公司的发展提供了沃土。几十年时间里,跨国公司逐步在国际社会中占据举足轻重的地位,与此同时,其不良行为也给一国经济和国际社会带来了猛烈的冲击。由于跨国公司的经济活动涉及“跨越国界”,这使得国家主权反映在法律适用中的传统地域管辖变得过时与狭隘。是故,以美国为代表的发达国家纷纷开始扩大对经济主权的运用,在这一过程中,海外投资管理权也以一种强势的姿态向外扩张。

1. 美国反托拉斯法的域外适用

成文法和判例法是美国反托拉斯法的渊源,并以成文法为主、以判例法为辅。《谢尔曼法》是美国历史上第一个授权政府控制、干预经济的法案,也是美国最基础的反托拉斯法。除《谢尔曼法》外,《克莱顿法》是适用于公司并购的重要规定,旨在控制经济中可能产生的垄断、集中及其他限制竞争的行为。

（1）美国反托拉斯法对跨国公司并购的审查

《克莱顿法》第 7 条是对公司并购进行审查的最重要的规定,[1] 其最初

---

〔1〕 该条款被 1950 年的塞勒—凯弗维尔法修正案强化,审查范围包括资产并购和股份并购。参见白艳:《美国反托拉斯法 · 欧盟竞争法平行论:理论与实践》,法律出版社 2010 年版,第 37、170 页。

的适用范围只是美国境内的企业并购,但 1980 年的《反托拉斯程序改进法》对该条款进行了修改,其适用范围扩大到影响美国与外国贸易的股票和资产的并购。据此,《克莱顿法》第 7 条不仅可以适用于美国与境外企业的并购,还可以适用于两个外国公司间的并购,适用的依据是并购影响了美国的贸易。[1]

1995 年,联邦贸易委员会(Federal Trade Commission ,FTC)和司法部第一次联合发布了《国际经营活动反托拉斯执法指南》(以下简称《指南》),特别针对国际投资行为的监管作出了规定。《指南》的核心内容是管辖权,它再次重申了依据效果原则对域外资产并购行为的管辖权。效果原则是对两家外国公司并购进行干预的基础,只须并购的一方或双方在美国有生产设施或销售场所,或当事人向美国出口且共同占有美国某一特定产品销售的重大比例的,而无论该并购的发生地与当事人的国籍,《克莱顿法》同样适用。[2] 此外,《指南》进一步说明,如果外国公司的合并可能影响美国的出口,美国可基于对国内或进口贸易是否遭到了"直接、实质和可合理预见的影响"的判断来决定是否进行审查。

(2)美国反托拉斯法域外效力的冲突与协调

自效果原则提出以来,美国就开始不断地扩大反托拉斯法域外适用的范围,致使与美国"亲密"的盟友也与之在法律域外适用问题上产生分歧。针对美国将反托拉斯法的实施范围扩大至本国国民在外国的行为以及其宽泛的调查行为,许多国家开始予以强烈回应。其中,一些国家以激进的"阻

〔1〕 白艳:《美国反托拉斯法·欧盟竞争法平行论:理论与实践》,法律出版社 2010 年版,第 171 页。

〔2〕 王晓晔:《美国反垄断法域外适用析评》,载《安徽大学法律评论》2002 年第 1 期。

却立法”来阻止美国反托拉斯法的域外效力。[1] 第一个立法“阻却”美国反托拉斯域外调查的是加拿大的安大略省，其于 1947 年制定《安大略省商业账薄保护法》，对美国调查加拿大新闻印刷业进行回应。此后，一系列针对美国反托拉斯法域外效力的法案陆续颁布。例如，1980 年，英国颁布了《贸易利益保护法》，阻止美国试图将自己的经济政策或其他国内政策强加于其地域范围之外的人和合同，而不考虑其他国家的相关利益。[2] 又如，欧盟以《保护贸易利益法》为蓝本，于 1996 年制定了第 2271/96 号条例，该条例旨在削弱美国反托拉斯法的域外适用效力。

是故，为解决反托拉斯法效力的“扩张困境”，美国不断加强与其他国家在反托拉斯领域的合作，以此化解法律适用中产生的冲突：一方面，美国尊重其他国家的反托拉斯审查。为加强执法效果，《指南》强调美国应加强与其他国家反托拉斯审查机构的合作。同时，美国企业在进行海外并购时，也要接受并购行为所涉国家的管辖，包括其他国家为防止国内的托拉斯问题而采取的补救或惩罚性措施。另一方面，美国开始与一些国家订立双边合作协定，以此加强与其他国家反托拉斯机构的合作，减少反托拉斯审查中的冲突。[3]

---

〔1〕 Stephen Antle, “The Effect of Foreign Blocking Legislation in Canada”, *The Advocate* (*Vancouver Bar Association*) 53, 1995, pp. 243 – 250.

〔2〕 白艳：《美国反托拉斯法·欧盟竞争法平行论：理论与实践》，法律出版社 2010 年版，第 383 页。

〔3〕 例如，美国在 1982 年、1991 年、1995 年和 1999 年先后与澳大利亚、欧共体、加拿大和日本等国家签署了政府间反托拉斯双边合作协定。1998 年，还与欧盟订立了适用“礼让原则”的协定，以缓解实施“效果管辖”带来的负面影响。

2. 美国反腐败法的域外适用

美国于1977年颁布了FCPA并历经三次修改(1988年、1994年和1998年),其中1998年的修正幅度最大,旨在推进美国的反腐败工作,其特点是带有鲜明的“域外”色彩。1975年,FCPA在讨论时曾遭受质疑,为此国会代表发表了颇为慷慨激昂的声明:“贿赂是违背道德的,我们有义务为我们的商业行为设立一个诚信和正直的标准,这个标准不仅要在美国境内适用,也要在海外予以适用,让诚信的火焰照亮世界的任何角落。”[1]这段声明可谓是直击FCPA的核心价值目标,[2]同时也暗含了域外适用的必要性。

起初看来,FCPA只是针对美国公司,但在随后的实践中渐渐明确了其域外适用的效力。事实上,FCPA的规制客体是“美国域外的贿赂行为”,这本身就注定了它具有鲜明的域外适用性,只是在其不断的修正及实践中,规制对象的范围逐步拓宽,不仅针对美国的“发行者”[3]与“国内相关者”,[4]也及于外国自然人和公司。[5] 笔者在对FCPA进行分析与研判之后,认为其域外效力主要体现在以下四个方面:

第一,禁止美国公民和企业在海外投资及经营中的腐败行为。依据国籍原则,禁止美国公民和企业行使“促成提供、支付、承诺支付或者授权支付任何金钱,或提供、馈赠、承诺给予或者授权给予任何有价物品的行为”,受

---

[1] *The Activities of American Multinational Corporations Abroad*, *Hearings Before the Subcomm, on International Economic Policy*, 95th Cong. 5 (1975) (Statement by Michael F. Butler, Vice President and General Counsel, Overseas Private Investment Corporation).

[2] 在FCPA中,除经济利益外,更多的是基于道德因素惩戒海外贿赂行为。

[3] 在美国注册或需要定期向美国证券交易委员会提交报告的法人。

[4] 美国公民、美国国民或定居在美国的自然人,或者任何依美国法成立,主营地设在美国的总公司、合伙制公司、协会、联合股份公司、信托、未合并组织或独资企业。

[5] 8U. S. C. § 1101.

贿的对象是“外国官员或者国际公共组织官员”，不包括“不履行公职的私人”。[1]

第二，禁止外国非居民推进腐败行为。1998 年的修正案扩大了 FCPA 的适用主体，外国非居民直接或间接在美国领域内推进贿赂的行为也被纳入其调整范围。FCPA 对“推进行为”的要求较低，只要行为人基于贿赂意图稍“进”一步，就可被视为“推进行为”。同时，FCPA 对“美国领域内”作出宽泛的解释，如利用美国通讯或电缆等方式进行或完成的不恰当支付也受美国管辖。[2] 在维特科格雷案中，三个公司都不是美国公司，但因其使用美国邮件等工具联络而被认定为“推进行为”，从而受到美国的管辖。[3]

第三，美国母公司对其海外子公司负责。根据规定，美国母公司要为其海外子公司向外国政府官员行贿的行为负责。此外，如果具备美国国籍、居民资格的个人受雇于该子公司并代表公司行贿，也要受到美国的管辖。[4] 具体而言，美国母公司承担责任的情况涉及以下三种：其一，有意帮助或参与违法支付过程，包括谈判、资助、提供便利或隐瞒腐败活动；[5] 其二，明示或暗示的批准或授权违法支付；[6] 其三，子公司基于“刺破公司面纱”而使

---

〔1〕 卢建平、张旭辉：《美国反海外腐败法解读》，中国方正出版社 2007 年版，第 16～17 页；赵骏、吕成龙：《〈反海外腐败法〉管辖权扩张的启示——兼论渐进主义视域下的中国路径》，载《浙江大学学报》（人文社会科学版）2013 年第 21 期。

〔2〕 15 U. S. C. § 78dd－3.

〔3〕 United States v. Vetco Gray UK Limited, No. CR H－07－04, L. N. W., S. D. Tex. Jan5, 2007.

〔4〕 Romaneski, Mark, "Foreign Corrupt Practices Act of 1977: An Analysis of Its Impact and Future", *B. C. Int'l Comp. & L. Rev.* 5, 1982, pp. 405－430.

〔5〕 15 U. S. C. § 78dd－1(a), 78dd－2(a) (2004).

〔6〕 15 U. S. C § § 78dd－1(f)(2), 78dd－2(h)(3) (2003).

其母公司承担责任。[1] 此外,公司还可能因其销售代理商的域外腐败活动而承担责任,即使该销售代理商的行为完全符合当地的法律。[2]

第四,共谋下的责任承担。FCPA 规定,非美国公民或居民、非美国企业与美国企业"共谋"实施贿赂行为的,受 FCPA 的管辖。换言之,任何外国公民或居民帮助、教唆美国公司,或与之共同参与违反 FCPA 规定的活动,同样承担责任。[3] 例如,美国司法部指控米勒公司及其董事长存在帮助、教唆美国公司向墨西哥官员行贿的行为,最后双方都被认为违反了 FCPA。[4]

综上所述,法律并不排除域外适用。长期以来,私法的域外适用是一种普遍的现象,而公法以传统的属地原则为管辖基础,极少在域外适用。不过从跨国经济交往开始之日起,"绝对属地管辖"的观念就注定不再"牢不可破"。以美国为代表的经济强国,开始逐步将反托拉斯法、反腐败法等推向域外。由于海外投资管理是一个持续的、动态的过程,因此它不仅包括海外投资审查一环,还包括因海外投资活动而可能涉及的其他领域。从这个意义上讲,一国行使海外投资管理权不仅需要依据狭义的海外投资管理法,还需要依据广义的海外投资管理法律体系。在这个庞大的体系中,已经有越来越多的法律具备了域外适用的效力,不得不说,这是对海外投资管理权的一种坚持。

---

〔1〕 Marie M. Dalton, "Efficiency v. Morality: The Codification of Cultural Norms in the Foreign Corrupt Practices Act", *New York University Journal of Law & Business* 2, 2006, pp. 583 - 640.

〔2〕 John W. Duncan, "Modifying the Foreign Corrupt Practices Act: The Search for a Practical Standard", *Nw. J. Int'l L. & Bus.* 4., 1982, p. 203.

〔3〕 Brown, H. Lowell, "Extraterritorial Reach of the U. S. Government's Campaign against International Bribery", *Hastings Int'l & Comp. L. Rev.* 22, 1999, p. 407.

〔4〕 United States v. Crawford Enters, 643 F. Supp. 370, 372 (S. D. Tex. 1986).

第三节　海外投资管理权的未来展望

投资国、投资者与东道国之间的利益平衡是海外投资管理权法律实践最为关注的问题。在前文的论述中，投资自由化理论和国家管理角色的重塑使得海外投资管理权呈现一种弱化的态势，而对投资自由化理论的反思和“共同管理模式”的要求又需要海外投资管理权的坚持与复归。可以说，在全球经济一体化进程中，国际投资关系日趋复杂，在海外投资管理权的篮子里，各式各样的具体权力已在各自的领域内发挥着作用，而这些权力或增强或减弱，又并非总是保持一致，因此我们很难对海外投资管理权作出“整体弱化”或“整体强化”的判断。从当前的实践来看，不少国家在放宽审批权等权力的同时，又加强了域外监管权等的行使力度，可以说，权力变化或发展趋势带有明显的局部性。更准确地说，在当前甚至未来很长一段时间内，海外投资管理权都会呈现一种弱化与强化并存的态势：

一方面，放宽海外投资的域内管理。受投资自由化理念的驱动，各国逐渐放宽了对海外投资的国内审批。当然，这种放宽——对海外投资管理权的限制使用，并不意味着国家对权力的放弃，而是国家通过减少对海外投资的事前控制（一般涉及事前审批和外汇限制），有目的、有策略地促进本国海外投资的发展，包括不再限制海外投资的数额和项目、实行备案制、采用负面清单管理模式、提高投资便利化水平等，以获取海外投资给投资国及其投资者带来的“红利”。环顾全球，无论是发达国家还是发展中国家，海外投资的管理措施都在逐渐转向“投资自由化”，无一例外地放宽了对本国海外投资的管理。不过,发达国家基于雄厚的经济实力与制度环境,以及投资者在技术、资金与管理等方面的优势,几乎不会采取任何限制性措施。反观发展中国家,出于抵御资本外逃、防止国际收支失衡、改变国内经济形势等原因,或投资者资金短缺、信息缺乏、人才匮乏等方面之考虑,会通过事前审批程序限制或阻止一些风险较大、不利于本国经济发展的海外投资项目。但从发展趋势看,这些国家通常都会根据本国国情和法制体系的健全度,采用渐进的方式,分阶段逐步放宽对海外投资的审批。总之,在海外投资管理权的域内行使上,两类国家的管理活动均呈现相对宽松的特征。

另一方面,加强海外投资的域外管理。相较于海外投资管理权在域内运行的宽松,其域外运行则呈现日趋严格的态势。受全球治理理论影响,加之现今西方经济主权概念已经嵌入了自由、人权、责任等诸多价值理念,以美国为代表的投资大国在放宽域内审批的同时,逐渐将关注的焦点转移到对投资行为的域外管理上。通常,海外投资管理权的域外行使主要涉及以下两点:其一,国家开始持续关注并管理投资者的域外经营行为。正是由于管理侧重点的改变,催生了一系列海外投资管理新制度,包括对跨国公司企业社会责任的“共同管理”、对域外非法行为的惩罚以及要求跨国公司披露相关信息等。这种持续的事后监督,有助于矫正投资者的域外非法活动,在保障海外投资者国际竞争力的同时,提升投资国的国际形象。其二,国家不仅管理本国居民或企业在海外的行为,还在一定范围内将这种管理权的运用延伸至外国投资者及其行为。当然,管理的基础在于这些外国企业的域外行为扰乱了本国的经济秩序或产生了不利影响。同美国一样,许多海外投资大国都在反托拉斯和反腐败两大领域建立了系统的管理制度,通过扩大权力的适用范围,扼杀那些在本国领土之外,可能阻碍市场竞争、降低商业效率、损害国家形象和威胁企业利益的因素。

本章小结

历史的范畴要求用发展的眼光去研究、分析海外投资管理权。第二次世界大战前，并不存在现代意义上的海外投资管理权，国家对海外投资的管理缺乏合理性与合法性，更多地带有强国“侵略”弱国的意味。第二次世界大战后，在全球经济一体化的浪潮下，海外投资迅猛增长，海外投资管理权应运而生并在国际政治格局与经济关系的变迁中得到发展。在投资自由化以及全球治理要求重塑国家管理角色的背景下，逐步减少对海外投资的限制是各国通用的策略，海外投资管理权由此呈现一种弱化的态势。而随着人们对主权过度沦丧的反思，以及全球治理理论下“共同管理”模式对国家“主导地位”的坚持，海外投资管理权在演变过程中得以强势复归，实践中表现为与海外投资有关的反托拉斯法和海外反腐败法等的域外适用。当下，综合政治、经济和法律上的考量，“放宽域内管理、加强域外管理”是各国的发展趋势，海外投资管理权也因此表现出弱化与强化并存的特征。

第四章　海外投资管理权的基本内容

经济主权是海外投资管理权的来源与根本依据,而有关管辖的规则则为其权力行使提供指导,确保权力运行的合法性与适当性。据此,为保障国家利益、维护经济秩序、促进对外经济发展,各国针对海外投资活动的不同阶段、涉及的不同领域进行管理,进而形成不同的法律关系。实践中,海外投资活动贯穿于资本出境到企业运营的全过程,每一阶段的活动不同,国家管理的重心也有所区别。本书依据管理内容的不同,将海外投资管理权划分为资本管理权、税收征管权、反垄断审查权、海外反腐败审查权及企业社会责任监督权。

第一节　资本管理权

资本能否跨越国境,国家以何种方式、在何种程度和范围内对输出本国市场的资本进行管理与控制是资本管理权的主要内容。资本管理权是投资国公权力的运用,是资本越境的第一道门槛。它是国家利用法律手段对海外投资者自由决策的一种强制性限制,这种限制彰显了国家对待海外投资或严苛、或宽松的直接态度。一般来讲,广义上的资本管理权应当包含一国所涉及的所有与资本流动有关的经济性监管。但本书只探讨狭义范畴的概念,即与海外投资相关的资本管理权,主要涉及资本出境管制和外汇管理两个方面的内容。

一、资本管理权的含义与基本内容

(一)资本管理权的含义

资本管制属于政府管制,是经济性监管范畴的一种。经济性监管是指政府利用法律权限,通过许可和认可等手段,对企业的进入和退出、价格、服务的数量和质量、投资、财务会计等有关行为加以管制,管制目的在于防止发生资源配置低效率和确保资源的公平利用。[1] IMF 在《汇兑安排与汇兑限制年报》中对"资本管制"作出了宽泛的定义:"资本管制包括完全禁止资本交易行为;或经事先批准、授权、通知后方可进行;双重或多重汇率安排;对跨国资本的歧视性税收;准备金要求或利率惩罚措施。这些规定的目的是影响交易和转移的完成或执行,涉及资本的流入、流出以及非居民在国内或者居民在海外持有资产。管理规定适用于收入和支付以及由非居民和居民进行的活动。此外,由于在当地以外币进行的金融交易与资本流动密切

〔1〕 徐晓松:《管制与法律的互动:经济法理论研究的起点和路径》,载《政法论坛》2006 年第 3 期。

相关,因此还应提供此类交易的信息。”[1]

经济学中的资本管制与本书的资本管理虽存在差异,但也具有共性。可以认为,海外投资涉及的资本管理是政府经济性管制在海外投资领域的具体体现,是它的一种细化与实践。是故,将上述概念的“共性”与海外投资管理权的“特性”相结合,本书认为,资本管理权是指为保障国家安全、维护经济利益与秩序,投资国政府所享有的对海外投资中的资本出境及外汇使用进行甄别、限制和审查的权力。

(二)资本管理权基本内容

对资本输出的日常管理,依其严格程度可以划分为以下三种模式:其一,开放型管理模式。开放型管理模式以美国为典型,基本不对或很少对海外投资实施限制,即既不对投资项目进行审查,也不对外汇进行限制。其二,有限管理模式。有限管理模式要求实行有条件的海外投资自由化,除法律规定的特殊情况外,只须将投资事项报部门备案,而无须审核,[2]这种模式以日本和韩国为代表。其三,严格管理模式。当今世界,只有极少数国家(如尼泊尔和塞拉利昂)仍完全或大部分地限制海外投资。[3]

揆之于现实,无论是发达国家还是发展中国家,无论是采用何种模式对本国资本进行管理,无论国家是处于经济繁荣昌盛时期,还是经历金融危机或经济动荡、调整时期,行使资本管理权,都是国家维持经济秩序或助力经

〔1〕 *Annual Report on Exchange Arrangements and Exchange Restrictions*, *International Monetary Fund*, Washington, October 2014, p. 77.

〔2〕 李述晟:《制度视角下的中国对外直接投资促进机制研究》,首都经济贸易大学2013年博士学位论文,第75页。

〔3〕 *World Investment Report* 2006: *FDI from Developing and Transition Economies*: *Implications for Development*, UNCTAD, UNCTAD/WIR/2006 & CD-ROM, United Nations New York and Geneva, October 15, 2006, p. 206.

济复苏的重要手段。一般来说,资本管理权包括资本出境管制权和外汇管理权。

1. 资本出境管制权

目前,各国通过对海外投资项目、投资规模、投资目的地等事项设定门槛,对资本出境予以一定的限制。相对应的,一国对海外投资者在资本方面的管理也主要涉及这些方面。

第一,海外投资项目。虽然置身于国际投资自由化的浪潮之中,但一些国家仍保留对特殊投资项目的限制。即便是经济体量大、抵御风险能力较强的发达国家,也需要对特定的海外投资项目进行重点审查。例如,日本虽已实现海外投资自由化,但《外汇及对外贸易法》仍然规定了例外条款,即当某海外投资项目对日本经济的平稳运营有明显不利的影响、危害国际和平及安全或妨碍公共秩序时,该项目必须经过审查,否则不得进行。[1] 由此可知,虽然日本政府尽可能地对海外投资减少限制,以促进投资自由化,但在关键、重大问题上仍然保留了限制资本出境的至高权力。事实上,针对容易引发特殊问题的海外投资项目,日本法律几经修改,不但没有消除相关的限制性规定,反而将其规定得更加具体和全面并对违反规定的主体予以更加严厉的惩罚。

第二,海外投资规模。出于维护国内经济稳定之目的,各国一般都会对规模较大的海外投资活动设定更为严格的审查制度。例如,韩国要求一定数额以上的海外投资需要向银行申请才可进行,而一般的投资只需认证或

〔1〕 Foreign Exchange and Foreign Trade, Act No. 228 of 1949, Article 32, http://www.japaneselawtranslation.go.jp/law/detail/?id=2076&vm=04&re=01&new=1.

申告即可。[1] 日本对海外投资规模的审查较为宽松,即使是大额海外投资,也仅需要到银行备案。[2] 事实上,对大额海外投资进行较为严格地审查,是基于国际收支平衡及外汇管理的考虑。对任何一个自由化程度较高尤其是资本输出大国来说,国际投资环境的风吹草动都会直接或间接地影响其国内经济,因此为了维护本国收支平衡及确保外汇储备充足,对数额较大的海外投资活动进行审查或管控,是一种必要的手段。

第三,海外投资目的地。对海外投资目的地的管制主要集中在与投资国尚未建交或受到政治、经济制裁的东道国。例如,中国确立了以备案为主、核准为辅的海外投资管理模式,其中对涉及敏感国家和地区的海外投资实行核准。又如,20 世纪 90 年代,美国对世界上 35 个国家颁布了数十项制裁法案和行政命令,包括限制、禁止与对象国的部分或全部商品交易以及其他经贸往来等。[3] 目前,美国仍长期对古巴实行经济封锁,严禁本国居民,甚至外国居民对古巴的贸易和投资。[4]

2. 外汇管理权

20 世纪 80 年代前,无论是英国、美国等自由市场经济国家,还是日本、韩国等东亚新兴国家,都经历过外汇管制的时代。[5] 此举是为了保障本国

---

〔1〕 金明玉:《韩国对外直接投资的发展轨迹及其绩效研究》,中国社会科学出版社 2015 年版,第 71 页。

〔2〕 Oda H. ,*Japanese law*,New York: Oxford University Press,1999,p. 55.

〔3〕 杜涛:《美国单边域外经济制裁的国际法效力问题探讨》,载《湖南社会科学》2010 年第 2 期。

〔4〕 Department of the Treasury Frequently Asked Questions Related to Cuba, U. S. Treasury Department Office of Public Affairs,July 25,2016,https://www. treasury. gov/resource-center/sanctions/Programs/Documents/cuba_faqs_new. pdf. U. S.

〔5〕 此时的外汇限制并不是以市场机制为基础,而是特定时期国家为保障发展需要所采取的一种手段,因此使用“外汇管制”一词。

经济建设所需资金和国际收支平衡。不过,随着世界经济形势的变化,企业需要拓宽海外市场、寻求先进技术,而国家需要获取海外生产资料、实现商品顺利出口等,因此一国必须对抑制企业海外投资的制度进行改革,刺激投资的增长与发展。其中,外汇管制的放松就是非常典型的制度供给改良,当然放松并不是放弃,时至今日,各国仍然或多或少地保留了对本国外汇的管理,主要涉及以下方面:

第一,外汇登记或备案。一国外汇管理机构有权依据法律规定,对海外投资实行外汇登记或备案。韩国在审批时不区分资本出境和外汇使用,统一由外汇银行负责。[1] 日本采用高效便民的"一个窗口、分工管理"模式,投资者只需要提交申请材料至日本银行,再由银行转交到外汇使用管理部门财务省,[2]投资者不用分开申请,只需要等待日本银行反馈的最终结果。中国采用分开审批制度,投资者在获得海外投资主管部门的核准或备案后,还需要持规定材料到所在地的外汇局办理海外投资外汇登记。外汇局审核无误后,在相关业务系统中登记有关情况并向投资者发放外汇登记证,投资者凭外汇登记证办理海外投资项下的外汇收支业务。

第二,外汇来源审查。为确保投资者有可靠的外汇资金来源和经营海外企业的资金能力,外汇管理机构须对投资者的外汇资金来源进行审查。但随着各国经济实力的提升,大部分国家逐步放宽甚至取消了外汇来源的审查。例如,中国允许境内机构使用自有外汇资金、符合规定的国内外汇贷

---

〔1〕 金明玉:《韩国对外直接投资的发展轨迹及其绩效研究》,中国社会科学出版社 2015 年版,第 70 页。

〔2〕 李述晟:《制度视角下的中国对外直接投资促进机制研究》,首都经济贸易大学 2013 年博士学位论文,第 34 页。

款、人民币购汇或实物、无形资产及经外汇局核准的其他外汇资产来源进行海外投资。

第三,投资前期费用的汇出。一国投资者在进行海外投资前,通常需要及时地汇出一定数额的前期资本,用于支付收购外国企业股权、海外资产权益或者海外项目招投标过程中所要求的保证金,以及支付市场调查或者其他与海外投资有关的前期费用。是故,为了避免投资者错失良机,一些国家规定了投资前期费用的汇出规则,规范投资者申请部分外汇的提前使用。

第四,海外利润及资产的限期汇回。国家外汇管理机构可以依据本国国际收支形势和海外投资情况,对投资者海外投资所得利润和资产的调回作出规定。例如,早期中国因外汇储备不足,为维护国际收支平衡,对海外资本采取了强制汇回制度,涉及利润汇回、保证金以及海外企业转让所得外汇收益限期调回等。随着中国外汇储备的增加,外汇管理机构逐步放开直至自由,允许海外投资利润留存海外用于进一步投资。

3. 特殊时期的资本管理权

资本出境管制和外汇管理是国家对海外投资的常规性资本管理,这种管理措施是日常性的、持续性的,是国家对涉外经济发展的一种长期性管理。但当国家遭受严重的金融危机或国内经济发生动荡时,投资国通常会采取中短期的管理措施,限制资本流向海外,这就是资本管理权在特殊时期的运用。

在2008年国际金融危机之前,IMF曾是资本管理的坚定反对者,极力鼓吹资本项目自由化,认为对资本的限制是经济全球化和各国经济发展的主要障碍。[1] 随着经济和金融动荡动摇了全球经济基础,政策制定者们开

〔1〕 余永定、张明:《资本管制和资本项目自由化的国际新动向》,载《国际经济评论》2012年第5期。

始重新探索有效的管理方式，以帮助各国应对面临的危机。这时，“资本管理”被重新提起，它可以被用来纠正市场失灵，而不是对市场的扭曲。[1] IMF也开始承认资本管理的有效性，指出资本管理是一个有效的反周期政府管理的补充工具，无论是在繁荣时期还是危机时期，它都可以用来防范金融风险。[2] 总之，在发生经济危机时，这种短期的、临时的资本管理手段——各国为应对资本外逃而实行暂时性管理，危机过后又及时取消的措施——是一国行使资本管理权的重要体现，它也被称为“治疗性管理”。[3]

二、资本管理权的国际实践

（一）海外投资的常规性资本管理

目前，大部分发达国家不再对海外投资进行项目或外汇审查。例如，美国取消了针对海外投资的审查制度，而日本、韩国也仅实行有限的审查制度。囿于韩国、日本尚存海外投资审查的要求且相关规定较为典型，下面就两国海外投资的资本管理权实践进行阐释。

---

〔1〕 Korinek, A., *Systemic Risk-Taking: Amplification Effects, Externalities, and Regulatory Responses, Working Paper*, 2009, University of Maryland; Jeanne, O. and A. Korinek, *Managing Credit Booms and Busts: A Pigouvian Taxation Perspective, CEPR Discussion Paper* 8015, 2010, http://www.cepr.org/pubs/dps/DP8015.asp; Bianchi, J., "Credit Externalities: Macroeconomic Effects and Policy Implications", *American Economic Review: Papers & Proceedings*, Vol. 100, No. 2, May 2010, pp. 398 – 402.

〔2〕 *Recent Experiences in Managing Capital in Flows: Cross-Cutting Themes and Possible Policy Framework, IMF Policy Paper*, 14 February 2011.

〔3〕 Sebastian Edwards, "A Capital Idea – Reconsidering a Financial Quick Fix", *Foreign Affairs* 78, 1999, pp. 18 – 23.

1. 韩国海外投资出境审查及外汇管理

韩国海外投资政策经历了从限制、审批制到自动化、申报(备案)制的演变。[1] 1995 年,韩国实行《海外直接投资自由化及建议方案》,对规定限额以下的海外投资实行投资自由化,并将受限的海外投资行业由原来的 17 个缩减到 3 个。[2] 加入 OECD 后,韩国将海外投资管理的相关权力向民间部门大幅转移,将原来由韩国银行负责的审批制度[3]转向外汇银行申告制度,有关的投资统计由韩国银行转向民间机构全国银行联合会负责。[4] 海外投资的审批标准根据投资主体、投资数额及相关因素被分为三种情况:其一,具有法人资格的企业在进行海外投资时原则上申告受理即可,并依据投资数额的不同有所差别:企业海外投资数额在 1000 万美元以下的,经外汇银行认证即可;企业海外投资数额在 1000 万美元以上,5000 万美元以下的,向银行申告;企业海外投资超过 5000 万美元的,向银行申请方可投资。特别的是,属于韩国银行列举的信用评价 A 级的国家(美国、德国等其他 OECD 国家),企业在申请许可 15 日之后,如没有特别指示则自动转化为许可。其二,个人海外投资的数额在 100 万美元以内的,备案即可进行海外投资;100 万美元以上的,向银行申请方可投资。其三,金融机构的海外投资、本国居

[1] 曹玲:《韩国对外直接投资的贸易效应研究》,吉林大学 2013 年博士学位论文,第 90 页。

[2] 金明玉:《韩国对外直接投资的发展轨迹及其绩效研究》,中国社会科学出版社 2015 年版,第 70 页。

[3] 1997 年 9 月加入 OECD 前,韩国银行下设"海外投资事业审议委员会",由韩国银行及其他 13 个政府部门的官员组成,实行海外投资审批的统一管理。参见谈萧:《国际贸易问题》,载《韩国海外投资法制评析及启示》2006 年第 9 期。

[4] 金明玉:《韩国对外直接投资的发展轨迹及其绩效研究》,中国社会科学出版社 2015 年版,第 70 页。

民向海外银行和保险业的投资须由财政部许可。[1]

进入21世纪，韩国政府逐渐弱化对海外投资的事前监管，转而关注对海外投资企业及其外国子公司运行状况的监测，即加强对海外投资事中及事后的监管。其中，对海外投资的事中监管体现在韩国加强驻外机构建设和派遣临时人员前往海外调查。而事后监管主要集中于海外投资的回收管理，包括清算和违规处罚制度。根据规定，投资额大于1000万美元的项目撤资须向有关部门提交相关资料，如本金回收报告书、年终结算报告书。如果发现海外投资企业把资金挪用到违反法律规定的事项，将对其进行处罚。

2. 日本海外投资出境审查及外汇管理

2006年，日本经济产业省在《通商白皮书》中首次提出投资立国，并与第二次世界大战后所提倡的“贸易立国”相结合。在“贸易立国”与“投资立国”两大战略指引下，日本于2009年再次对《外汇法》进行修改，将与外汇管理有关的全部内容进行融合，形成《外汇及对外贸易法》。至今，日本已形成以投资自由化为原则、限制投资为例外的海外投资审查制度。首先，采取海外投资备案制度。日本以1亿日元为标准，完全放开1亿日元以下的海外投资的外汇管理，1亿日元以上的海外投资也只需要到银行备案即可。日本此举旨在取消海外投资的资本限额，为企业海外投资的快速发展排除障碍。其次，采取特殊项目申报制度。根据日本《外汇及对外贸易法》的规定，凡属于以下两种情况，投资者应提前向财政部长申报：其一，对日本经济的平稳运营有明显不利影响的；其二，有损国际和平与安全或妨碍公共秩序的。在财政部长审查结束前，投资者不得进行海外投资。审查的结果通常除通过

[1] 金明玉：《韩国对外直接投资的发展轨迹及其绩效研究》，中国社会科学出版社2015年版，第71页。

外，还涉及两种情况——建议更改投资内容和建议停止投资，投资者在收到建议后应于10日内告知财政部长是否接受其建议。最后，实施违法制裁。根据《外汇及对外贸易法》的规定，对符合申报规定但没有申报，或无理由拒绝接受财政部长建议的，处3年以下有期徒刑或100万日元以下罚金，或者并罚。但是，如果该违法投资资本的3倍超过100万日元时，罚金应为该数额的3倍以下。

（二）海外投资的特殊性资本管理

虽然学者对资本管理措施的有效性尚存争议，但在经济危机时期，各国均会采用资本管理措施却是不争的事实。〔1〕例如，1998年，时任总理马哈蒂尔对马来西亚的资本外流进行控制，包括外汇管理及限制本国的海外投资。马来西亚强硬的政策曾受到国际金融界的广泛谴责，但正基于这些资本管理措施，促使其国内经济迅速复苏，有效地抑制了资本外逃。〔2〕马来西亚的资本管理措施在几个月内的成效挑战了人类传统的智慧，引发学界的激烈讨论。毋庸置疑，短期的资本管理措施给马来西亚调整宏观经济失衡与执行银行体系改革提供了宝贵的政策及法律空间。〔3〕IMF开始重新评估资本管理对经济的影响，认为在经济危机面前，限制资本流出有助于减少国

---

〔1〕 长期以来，资本管理的有效性一直是学者们争论的热点问题。囿于缺乏统一的资本管理效果评价基准，不同学者所关注的管理目标各不相同，因此得出的结论也大相径庭。总体而言，主要分为主张实施资本管理和反对资本管理两种观点。参见 Carmen M. Reinhart and Nicolás E. Magud, *Capital Controls: An Evaluation*, *NBER Working Paper*, No. w11973, January 2006, https://ssrn.com/abstract=878060；李银华、杨海珍：《国际资本流动管制效果的综合评价：基于文献挖掘的方法》，载《管理评论》2011年第7期。

〔2〕 Ross P. Buckley, "The Role of Capital Controls in Financial Crises", *Bond Law Review* 11, 1999, pp. [i]-246.

〔3〕 Sebastian Edwards, *How Effective Are Capital Controls? NBER Working Paper Series*, *Working Paper* 7413, http://www.nber.org/papers/w7413, p. 8.

内经济压力、增强国家经济实力。[1] 从国际实践来看，阿根廷（2001～2002年）、冰岛（2008年至今）、乌克兰（2008年至今）、马来西亚（1998年至今）、土耳其（2001年至今）、乌拉圭（2002年至今）等国家，在经济危机面前都采取了一定的措施限制资本外流。[2]

三、资本管理权的法律意义

资本管理权的法律意义主要涉及两个方面：一方面，资本管理权是保障国家安全的基石。首先，无论从经济、政治还是军事层面，国家安全始终是一国高度关注的基本目标。马斯洛（Abraham H. Maslow）的需求层次理论认为，安全是人类最基本的需要。在国家层面同样如此，安全是民族存亡的前提，这个条件自国家产生以来就始终存续并呈不断增强之趋势。[3] 从现实看，经济交往越密切，国家安全越不易保障，诸如一些特殊产业，特别是涉及资源或国家经济命脉的产业，极易在投资过程中伴随技术或资源的输出而严重危及投资国的国家安全。是故，任何与海外投资有关的问题，都必须兼顾或优先考虑国家安全因素。其次，捍卫国家主权和独立，必须具有抵抗他国干扰、应对外部环境变化的能力。资本管理权作为一国主权的体现，具有排他性和独立性，这也是国家安全保障的根基。作为行政能力的表现，资本管理权的行使是国家应对内外部条件变动而作出的相应调整。可以说，资本管理权是解决资本自由化与国家安全这一对矛盾的"调节器"。当然，

---

〔1〕 Ariyoshi A., Habermeier K., Laurens B., et al., *Country Experiences with the Use and Liberalization of Capital Controls*, *IMF Occasional Paper*, 2000, p. 190.

〔2〕 Jan Brockmeijer, David Marston and Jonathan D. Ostry, *Liberalizing Capital Flows and Managing Outflows*, *Report of International Monetary Fund*, March 13, 2012, p. 5.

〔3〕 贾希凌：《涉外经济管制法律协调论》，北京大学出版社2008年版，第65页。

资本管理权必须适度和适当,以市场经济的调节机制为基础,从基本国情出发,调整市场开放的步伐与程度。最后,当前国际投资的基本原则是一种“内嵌的自由主义”:允许各国追求本国的宏观经济政策,即使这意味着需要阻碍资本的自由流动,因为这是各国的应有权力。从这个角度来说,资本管理措施是对国家宏观经济政策的健全和补充,是国家融入资本流动国际化进程的政策工具。

另一方面,资本管理权是稳定经济发展的必要措施。从实施资本管理的动因来看,主要是基于增强宏观经济稳定性的考虑。无论是日常性还是临时性的资本管理措施,皆在于维护国家经济发展的稳定,应对外部经济的冲击。可以说,资本管理权是国家经济的“稳定器”。[1] 资本流动自由化是国际经济新秩序的必然要求,但不可否认,发达国家也曾限制资本的流动以发展本国经济。只有当投资自由化与投资国经济利益相符时,它们才逐渐开放资本市场。[2] 可见,资本管理权为一国提供控制、管理本国经济的具体措施。资本自由流动规则的推行体现了发达资本主义国家的利益和需求,发展中国家则应分析适用。此外,对于发展中国家来说,资本管理权的运用显得更加重要,它是新兴市场国家在建立强有力的货币、金融系统和精密的监管机构前,保障国家经济稳定的“安全阀”。资本市场显然对以美国为代表的发达国家和新兴市场国家施加不同的规则。当遭受经济动荡时,美国政府可以通过赤字支出刺激经济,投资者相信美联储会严格控制货币供应、

---

〔1〕 B. Eichengreen, “Capital Controls: Capital Ideal or Capital folly?”, http://www. econ. berkeley. edu/ ~ eichengr/policy/capcontrols. pdf.

〔2〕 例如,英国(1979 年)、日本(1980 年)、德国(1981 年)、新西兰(1984 年)等国家逐渐取消对资本的限制。参见 Ronald J. Gilson and Jeffrey N. Gordon, “Controlling Shareholders”, *University of Pennsylvania Law Review* 152, 2003, pp. 785 - 844。

抑制通货膨胀，因此并不会出现资本外逃；然而，新兴市场国家则面临截然不同的情况，赤字支出会加速投资者对通货膨胀和货币贬值的担忧，这时资本管理为国家经济重振设置了必要的防护措施。[1]

第二节　税收征管权

一、税收征管权的国际法理据

（一）税收征管权的正当性

税收国家是从财政视角对现代国家形态提出的一个新概念，它由德国学者鲁道夫·葛德雪（Rudolf Goldscheid）在其1917年发表的《国家资本主义或国家社会主义》一文中提出，并在经济学界迅速引起轩然大波。[2] 国际上，约瑟夫·熊彼特（Joseph Alois Schumpeter）、北野弘久及葛克昌教授等都对其展开过丰富的研究。总之，租税系一种单方负担，用以满足一般之公共财政需求，即税收是公共团体代表国家为满足公共利益的需要而向私人征收的公共物品费用。[3]

---

〔1〕 Ross P. Buckley, *International Financial System: Policy and Regulation*, The Netherlands: Kluwer Law International, 2009, p. 110.

〔2〕 鲁道夫·葛德雪以德国在第一次世界大战后陷入的财政危机为背景分析，认为严重的战争债务迫使传统的税收手段无法继续负担国家机器的正常运转，负债的税收国家必须寻求转型，有计划地进入私人经济领域，成为具有资本能力的经济国家。与此同时，税收国家作为自然社会发展的产物，其发展的趋势必然是国家向人民索取的逐渐减少和向人民提供的逐渐增多。参见 Rudolf Goldsheid, "A Sociological Approach to Problems of Public Finance", in Richard A. Musgrave and Alan T. Peacock, eds., *Classics in the Theory of Public Finance*, NY, ST Martin's Press, 1958, pp. 202 – 213。

〔3〕 葛克昌：《税法基本问题（财政宪法篇）》，北京大学出版社2004年版，第75页。

在税收国家,国家的大部分财政收入都源于税收。关于税收的正当性,西方税收理论主要有公需说、交换说、保险说、义务说、新利益说和经济调节说等观点,[1]这些观点从不同的角度揭示了税收的本质。在近期的研究中,马斯格雷夫的观点得到了普遍性地赞同,公共物品的需要和市场失灵的存在是国家税收存在的依据,该观点在实质上就是对上述学说的综合利用。更进一步讲,本书认为,国家在纳税人同意的前提下,以税收的形式占有纳税人财产并参与社会财富的分配;同时,国家将收取的税收转换为公众需要的"物品"或调节市场机制的"工具"反馈给纳税人,这既是税收的正当性所在,更是税收征管权生根落地的理据所在。

(二)税收征管权的国际法考辨

上述分析仅仅诠释了一国有权在其疆域内行使税收征管权。但是,当前各国海外投资呈高速增长态势,一国投资者的活动范围已经超越了国界的樊篱。那么,如果投资者在东道国发生了应纳税事实,投资国能否行使税收征管权?或者说,投资国对海外投资征税的国际法依据何在?这就需要理论上的探索和突破。

本书认为,税收征管权是国家主权在税收领域内的体现,因此各国有权独立自主地在本国的领土外行使该权力,根据国际习惯法,一国行使税收征管权只要求有足够的属地或者属人连接点。[2] 但是,在国际经济格局瞬息万变的时代,税收征管权不仅要着眼于传统理论,还要进一步加深理论的厚度、拓宽理论的运用,这是当前税收征管权研究的时代课题:

---

〔1〕 张守文主编:《财税法学》,中国人民大学出版社2011年版,第126~127页。

〔2〕 Siehe Etwa American Law Institute, Restatement (Third) of the Foreign Relations Law of the United States, Bd. 1, 1987, § 411.

第一,海外投资具有外部性和高风险性,投资者相较于投资国或东道国国内投资者,往往要面临东道国陌生的政治、经济、社会以及法律文化环境,承受的风险和压力更大。环顾全球,不同的东道国之间,税收执法也各不相同,导致海外投资在成本上的千差万别。例如,波兰的税收立法较为保守,税收执法也较为刻板,一旦未纳税金额达到法律规定的上限,首席财务官等高管则可能因触及刑事责任而被严肃处理;又如,荷兰政府为引入外资,税收执法非常灵活,并倾向于"理解""原谅"外国投资企业的首次违规。是故,为了维护本国投资者的跨国利益,投资国往往会提供一系列政策指导或优质服务,对海外投资者及其行为提供帮助、实施激励。可见,投资国行使税收征管权,是一种购买力的转移或跨国公共物品的对价。

第二,市场失灵并不局限于一国的疆域之内,它会随着全球化的发展而不断蔓延。因此,国家必须适度介入海外投资,通过一定的制度设计或权力行使去影响或调节投资者的行为选择,而税收征管权恰好具备这样的调节性功能,能够完善海外投资市场机制,助力资源的优化配置和财富的公平分配。需要指出的是,税收征管权的调节功能是税收非中性原则的表现,但也是对税收中性原则的一种背离,这种背离的产生主要源于税收中性内部在国际法层面的对立或矛盾。一般而言,依据国际资本的流动方向,可以将税收中性划分为资本输出中性和资本输入中性。一国对两者的强调通常呈负相关:强调资本输入中性,则可能偏离资本输出中性;相反,强调资本输出中性,则可能偏离资本输入中性。由此,一国如何适度行使税收征管权,最大限度地契合资本输入中性和资本输出中性显得尤为重要。否则,就可能扰乱国际税收秩序、破坏海外投资市场。

第三,在世界政治国际化和经济发展全球化的浪潮下,税收在海外投资领域的价值无可比拟。在国家间竞争日趋激烈的背景下,立足于投资国角度,如何在维护国家经济安全、确保税收权益不受侵害的基础性前提下,进一步发挥税收在海外投资领域的导向性功能,实现国家资本和软实力的共同输出,提升国家及其投资者的国际竞争力,构建国际话语权体系,逐渐成为各国国家战略的重要考量。

综上所述,在国际法层面上,基于跨国公共物品的需求、海外投资市场失灵的存在以及国家战略发展的需要,一国超越国界实行税收征管权是正当又必需、合理又合法的。

二、税收征管权的含义与基本内容

在国际经济日益融合的今天,投资国政府应当善于行使税收征管权,即依据本国海外投资税收征管工作规程,全面掌握投资者及其海外投资活动的详细信息,加强海外市场的税源控管,确保其依法、及时、准确地履行国内纳税义务。[1] 一般来说,在海外投资领域,依据税收征管权行使目的之不同,可以将其基本内容划分为日常税收征管权和反避税征管权。

(一)日常税收征管权

随着海外投资活动的不断拓展,投资国的日常税收管理日趋复杂。是故,各国应当提高日常税收征管权的行使质量,对投资者开展好包括税务登记、纳税申报、税源监控以及税收处罚等在内的相关工作。

1. 加强税源收集和管理

税源收集和管理是各国日常税收征管权的核心内容,是针对海外投资

〔1〕 董晓岩:《中国对外直接投资的税收制度与管理研究》,东北财经大学 2012 年博士学位论文,第 165 页。

者采取的一项综合性措施。在具体的实施上,各国虽有不同,但大体上可以囊括为三个方面:其一,海外企业税务登记。所有海外企业都必须按照规定办理税务登记,之后才能进行纳税申报。其二,海外企业档案管理。为及时了解海外企业的经营变化情况,各国高度重视海外企业的档案工作,要求企业在申报所得税时,提供海外企业的明细单、财务报表和海外分支机构明细单等材料。其三,海外所得税款征收制度。例如,为防止企业对海外所得进行虚假申报,韩国要求投资者在办理税款扣除时,提供来自东道国的收入及缴纳税款明细单。同时,韩国还要求对海外税额扣除进行网络申报,以展开对海外税额申报情况的跟踪调查,确保申报内容的真实与准确。[1]

美国在税源收集和管理方面,有比较独特的做法,值得各国学习与借鉴:其一,海外应税收入申报制度。美国不要求国内企业在海外投资时办理国内税务登记,但其必须依法对海外应税收入进行申报。如果发现本国企业对海外应税收入有避税嫌疑,美国税务局(Internal Revenue Service,IRS)会立即启动税务调查和审计程序,一旦证实投资者确有海外收入未履行纳税申报义务,除补缴应纳税额外,还将受到严厉的处罚。其二,强化海外投资者的信息报告义务。外国账户税收遵从法案(Foreign Account Tax Compliance Act,FATCA)有助于美国政府在全球范围内收集本国投资者的海外账户信息,对加强海外投资领域的税收征管意义重大,是美国政府防止本国投资者通过海外账户逃税的重要举措,对提高国际税收的透明度效果显著。其三,开展海外资产自愿申报计划。2009 年,IRS 宣布实行海外资产自愿申报计划(Offshore Voluntary Disclosure Program,2009OVDP),旨在将

[1] 官滨、姜文阁、陈江山:《韩国对外投资税收政策、管理及服务研究》,载《国际税收》2016 年第 3 期。

海外资产纳入美国税务系统进行管理，并督促在海外藏匿账户的纳税人在规定的期限内补缴应当缴纳的税金，否则将面临民事以及更为严厉的刑事处罚。[1] 2011年，IRS又宣布实行海外资产自愿申报特别规定（Offshore Voluntary Disclosure Initiative，2011OVDI），鼓励纳税人披露外国账户和资产以及相关未公开收入。[2]

2. 确立个人海外资产申报制度

随着个人在海外投资中的兴起与发展，为了弥补监管上的真空，打击海外逃税行为，同时扩大本国税基、增加国家财政收入，不少发达国家强制要求个人申报海外资产情况。例如，2015年5月18日，韩国要求所有公民在6月1日前对包括海外投资在内的资产信息进行申报，否则，违反规定者将受到相应的处罚。个人海外资产申报制度确立后，如果有人故意瞒报海外投资情况或未能按要求及时申报，则将遭受300万韩元（约合2700美元）的罚款。同时，这些人还可能面临审计调查。[3]

---

〔1〕 2009OVDP要求拥有海外藏匿账户的纳税人在2009年9月23日前进行资产申报，后又延长至10月15日。由于2009OVDP鼓励主动申报的纳税人利用规定中对他们有利的条款，比如，涉嫌利用海外市场转移资产逃避纳税的纳税人如果主动申报，补缴税款并缴纳相对较低的罚金，即可免除起诉和巨额罚款甚至“牢狱之灾”。因此，截至10月15日，已有超过15,000人主动加入2009OVDP计划，涉及超过60个国家的银行，超过3000名纳税人向IRS申报了自己的海外银行账户，补缴的税款和罚金达到22亿美元。

〔2〕 与2009OVDP相比，2011OVDI将罚款金额进一步提高，要求纳税人支付2003～2010年外国银行账户和外国资产总价值最高年度的25%的金额作为罚金，但在一些有限的情形下，可以降至12.5%或者5%。如果纳税人拒绝主动申报藏匿海外的资产，则将面临更为严重的处罚，甚至遭受刑事起诉。http://www.lexology.com/library/detail.aspx? g = 4f823f7c - e27d - 4a0f - 85a0 - 233e39d6df39.

〔3〕 张旌：《韩公民“必须”申报境外资产 旨在打击境外逃税》，载新华网：http://news.xinhuanet.com/world/2015-05/19/c_127814361.htm，2015年5月19日最后访问。

3. 实行政府间情报交换

为打击海外投资者的逃税行为，一国政府通常会选择和东道国及国际社会展开合作，通过政府间征管的合作、互助，以情报交换的方式，收集海外投资者在东道国的税务和收入等相关信息。比如，韩、美两国每年定期交换一次金融账户信息。美国将向韩国政府提供在美韩国企业收入来源的全部信息，以及在美拥有金融账户且年利息在10万美元以上的韩国个人账户信息。与此同时，美国企业在韩金融账户的存款余额达到25万美元（个人为5万美元）时，韩国金融机构应当向美国政府提供这些投资者的相关信息。可以说，韩国希望通过政府间情报交换，进一步掌握海外投资者的账户信息，杜绝他们在其他国家隐匿投资收入的海外逃税行为。[1]

（二）反避税征管权

揆之于现实，各国为防止本国的税收制度阻碍海外投资的发展进程，通常会采取一系列措施对本国的海外投资活动加以鼓励。例如，为避免对海外投资进行重复征税，国际上通行的做法是，东道国依其国内法照常征税，而由投资国在对投资者征税时采用抵免法或免税法，[2]允许其办理海外所得的税收减免。又如，在国际竞争面前，实行抵免法的国家出台了“延迟纳税”[3]的规定，这种规定实际上等同于政府为投资者提供了一笔无息贷款，在一定期限内减少他们的财政负担。然而，这一系列促进海外投资的规定

---

〔1〕 张旌：《韩公民“必须”申报境外资产 旨在打击境外逃税》，载新华网：http://news.xinhuanet.com/world/2015-05/19/c_127814361.htm，2015年5月19日最后访问。

〔2〕 抵免法，又称“外国税收抵免”，指投资国在对本国投资者海外所得征税时，允许其用在东道国所负担的所得税额，抵免应缴纳的投资国所得税额；免税法，又称“外国税收豁免”，指投资国对本国投资者来源于海外的大部分甚至全部投资所得免税。

〔3〕 延迟纳税，又称“推迟课税”，是指投资国对于本国投资者在海外投资取得的收入，采取未汇回不予征税的态度，只对汇回的股息或红利征税。

却被一些投资者滥用。因此,为防止他们明修栈道、暗度陈仓,以“履行规则”之名,行“国际避税”之实,各国纷纷对这些措施进行调整、修改或补充,增设限制性条件或条款,规制投资者的国际避税行为。而这些限制性条件或条款,正是反避税征管权行使的基础。本书将着重阐述避免国际重复征税的限制性条件和CFC法则。

1. 避免国际重复征税的限制性条件

环顾全球,为了使海外投资者在税收领域保持竞争力,不少国家开始放弃抵免法而转向实行免税法。目前,在OECD的34个成员国中,完全实行抵免法的只有美国、韩国等6个国家,其他国家均不同程度地引入了免税法。[1] 由于免税法意味着投资国在一定程度上放弃了自己的税收利益,因此任何国家都不可能对海外所得实行无条件免税,而是慎重地提出一些附加条件予以限制。本书通过考察世界主要国家避免国际重复征税的规定,对其中的限制性条件进行提炼、归纳和总结,认为主要涉及五个方面:

第一,持股比例与时间限制。这是避免国际重复征税的规定中最为常见的限制性条件。例如,日本的免税条件是要求本国公司在海外子公司的持股比例不得低于25%,且在股息分配日前连续持股时间不得低于6个月。[2] 又如,澳大利亚2004年的国际税制改革将非证券投资的股息收入免税(至少持有10%的投票权)政策拓展到了所有国家,即对企业从持股比例达到10%以上的海外子公司分得的股息免税。如果本国企业在海外子公司

〔1〕 对外投资税收政策研究课题组:《对外投资税收服务与管理的国际借鉴》,载《国际税收》2016年第3期。

〔2〕 http://www.lexology.com/library/detail.aspx?g=aa9a7186-3251-46e3-a9fc-cdedfd2a12e4.

的持股比例不足10%,则该部分股息分红仍然属于应税范围。[1] 比如,加拿大虽还在实行抵免法,但已开始在税收协定国范围内实施免税。加拿大企业在税收协定国设立的子公司,其积极投资所得在按股权比重向加拿大企业分配股息时,可以享受免税。但根据规定,加拿大企业的控股比例不得低于10%。[2] 再如,根据德国国内法,一般对居民企业来源于"实质股权"(自公历年度年初起直接持股大于10%的股权)的分红予以免税,而不考虑其来源地。[3]

第二,抵免层级限制。从国际经验来看,关于可抵免的公司层级问题,各国的规定有所不同:一方面,许多国家为了降低企业的负担,在可抵免的公司层级上几乎没有限制或层级范围较多。例如,根据英国、澳大利亚、爱尔兰、南非等国国内税法规定,只要每层子公司持有的股权或拥有的表决权达到法律的最低要求,该层公司缴纳的外国税收即可享受抵免。又如,美国允许抵免的范围多达第六层外国子公司在国外缴纳的税收。需要指出的是,抵免层数越多,税务处理和监管上的难度就越大,因此这类国家通常会制定配套规定,以实现制度上的对接,防止宽松的抵免层级要求造成国家税收权益的损失。例如,只有当外国公司为美国税法上的CFC时,方可适用超过三层的抵免。[4] 另一方面,一些国家对可抵免的公司层级做了严格的限制,德国、日本、墨西哥和挪威等国关于抵免层级的限制最为严格,将抵免的

---

〔1〕 R. Henderson and D. Watkins, "Australia's New International Taxation Regime – the Fiscal Impact for the Oil and Gas Industry", *APPEA Journal* 46, 2006, p. 1, http://kpmg.com.au/Portals/0/09%2001%20Henderson%20final%20copy.pdf.

〔2〕 http://www.nrcan.gc.ca/mining-materials/taxation/8880#facfai.

〔3〕 吴群、仲伟嘉、胡聪颖:《德国支持企业"走出去"的税收政策及借鉴》,载《国际税收》2016年第3期。

〔4〕 参见美国《国内收入法典》第902节。

范围限定在两层母子公司之间。例如,日本企业在符合一定条件的情况下,可从法人税中抵免外国所得税,但抵免限于外国子公司一级,不允许外国孙公司的多层抵免。

第三,对收入性质的限制。例如,澳大利亚新的税收制度不再考虑东道国是属于高税国还是低税国,对于本国公司从海外子公司取得的利润都实行免税,但要求利润源于积极经营活动而非消极投资。[1] 又如,德国公司享受免税的条件是股息红利必须来自东道国子公司的经营利润的分配。再如,挪威对本国公司在海外子公司获得的主动收入实行免税,而被动收入则需要纳税。[2]

第四,对所得流向的限制。瑞士、法国、日本等国有先进的促进海外投资的税收机制,但是他们均对所得的流向作出了限制。这种限制有利于改善投资国的外汇收支状况,为发展投资国经济储蓄力量。例如,瑞士控股公司在海外成立子公司,只有子公司将利润返回瑞士,该控股公司才能享受相应的税收减免。[3] 又如,法国附加的免税条件是纳税人必须把其在国外纳税后的所得全部汇回本国,方可参与免税。[4] 再如,日本和英国分别实行对海外子公司汇回本国公司的95%和100%的股息免税的政策。

第五,对东道国的限制。避税港的存在导致世界各国,尤其是西方发达国家的税收大量流失,因此各国通过修改法律对海外投资者在避税港的经

---

〔1〕 R. Henderson and D. Watkins, "Australia's New International Taxation Regime-the Fiscal Impact for the Oil and Gas Industry," *APPEA Journal*, Vol. 46, No. 2, May 2006, p. 1, http://kpmg.com.au/Portals/0/09%2001%20Henderson%20final%20copy.pdf.

〔2〕 赵薇薇:《"走出去"税收服务管理三人谈》,载《国际税收》2014年第3期。

〔3〕 赵薇薇:《"走出去"税收服务管理三人谈》,载《国际税收》2014年第3期。

〔4〕 程昌永主编:《国际税收学》,中国税务出版社2006年版,第51页。

济活动进行限制。例如，意大利著名的黑名单制度，凡是本国投资者到“黑名单”国家进行海外投资活动的，不能参与任何税收减免。

2. 受控外国公司法则

CFC是指在避税港设立的由本国居民直接或间接控制的外国公司。各国对CFC立法主要涉及两个方面的原因：其一，防止海外投资者将利润或所得转移到CFC，以逃避本国的征税；其二，防止海外投资者的延迟纳税行为。在各国关于CFC的法律规定中，只要被界定为CFC且发生了当期利润，无论利润是否分配给股东，投资国都可以对该CFC的本国股东的应得利润征税。[1] 这种对抗延迟纳税，防止海外投资者利用避税地外国公司进行国际避税的立法，即为CFC法则。

1962年，美国国会通过了《国内收入法典》中“F分部条款”，该条款规定在纳税年度的任何时间点，如果一家外国公司50%以上的股权归属美国股东，而这些美国股东每人能够直接或间接持有10%以上的股权，那么该外国公司即为CFC。其中，“50%以上的股权”包括两种情况：一是持有各类有表决权的股票总额一半以上；二是持有股份的价值占总价值的一半以上。关于“10%以上的股权”，该条款做了进一步解释，个人、合伙、公司、信托或遗产财团直接或间接持有股份总数10%以上者，才予以计入上述股权，凡持有股份未达到10%的，不计入美国股东的持股。[2] 一旦被认定为CFC，该公司利润中应当归属美国股东股息的部分，无论其分配与否以及是否汇回美国，都应当视为“分配”和“汇回”，分别计入各股东名下，并与各股东其他所得合并纳税。此后待该利润真正分配时，美国股东可以对这部分股息收入

---

〔1〕 蒋帅：《受控外国公司立法比较研究》，载《涉外税务》2007年第4期。

〔2〕 参见美国《国内收入法典》第957节。

不予纳税且这部分股息适用税收抵免。

在美国率先建立 CFC 法则以后,许多国家尤其是 OECD 成员国相继建立了该规则。例如,澳大利亚对 CFC 的认定包括两个方面:其一是 CFC 必须建立在低税区;其二是该公司所在国(清单所列之外国家)与澳大利亚没有相同或相似的税收制度。根据规定,设立在这些国家的 CFC 应当就获取的某些消极所得纳税,而不论其是否汇回澳大利亚。[1] 又如,英国法律要求 CFC 必须在低税区注册。为了增加 CFC 法则的可操作性,“白名单”制度将东道国划分为两类:其一是无条件排除 CFC 法则适用的国家,因为英国投资者难以在诸如德国、日本等税率较高、优惠较少的国家建立基地公司;其二是有条件排除 CFC 法则适用的国家。投资者在这类国家设立外国公司,只要不享受被英国明列的特殊税收优惠政策,该外国公司就不会被认定为 CFC。再如,日本采取“分红纳税”主义,其反避税征管权涉及本国股东在海外取得的股息,而对外国子公司的所得不予征税。一旦该子公司被认定为 CFC,其留存金将按国内各股东的持股比例与各股东的其他所得合并纳税。总之,从 CFC 法则的实践来看,各国的规定在主体认定、地域范围、客体对象以及征税方法等方面存在较大的差异,但这恰是各国征税目标不同的结果。

需要指出的是,CFC 法则只是针对投资国公司控制的外国公司取得并积累起来的所得。投资者作为股东,在一定程度上可以影响该外国公司的利润分配或汇回。一般而言,只有延迟纳税的消极所得以及那些在低税区设立的“基地公司”的收入,才会成为反避税征管权所要打击的对象。当前,

〔1〕 R. Henderson and D. Watkins, “Australia’s New International Taxation Regime-the Fiscal Impact for the Oil and Gas Industry,” *APPEA Journal*, Vol. 46, No. 2, May 2006, p. 1, http://kpmg.com.au/Portals/0/09%2001%20Henderson%20final%20copy.pdf.

国际上虽不乏有“废除 CFC 法则”的声音,[1]但是,本书认为,各国应坚持并扩大 CFC 法则的适用。通常,海外投资活动不只局限于一个地方,投资者总是趋于将“地理上可移动的业务”放到低税国,而 CFC 法则就是要阻止因此而发生的国际避税行为。同时,由于投资者国际避税的手段和技术日益提高,以及跨国公司的结构和业务日益复杂,各国还应当及时修订和完善 CFC 法则。只有这样,才能在国际法层面防止国家间有害的税收竞争,提升反避税征管权的行使效果。

三、税收征管权的冲突与协调

(一)税收征管权的冲突

一般而言,各国税收征管权的冲突必须具有以下条件:其一,税收征管权违反“单一征税原则”。由于管辖权的扩张,各国税法具备了域外适用的可能性,两个或两个以上国家的税收征管权可能同时作用于投资者,导致投资者不得不承担双重征税或多重征税的情形,这属于积极的冲突。可见,税收征管权的交叉或重叠,造成了投资国税法的域外效力和东道国税法的效力之间的冲突和摩擦。反之,消极的冲突是指各国税收征管权同时缺位,对投资者产生了双重或多重不征税。在国际税法中,双重征税或双重不征税都违反了“单一征税原则”。[2] 其二,各国税收征管权作用于同一笔纳税所得。如果投资国和东道国国内税法均将某一种纳税所得界定为征税对象,

[1] 例如,美国国家对外贸易委员会曾认为,“F 分部条款”已经过时,将削弱美国跨国公司的全球竞争力。

[2] Reuven S. Avi-Yonah, *International Tax As International Law: An Analysis of the International Tax Regime*, Cambridge University Press, 2007, p. 2.

这就意味着两国在按照本国税法行使税收征管权时，这些不同的税法规则会对同一纳税人的同一笔纳税所得发生作用。其三，不存在避免国际重复征税或不征税的单边措施、双边或多边协定。

在上述情形下，一旦各国税法同时发挥征税功能，必然导致征管权的重叠或交叉，则投资者必然受制于两个或两个以上不同国家的税法约束，冲突由此产生，其负面效果主要表现在如下两个方面：

一方面，可能损害国家间的关系。税收征管权体现了一国对政治、经济、社会和法律的综合考量，而这种考量内化为各国的税法目标。不同的税法目标充斥着带有差异性的国家利益。如果各国都只强调本国税法目标和国家利益的实现而互不谦让，就可能发生国家关系的严重危机。历史的经验告诉我们，容忍可以避免将冲突转换为危机，但是容忍又存在必要的背景和限度。是故，税收征管权的冲突并非必然而是可能损害投资国与东道国间的关系。

另一方面，损害投资者的利益，增加投资者的违法可能。税收征管权的冲突使得那些试图游走于全球范围内的投资者步履维艰，或者在成倍的税收压力下显得无所适从，不仅增加了他们的成本和负担，还降低了他们的收益和投资意愿。此外，高昂的税收负担还会迫使投资者竭力利用国际税收的规则漏洞以及国家间在税负上的差异，尽可能地采取一切手段进行国际避税，降低自身的税收负担，甚至还可能滋长税收欺诈行为，导致偷税、漏税、抗税行为的发生。

由此可见，税收征管权的冲突给海外投资活动带来的负面影响将如“多米诺骨牌”一样永不停息，因此必须加以协调。

（二）税收征管权的协调

在海外投资管理权的视角下，税收征管权必须依靠法律规范来行使，而法律规范的适用都必须赋予特定主体以权利并促使其履行义务。投资国单方面地考虑与东道国间税收征管权的矛盾和冲突，实际上是通过国内税法在界定国家与投资者之间权利义务关系时，回应可能对东道国造成的利益损害。从结果上看，它很可能因缺乏与东道国之间的合意而作用有限。但是，我们依然无法否定这种协调方式的功能和意义。通常情况下，投资国行使税收征管权，只要受制于以下三个方面，就可能实现单方协调应有的效果：

首先，税收征管权的行使必须遵守国际法上的义务，具体而言：其一，遵守该国所缔结的双边或多边税收协定。以中国为例，1983 年，中国与日本签署了《中国与日本税收协定》，至此拉开了签订双边税收协定的序幕，截至 2016 年 11 月，中国已对外正式签署了 102 个双边税收协定，其中 98 个协定已生效；[1] 在多边税收协定方面，中国于 2013 年签署了《多边税收征管互助公约》。这些协定或公约的规则将对中国行使税收征管权产生影响。其二，税收征管权的行使不得违反国际法基本原则。例如，如果违反不干涉内政原则，则有可能发生违反强行法的情形。其三，税收征管权的行使不得违反国际习惯法。例如，属地管辖仍旧是国际法的基石，投资国行使税收征管权应当确保与属地基础和管理的合理利益间存在真实、实质的联系。其次，税收征管权的行使须遵循其国内税法，但该税法不得违背国际法。例如，美国应遵守《国内收入法典》等。最后，税收征管权的行使要有正当的依据，即征

---

〔1〕 参见国家税务总局网站：http://www.chinatax.gov.cn/n810341/n810770/index.html，2017 年 2 月 4 日最后访问。

管权与管理事项间应当存在善意的、实质的联系。此外，投资国行使征管权还须充分考虑与他国相同权力之间的协调，绝不能超越必要的限度，这一点对税收征管权的域外适用尤为重要。

四、税收征管权的法律意义

税收征管权对各国维护国家税收主权及海外投资者利益意义重大，简单地说，从国家税收主权来看，一方面，国家行使日常税收征管权，有利于全面地掌握海外投资者投资经营活动的详细信息，加强对跨境税源的控管，降低投资者的税收遵从成本和逃避税收管理的风险，确保投资者纳税义务及时履行和国家相应税款及时入库；另一方面，“经济人”的逐利性使海外投资者趋于利用税收立法和执法上的漏洞，在实践中上演愈演愈烈的国际避税“戏码”。反避税征管权能够强化国际税收的执法力度，促使各种“亡羊补牢”的反避税举措应运而生，有效打击国际避税行为，最大限度地维护国家的税收主权。从海外投资者的利益看，如前所述，海外投资者在东道国将面临更大的风险和压力，国家行使税收征管权，一方面，能够发挥税收的调节性功能，为投资者提供一系列及时的、有针对性的政策指导或优质服务，包括税收优惠措施，为他们的海外投资活动大开“方便之门”；另一方面，税收征管权的稳定行使，能够为投资者提供一个既定的行为模式，帮助他们熟悉投资国的税收政策和管理规范，引导投资者在税法允许的范围内从事相关活动并准确预测涉税行为的法律后果，降低纳税成本和提高纳税效率。

第三节　反垄断审查权

一、反垄断审查权的含义与基本内容

（一）反垄断审查权的含义

为保障自由竞争、维护市场经济体制、创造公平竞争的国际经济环境，多数国家颁布了规范市场竞争关系的法律——反垄断法，赋予相关政府机构对限制性商业行为进行约束的权力。[1] 一般而言，反垄断法可以分为若干个制度系统，针对不同的反竞争行为，各国可以采取对卡特尔的禁止、对滥用市场支配地位的禁止及对企业并购的审查等措施。本书所指的反垄断审查是对并购审查的研究，旨在规范企业间的合并、收购、股权收购、资产置换等行为，而“并购”又特指跨国公司并购，指一国公司基于某种目的，通过取得另一国公司的全部或部分的资产或股份，对另一国公司的产权及其经营管理实施一定的或完全的实际控制的行为。[2] 作为海外投资的重要类型，跨国公司并购不仅超越一国边界且受到两个或两个以上国家的管理。揆诸实践，跨国并购具有双重性，一些并购行为属于市场经济规律的自然结果，相反，有些并购行为则是为了追逐市场垄断的权力。[3] 是故，为消除跨

---

〔1〕 长期以来，国际上尚无“限制性商业行为”的统一定义。一国的竞争政策必然反映该国的法律传统、政治与经济理念，因此发展中国家与发达国家对这一问题的意见尤为不同。联合国贸易和发展会议和联合国大会通过的《管制限制性商业行为的一套多边协议的公平原则和规则》，将发展中国家与发达国家的观点折中，对限制性商业行为进行界定。

〔2〕 段爱群：《跨境并购法律方略与财税金融政策问题探析》，法律出版社 2010 年版，第 6 页。

〔3〕 王中美：《并购与反垄断》，上海人民出版社 2008 年版，第 3 页。

国并购的负面影响,几乎所有国家都会对其予以高度关注,并依据本国反垄断法对影响本国市场的行为进行审查。据此,反垄断审查权,是指一国政府享有的对影响或限制[1]国内竞争的跨国公司并购行为进行审查,控制垄断性并购的权力。

(二)反垄断审查权的基本内容

揆之于现实,海外投资领域的反垄断审查权主要涉及以下六个方面的内容:

其一,垄断标准的界定。各国对垄断标准的判定有所不同,但总体来说,确定一项即将进行的并购行为是否应当受到禁止,其核心要义在于该行为是否严重地削弱了竞争,或者是否取得或加强了垄断地位。垄断地位,又称市场支配地位,各国均有一套规则判断企业是否具有市场支配地位,包括对相关市场的界定,对相关市场集中度水平的衡量,对市场进入、市场容量、市场技术创新等相关因素的充分考虑。[2]

其二,事前申报程序及规则。为避免因"半夜并购"而导致相关法律无从适用,[3]大部分国家都规定了并购的事前申报程序,要求并购方在实施并购前向相关机构申报。当然,并非所有并购行为都需要申报,只有达到法律规定条件的并购才须纳入事前审查的范围。可见,各国对跨国并购的管理

〔1〕 实践中,各国关于并购行为对市场达到何种影响或造成何种限制程度时需要国家干预的认定标准不同。

〔2〕 值得注意的是,以美国为代表的美式竞争法国家和以欧共体为代表的欧式竞争法国家在"对竞争的限制影响"的判定上曾有较大分歧。但是,2004年新的欧共体兼并规则转向强调并购对竞争的阻碍,而把垄断地位作为一个附从考虑因素,反映了国际社会在并购审查规则标准上的趋同。参见王中美:《并购与反垄断》,上海人民出版社2008年版,第20页。

〔3〕 Ewing Jr, Ky P., "United State Merger Notification Regime", *International Business Lawyer* 22, 1998, p. 123.

倾向于采取预防措施避免垄断状态的产生，而非采取企业拆分等事后补救措施。[1]

其三，申报门槛。反垄断审查的对象是对市场造成不良影响的“大型合并”，而不是监管所有的合并交易，因此实力雄厚的跨国公司的并购是主要审查对象。OECD 在《竞争法的基本框架》中指出：“在竞争法有关企业合并的规定中……没有必要对所有的合并都要求审批……且要求所有的合并都提交报告，可能是不符合效率要求的。”是故，为减轻审查机构的工作量、促进海外投资便利化，大多数国家设置了较高的申报门槛，以资产规模或销售额为标准。例如，依据美国的规定，满足一定贸易标准、成员规模标准、交易规模标准的并购行为才须向主管机构申报。此外，亦有部分国家以市场占有率为门槛标准，或由以上几种标准组成其他复合标准模式。

其四，审查程序规则。在收到并购申报材料后，反垄断主管机构会依据法律规定对并购进行初步审查，并在规定时间内作出批准或进一步审查的决定。

其五，审查实体规则。各国对是否构成垄断的实质性审查标准不尽相同，美国对市场支配地位的理解在于界定数量限额（量化、数量门槛）以反映企业或企业集团的影响（分量、力量）。一旦达到数量门槛的上限，市场支配地位的假设就可以成立。[2] 同时，是否对本国产业产生重要影响也是审查的重要因素之一。此外，世界上大多数国家承认在审查并购行为时，除了考

---

〔1〕 Michael Corrigan and Natalie Moshinsky, “Premerger Notification and Merger Enforcement in Australia”, *Antitrust* 15, 2001, pp. 54 – 58.

〔2〕 白艳：《美国反托拉斯法 · 欧盟竞争法平行论：理论与实践》，法律出版社 2010 年版，第 231 页。

察其限制竞争的一面,还应考虑其可能带来的经济效益。

其六,法律责任。对非法垄断行为的惩罚主要体现在对行为实施主体的法律制裁。法律责任制度是反垄断审查权威慑力的保障,其中,民事责任和行政责任是最主要的措施,而反垄断法的刑事化问题一直是学者们争议的焦点,为构建有效的威慑体系,美国首创反垄断刑事化模式并逐渐被越来越多的国家所效仿。[1]

二、反垄断审查权对海外投资的影响

反垄断审查权对一国的海外投资活动有明显的管理作用。跨国并购是由跨国公司推动的一种战略性投资行为,旨在获得目标公司的控制权,它是企业并购在国际法层面的拓展,兼具了"投资"和"并购"的双重特性。是故,各国对跨国并购的法律控制已经由单纯地依据投资法进行笼统地限制,转向复合地依据竞争法而进行的逐项并购审查,这种转变体现了政府管理的精细化与专业化。由于跨国并购可能给市场竞争带来严重影响,因此许多国家将反垄断法作为管理跨国并购的主要法律规范。[2] 实践中,反垄断审查权通常依据国内外经济形势和对外发展需求来确定宽严幅度。因此,审查力度与范围不仅各国有别,同一国家在不同时期也可能因政治、经济因素而有所不同。例如,日本曾奉行严格的公司并购制度,为扭转萎靡的经济形势,其于 1997 年对《禁止垄断法》进行了修改,放松对公司并购的限制,相对

---

〔1〕 目前,除美国外,中国、英国、法国、爱尔兰、奥地利、以色列等国家都规定了反垄断的刑事责任。其中,中国《反垄断法》刑事责任的规定经历了"从无到有"的过程。

〔2〕 Van Der Sangen, Ger J. H., "How to Regulate Cooperatives in the EU", *Do Venschmidt Quarterly* 4, 2014, pp. 131 – 146.

宽松地行使审查权,以促进规模经济、提升国家及其海外投资者的国际竞争力;又如,美国顺应国际形势变化,适时放松对纵向并购与混合并购的限制,通过减少对本国企业跨国并购的审查,有力保障其在国际大环境中的经济主导地位。可见,反垄断审查权体现了投资国对海外投资活动的干预,旨在引导全球范围内生产要素的合理配置和优化组合,其干预范围和程度充分体现了国家的海外投资政策,尤其是投资领域的竞争政策和产业政策。

总之,反垄断审查权的主要目的是抑制跨国并购对自由竞争的不合理限制,禁止跨国公司实施垄断或违反社会公共利益的行为。如果跨国并购形成垄断,破坏了投资国的竞争秩序,阻碍了其经济发展,造成资源配置的低效及社会福利的损失,投资国应行使反垄断审查权加以控制,与此同时,间接地实现了对海外投资活动的管理。

三、反垄断审查权的国际实践

各国经济的融合进一步模糊了地域边界,正如发生在国内的经济行为会给国际市场造成影响,发生在国外的经济行为也会给国内市场造成影响。以领土为边界适用反垄断法显然无法调整没有领土边界的经济关系,严格恪守属地原则的反垄断审查权将会丧失功能与威慑力。是故,建立在效果原则上的反垄断审查权的域外适用成为各国的共识。实践中,法律效力的实现依附于不同的路径,包括单边、双边、区域及多边方法。各种方法有不同的特点与优势,反垄断审查权作为国家的单边行为,其效力实现有着显著的现实意义,毕竟国家间并不总能达成反垄断的合作与协调,有些国家甚至认为并无合作与协调的必要。需要指出的是,域外效力的实现需要上述方法的并进与补充,而不会仅仅依靠其中的一种。

(一)单边主义进路

跨国公司并购行为的特殊性决定了反垄断审查权域外效力单边实现的可能。首先,跨国公司的活动早已突破国界的樊篱,很难认定其行为或影响一定与营业地或其他密切联系地国有关。例如,某跨国公司的垄断行为并没有给属地国造成任何影响,而是给国籍国甚至第三国造成负面影响,这时未受影响的国家往往不愿意或怠于对其加以管理。特别是在跨国公司的子公司或附属机构遍布世界各处时,主张管理权的国家又应当与谁协调?同时,逐一协调与冗长的谈判会造成不公正的结果与经济效益的减损。[1] 是故,受影响的国家只能通过单边措施进行约束,这也决定了在反垄断领域,一国相关法律的域外执行是不可逆转的。其次,在颁布具有域外效力的法律后,如何实现效力是各国需要解决的重要问题。在单边主义进路下,国家通过对跨国公司施压,使其主动接受管理并承担责任,避免与主权国家的冲突。

在实践中,无论跨国公司的母公司国籍如何,为使其在美国境内的营业场所及与美国的经济往来不受美国的过度干预,跨国公司自愿服从美国的管辖。是故,绝大多数反垄断领域的案件都是通过"同意令"(consent order)的方式解决的。[2] 例如,在啤酒公司案中,美国施利茨公司意图兼并加拿大公司拉巴特,而后者又控制着美国公司大众酿酒。政府认为,由于拉巴特在美国生产啤酒并销售,这起并购会威胁美国境内的啤酒生产和销售,违反

---

〔1〕 Kronke H., *Capital Markets and Conflict of Laws*, Boston, Martinus Nijhoff, 2000, p. 337.

〔2〕 实践中,美国绝大多数反垄断的案件都是通过"同意令"解决,在企业与执法机构进行同意令的谈判时,企业不需要承认有违法行为,而只要同意不再实施某种行为,执法机构就同意不再提起诉讼。这种谈判后所达成的和解协议就被称为"同意令"。

《克莱顿法》。政府据此向法院提起诉讼，认为两者合并会造成市场竞争的减损。[1] 美国最高法院遂作出裁决，禁止施利茨公司进行海外并购。又如，1970年，瑞士两大化学公司——汽巴公司与嘉基公司合并案[2]也是美国反托拉斯法域外效力单边实现的有力例证。为使企业获得规模经济和规模效益，上述两家公司提出合并计划。美国主管机构认为，由于两家公司均在美国设立了子公司，且子公司间在燃料、漂白粉等商品制造与销售方面存在竞争，该合并行为将实质性地削弱它们在美子公司间的现存竞争。是故，美国司法部依据《克莱顿法》第7条，以汽巴和嘉基及其在美子公司作为被告，提起诉讼。最终，两家公司接受了合并限制要求，以同意令结案。再如，1977年美国对瑞士两大巨头制药公司（汽巴－嘉基公司和山德士公司）的合并交易进行干预。汽巴－嘉基与山德士计划在瑞士成立新公司，从事开发基因、害虫防治等方面的生产与销售。FTC认为，基因治疗开发市场是一个创新市场且没有任何公司生产基因治疗产品，双方的合并将会排除竞争，造成相关领域的集中且进入困难，同时两家公司在美国均有子公司，它们的合并将会损害美国市场的竞争。据此，FTC经过调查后要求相应企业给竞争者提供强制许可，包括汽巴－嘉基必须放弃基因治疗法的专利权，山德士必须转让它在美国和加拿大的谷物杀虫剂的经营活动，该案是当时美国托拉斯审查在企业转让方面涉及金额最大的案件。[3]

---

[1] Jos. Schlitz Brewing Co. v. United States, 385 U. S. 37 (1966), Supreme Court of the United States Rehearing Denied Jan. 9, 1967.

[2] United States v. CIBA Corp., 1970, Trade Case (CCH), paras. 73, 269 (S. D. N. Y. 1970), pp. 185－186.

[3] Fiebig A., "Extraterritorial Application of the European Merger Control Regulation", *Columbia Journal of European Law* 5, 1998/1999, p. 79.

需要指出的是,反垄断审查权主要针对投资国公司的跨国并购,但由于国际上越来越多的非投资国公司间的并购也会对其产生较大影响,因此必要时投资国也可以针对这些跨国并购行为行使反垄断审查权。正如在上述案件中,除美国公司外,一些非美国公司也自愿接受美国的管辖,它们的美国公司或附属公司是有效解决管辖问题的关键性"人质",这些因素使得美国能够迅速、有效地行使反垄断审查权。

(二)国际合作与协调

单边主义方法虽能有效管理跨国公司并购行为,但其管辖范围的扩张必然引发国家间的冲突,制约国家执行的效力:一方面,缺乏国际间协助导致了域外执行的障碍。行政执行通常以领土为界限,致使执法机构难以赴外调查取证或处罚,从而损害执行效率;另一方面,国家间的管辖冲突会导致各个国家重复投入执法资源,不仅增加国家间的摩擦,也大大增加了跨国公司的运营成本。是故,国际合作与协调对避免国家间的管辖冲突,提高各国的执法效率有积极意义。

当前,国际社会正在积极探索反垄断审查的双边、区域及多边合作模式。例如,美国、欧盟作为国际反垄断双边合作的先行者,率先签署了专门性双边反垄断合作协议,协调的目标也从避免冲突转向有效执法。[1] 一旦出现执行管辖权交叉或竞和,这种双边合作可以扩展至执行行为的责任分配上。又如,欧盟成员国间形成了具有高度统一性的反垄断机制,其企业并购规则是当前最为有效的超国家并购规制法。[2] OECD 为成员国提供了研

---

〔1〕 刘宁元:《反垄断法域外管辖冲突及其国际协调机制研究》,北京大学出版社 2013 年版,第 145 页。

〔2〕 王中美:《并购与反垄断》,上海人民出版社 2008 年版,第 106 页。

究和交流平台，其发布的建议、指南、报告及论文等虽不具有法律约束力，但能在一定程度上推动国家间的合作。再如，联合国也致力于解决跨国公司并购所造成的垄断，《竞争法示范法》提供了从实体法到程序法的立法建议框架，为成员国的反垄断合作提供示范。虽然 WTO 关于反垄断合作与协调的议题已被暂停或取消，但其成果仍然对全球合作产生了重要影响。总之，反垄断国际合作与协调虽具有复杂性和渐进性，但其发展是调整国家间关系的主流意识，能够助力反垄断审查权域外效力的具体实现。

第四节　海外反腐败审查权

国际上对跨国腐败行为的规制肇始于美国 FCPA。在美国的倡导和相关国家的共同努力下，各国纷纷制定具有域外效力的反腐败法，赋予政府海外反腐败审查权，加大审查力度，遏制本国海外腐败势头的蔓延。

一、海外反腐败审查权的含义与基本内容

（一）海外反腐败审查权的含义

海外腐败是一种影响全球经济发展的行为。在海外投资过程中，为获得不当利益或竞争优势，以跨国公司为主的投资者可能会利用各国法律的差异及监管上的不足，通过隐蔽的手段向外国公职人员或国际公共组织官员行贿。腐败行为破坏了国际市场秩序，阻碍了投资活动的良性发展，对投资国和东道国双方的危害都是不言而喻的。然而实践中，各国因追求自身利益而非整体利益最大化，造成全球反腐败“囚徒困境”现象的日益凸显，因

此当前国际社会亟须各国增强对海外投资腐败行为的审查。

本书所称海外反腐败审查权,是指投资国政府享有的对本国海外投资活动进行审查,并依法禁止或处罚本国投资者向外国公职人员或国际公共组织官员行贿的权力。它具有如下特征:其一,权力内涵的特定性。在本书的研究视阈下,首先,海外反腐败审查权的行使主体是投资国政府,而非东道国政府;其次,权力的作用范围仅涉及海外投资相关领域,而非跨国商业的所有领域;最后,权力仅针对本国投资者向外国公职人员或国际公共组织官员行贿的行为,而不包括与非外国公职人员等的交易行为。其二,审查对象的复杂性。海外反腐败审查权的作用对象不仅包括本国居民、企业等,也包括股东、董事、雇员等任何代表公司行事的个人,还涉及受本国母公司控制的外国子公司。此外,第三方也可能成为海外反腐败的审查对象。目前,跨国公司是海外反腐败审查权最重要的作用对象。其三,保护目标的多重性。海外腐败行为具有跨国性,因此审查权保护的目标是多重的,它保护了国际投资市场的秩序、投资国的国际形象、东道国的政治经济利益以及与行贿投资者竞争的本国或其他国家的投资主体。

(二)海外反腐败审查权的基本内容

FCPA 作为海外反腐败立法的先驱,其不断扩张的适用范围虽对各国主权造成了挑战,但也为全球反腐败治理的发展提供了思路。是故,本节选择以 FCPA 为范本,结合各国海外投资反腐败审查权的基本内容进行探究。FCPA 的基本内容包括两大主要条款,其中之一就是反贿赂条款。根据反贿赂条款,违法行为的构成涉及六个要素,即适用主体、支付行为、行贿对象、行贿手段、腐败意图和商业目的标准。

投资国行使海外反腐败审查权通常主要体现在两个环节:其一,企业海外投资过程中的腐败审查。实践中,对企业海外投资的审查通常会引发FCPA的适用,因此近年来,越来越多的企业在进行海外投资时受到美国政府的反腐败调查。[1] 其二,对海外投资后续经营的管理。除对投资过程进行审查,美国等发达国家均会对投资企业的域外行为进行持续监管,其中就涉及反腐败调查。在这两个环节中,政府主要审查行为人是否对特定相对人实施了"贿赂行为"。一方面,FCPA禁止"发行者"和"国内相关者"[2]从事腐败的提供、授权或许诺付款或礼金等任何有价物。[3] 其中,"任何有价物"的措辞刻意扩大了行贿款项的范围,任何有形或无形的利益都被囊括其中。实践中,包括提供信息、[4]证人证言、[5]对雇佣的承诺、[6]提供贷款和资金、[7]支付旅游费用、[8]协助合并谈判或其他商业交易[9]等均属于FCPA规制的违法行为。另一方面,行贿对象必须是外国公职人员或国际公共组织的官员。实践中,即使投资者的违法支付没有影响官员的决定,或者官员无权对决定进行更改,但只要他们接受了贿赂,投资者即可被认定为违反了FCPA。

---

[1] Priya Cherian Huskins,"FCPA Prosecutions: Liability Trend to Watch", *Stanford Law Review* 60,2008,pp. 1447 - 1458.

[2] "发行者"指依据1934年《证券交易法》第12节登记的发行人和第15节(d)款要求向SEC提交报告的发行人。"国内相关者"指美国公民、美国国民或定居在美国的自然人,或者任何依美国法成立,主营地设在美国的总公司、合伙制公司、协会、联合股份公司、信托、未合并组织或独资企业。此外,实践中美国开始不断扩大其域外效力范围,对外国自然人和公司也进行管辖。

[3] 15 U. S. C. § 78dd - 1 (2003).

[4] United States v. Sheker,618 F. 2d 607,609 (9th Cir. 1980).

[5] United States v. Zouras,497 F. 2d 1115,1121 (7th Cir. 1974).

[6] United States v. Schwartz,785 F. 2d 673,680 - 81 (9th Cir.),cert. denied,499 U. S. 890 (1986).

[7] United States v. Schwartz,785 F. 2d 673,680 - 81 (9th Cir.),cert. denied,499 U. S. 890 (1986).

[8] U. S. v. Metcalf & Eddy,No. 99 - CV - 12566 (D. Mass.,1999).

[9] United States v. Schwartz,785 F. 2d 673,680 - 81 (9th Cir. 1986),cert. denied,499 U. S. 890 (1986).

二、海外反腐败审查权对海外投资的影响

海外反腐败审查权对海外投资的影响主要表现在两个方面:一方面,对海外投资者腐败行为的审查必然牵动投资国国际经济交往的发展,对海外腐败行为的遏制会在一定程度上给一国的海外投资活动造成限制,尤其是跨国公司。FCPA 作为世界上第一部规制向外国官员行贿的法律,其制定之初就颇受争议,因此在实施中也经历了一段"萧条期"。正如一份报告所指:"FCPA 为想要在海外发展的公司制造了大量的不确定因素……影响了美国公司在某些地区竞争的能力和积极性,并且为希望借助海外合资、海外分包等形式处理海外业务的公司制造了很多难题,导致许多美国公司尽量避免海外业务或从既存的业务中抽身。"[1] 揆诸实际,正是基于 FCPA 反贿赂条款较为严格,导致其自制定后就几乎被搁置,在而后 30 年的实际执行中,真正由美国司法部提起的指控每年还不到一起。

另一方面,腐败行为将导致投资的减少、社会福利的破坏和国内市场秩序的紊乱。[2] 商业贿赂会对需求国与供给国的经济造成干扰,对贿赂的供给国来说,将导致本国市场秩序的紊乱、国际形象的降低,最终影响供给国的经济发展。[3] 具体来说,腐败行为的危害主要包括以下几个方面:其一,造成东道国利益的损害。腐败行为不仅破坏了东道国资源的合理配置、扰

---

〔1〕 Report on Export Disincentive, Report of Working Party to the Chairman of the Interagency Export Disincentive Task Force, February 1980.

〔2〕 Babu, R. Rajesh, "The United Nations Convention Against Corruption: A Critical Overview," March 1, 2006, http://ssrn. com/abstract = 891898 or http://dx. doi. org/10. 2139/ssrn. 891898.

〔3〕 赵骏、吕成龙:《〈反海外腐败法〉管辖权扩张的启示——兼论渐进主义视域下的中国路径》,载《浙江大学学报》(人文社会科学版)2013 年第 21 期。

乱市场秩序，还降低了外国对东道国投资的积极性、恶化投资氛围。根据世界银行报告，公职人员收受贿赂将会阻碍东道国的经济增长和投资发展。其二，造成投资国利益的损害。海外腐败行为损害市场竞争的自由，最终破坏投资国国内的市场经济秩序。例如，一旦海外市场混乱或不廉洁，腐败行为就可能给跨国公司带来高额利润，从而导致投资国国内的大量资本流向国际市场，进而减少本国的资本投入、造成资本投资空心化。其三，对投资者造成损害。海外腐败行为通常需要投资者支付成本费用去“打理”外国官员，以获取对方的许可或批准。同时，腐败行为还会迫使投资者增加开销，用于隐藏这笔违法支付，如设立离案公司或账户。此外，实践中还存在许多因腐败行为而产生的不确定风险。可见，腐败行为是威胁各国经济增长的重要因素，尤其对发展中国家的威胁更为突出。虽然，对腐败行为的严厉打击在短期内会降低海外投资的积极性，损害投资国的经济利益，但从长远看，抵制腐败、促进良性竞争无疑能够提升投资国及其跨国公司的国际信誉与综合竞争力。实践中，美国正是意识到海外腐败对经济的消极影响，近年来开始强化 FCPA 的适用。自 2004 年起，美国 FCPA 管辖的案件数量逐渐上升，由 2004 年的 4 件上升到 2015 年的 12 件，在 2010 年更是创下了 21 件的纪录。[1]

三、海外反腐败审查权的国际实践

海外反腐败审查权旨在管理本国投资者在海外的贿赂行为，因此权力

---

〔1〕 July 2016 Recent Trends and Patterns in the Enforcement of the Foreign Corrupt Practices Act Report/FCPA Digest, http://www.shearman.com/~/media/Files/NewsInsights/Publications/2016/06/Shearman—Sterlings-Recent-Trends-and-Patterns-in-the-Enforcement-of-t.pdf, August 7, 2016.

的运行必然不再局限于投资国境内而带有天然的域外属性。海外反腐败审查权的效力实现通常涉及单边方法与国际合作，其中单边方法卓有成效。近年来，各国不断提高对海外行贿的处罚，对企图或已经实施贿赂的公司形成了强大的震慑力，并在海外反腐败问题的管理上取得了良好成效。实践中，海外反腐败审查权通常会迫使投资者主动披露违法行为。例如，当母公司在发现其海外子公司或附属机构已经发生非法支付时，为了达成损失最小化，不惜向政府披露它们的违法行为并自愿接受处罚。环顾全球，美国政府对海外腐败的打击力度最大，强化了对美国企业在海外投资过程中及投资后续运营两个阶段的内部管理，有效遏制了企业的非法支付行为：

一方面，强化了海外投资中的反腐败审查。例如，在波尔公司（Ball Corporation）案中，[1]腐败行为在并购时就初现端倪。2006 年，美国波尔公司在全资收购阿根廷弗曼图公司时发现，弗曼图公司在被收购前存在违法支付行为。波尔公司主动向美国证券交易委员会（SEC）披露该违法行为，SEC 随即介入调查并发现弗曼图公司曾向阿根廷政府（从 2006 年 7 月到 2007 年 10 月）违法支付约 10 万美元的贿金，用于获得出口许可和关税减免等违法事项。由于该行为违反了 FCPA，最终波尔公司承担了 30 万美元的民事罚款。又如，2007 年三角洲公司案[2]与 2013 年迪堡公司案[3]均是美国企业在海外并购中发现了被合并公司的腐败行为，从而使美国政府介入

〔1〕 In the Matter of Ball Corp. , Admin. Pro. File No. 3 - 14305 (Mar. 24, 2011), http://fcpa. shearman. com/? mode = form & id = 1792640f1c192d2ee27e0c7b36389e46.

〔2〕 SEC v. Delta & Pine Land Company and Turk Deltapine, Inc. , No. 1:07 - cv - 01352 (D. D. C. 2007), http://fcpa. shearman. com/? mode = form&id = 127.

〔3〕 SEC v. Diebold, Inc. , 1:13 - cv - 01609 (D. D. C. 2013), http://fcpa. shearman. com/? mode = form&id = a2b18 ae387f3ad79c02b978d6d196b83.

调查的例证。可见,FCPA 调查已在海外并购评估中成为常态。[1] 总之,美国政府的反腐败审查权有利于保障本国企业合并后的正常经营,摆脱被并购企业的负面形象并制止违法行为的继续,体现了美国对海外腐败行为的有效管理。

另一方面,强化了海外投资后续经营的反腐败审查。例如,备受关注的德普公司(Diagnostics Products Corporation)行贿案,[2] 德普公司为美国内科医疗设备的生产商和销售商,天津德普诊断有限公司是其上市公司,是美国德普公司于 1991 年在天津经济开发区投资成立的全资子公司。1991 ~ 2002 年,德普公司通过天津公司向中国多家国营医院的医生和工作人员[3] 行贿,以换取这些医院使用德普公司的药品和服务。德普公司因违反 FCPA 而被美国政府调查,而后该公司及天津子公司分别与美国司法部和 SEC 达成协议,向美国司法部支付罚款 200 万美元,向 SEC 上缴 204 万美元"非法所得"及 75 万多美元利息,共计约 480 万美元。

此外,国际合作也是约束跨国公司腐败行为的有效路径,海外反腐败本质上是一个集体行为问题,需要各国的合力。美国在不断拓宽海外腐败惩治范围的同时,将 FCPA 国际化并积极促成国家间的合作。例如,在美国的倡议下,美洲国家签署了全球第一份区域反腐败公约《美洲反腐败公约》;OECD 国家通过了《反贿赂公约》,其内容与结构同 FCPA 有诸多相似之处;《联合国反腐败公约》作为具有法律约束力的国际性反腐败法律文件,为各国解决全球腐败问题提供了独特的蓝本。可见,反腐败领域的国际合作已

〔1〕 何力:《中国海外投资与美国 FCPA 的域外适用》,载《江西社会科学》2011 年第 8 期。
〔2〕 U. S. v. DPC (Tianjin) Co. Ltd. ,No. 2:05 – cr – 00482 (C. D. Cal. 2005).
〔3〕 FCPA 对"外国官员"作出广泛界定,其中包括国营医院的医生和工作人员。

初见成效，但实践中仍然存在诸多不足，包括条款缺乏强制力、语言措辞模糊、监督与执行机制尚显薄弱等。[1] 此外，囿于国际公约通常不能直接规范相关企业与人员的行为，因此海外腐败行为的治理还需更多地依赖国内法。[2]

第五节 企业社会责任监督权

一、企业社会责任监督权的含义与基本内容

企业社会责任，是20世纪初以来凸显于西方国家，尤其是欧美发达国家的一个重要概念。何为企业社会责任？这一问题自产生之日起就存在诸多争议，无法达成共识。德鲁克（Drucker）将企业社会责任与企业利润最大化的目标等同，认为企业只要竭力追求利润最大化，就会达成社会利益的最大化，从而使企业规避应承担的追求利润以外的社会责任。[3] 布鲁默（Brummer）则将企业责任区分为经济责任、法律责任、道德责任和社会责任，认为企业责任等于这四种责任形态的直接相加，[4] 这种界定将企业社会责任与法律责任、道德责任完全割裂开来，缩小了企业社会责任应有的外延。

---

〔1〕 Babu, R. Rajesh, "The United Nations Convention Against Corruption: A Critical Overview", March 1, 2006, http://ssrn.com/abstract=891898 or http://dx.doi.org/10.2139/ssrn.891898.

〔2〕 赵骏、吕成龙：《〈反海外腐败法〉管辖权扩张的启示——兼论渐进主义视域下的中国路径》，载《浙江大学学报》（人文社会科学版）2013年第21期。

〔3〕 ［日］金泽良雄：《当代经济法》，刘瑞复译，辽宁人民出版社1988年版，第105页。

〔4〕 James J. Brummer, *Corporate Responsibility and Legitimacy: An Interdisciplinary Analysis*, Westport, Greenwood Press, 1991, pp. 20-30.

卢代富教授对企业社会责任的定义较为合理，认为“企业责任乃指企业在谋求股东利益最大化之外所负有的维护和增进社会公益的义务”，并提出“企业责任可依不同的标准进行划分：以目标不同，可将企业责任区分为企业社会责任和企业经济责任；以是否规定于法律之中，可区分为企业法律责任和企业道德责任”。[1]

本书认为，在“海外投资管理权”的语境下，企业社会责任监督权是指一国政府享有的监督跨国公司在实施海外投资过程中，是否有采取必要的措施与手段维护公共利益和增进国际社会福祉的权力。一般认为，企业社会责任监督权包括人权、劳工和环境等相关内容。

二、企业社会责任监督权的运行模式

对跨国公司社会责任的监督，根据管理主体的不同，可以分为“国家管理”模式、“自我约束”机制和“共同管理”模式三类：

第一，“国家管理”模式。实践中，各国积极地制定相关国内法，对跨国公司的社会责任进行规定。虽然各国至今都没有专门的法律对企业社会责任进行规定，甚至在相关条文中也没有提及“企业社会责任”一词，不过有关条文的内容却包含了企业社会责任的实质性规定。例如，美国各州普遍在公司法中引入了“其他利害关系人条款”，否定企业以股东利益最大化作为唯一目标，将其他相关人的利益纳入企业的考量范围。此外，在其他部门法中，美国也为企业设立了最低限度的社会责任。例如，《清洁空气法》规定，污染物排放企业必须严格地按照联邦环境保护总署规定的配额和方式进行

〔1〕 卢代富：《国外企业社会责任界说评述》，载《现代法学》2001年第2期。

污染物排放;《职业安全健康法》对员工的权利和雇主的责任进行规定,并通过企业社会责任信息披露制度监督跨国公司的社会责任履行情况。[1] 又如,得益于新公司法的修改,印度对公司社会责任制定了具有可操作性的规则,根据规定,公司每个财政年度用于社会责任的支出不得低于公司最近3个财政年度平均利润的2%。[2]

在“国家管理”模式下,社会责任监督权由投资国单独行使,其国内法是要求跨国公司承担企业社会责任的最基本、最重要的法律规范,它在推进企业社会责任的法治化进程中有着无法替代的作用。但是,在当今社会环境下,单靠一国政府已经不能有效规制跨国公司的行为,企业社会责任监督权呈现与其他主体分享的趋势。

第二,“自我约束”机制。跨国公司社会责任的“自我约束”具有两种表现形式:其一,跨国公司内部的自我约束。20世纪90年代末,社会责任运动的兴盛催生了一批引人注目的先锋公司,它们开始思考并整合行动,制定公司内部的生产守则,包括经营活动准则、可持续发展报告、生产守则和监督报告等,旨在将跨国公司给社会带来的危害降到最低、重塑良好的企业形象。例如,沃尔玛公司的内部生产守则《道德操守规范》,涉及童工、工作环境、薪酬和反腐败等诸多社会问题,适用的对象包括沃尔玛员工、董事及第

---

〔1〕 美国是世界上第一个要求企业社会责任信息披露的国家。在有关企业社会责任的法律中,大多涉及企业社会责任信息披露制度。例如,1964年的《公民权利法》、1970年的《官员健康与安全法》、1972年的《清洁水法》、1994年的《清洁空气法》及《消费者产品安全法》都有要求企业披露社会责任信息的规定。

〔2〕 高瑛玮:《印度新公司法社会责任规则评介》,载《人民论坛》2014年第19期。

三方,[1]并通过企业社会责任与可持续发展报告来监督执行情况。其二,由跨国公司联盟组成的企业社会责任监督共同体。实践中,有相同责任目标的企业开始联合,共同制定跨国公司规则并监督联盟内的公司执行。在企业联盟中,有诸如世界可持续发展工商理事会(WBCSD)、国际商业领袖论坛、商务社会责任国际协会(BSR)等组织,各跨国公司负责人一起商讨并达成一致的社会责任承担标准。例如,WBCSD 成立于 1995 年,致力于可持续发展和环境保护事业,目前已经发展成由 200 多家国际企业联合成立的理事会。

"自我约束"机制下的"社会责任监督权"并非本书的研究对象,因为其行使主体不是一国政府,行使结果也不具有刚性的法律约束力。但是,随着跨国公司经济实力的提升和社会影响力的扩大,生产守则的效力会逐渐强化并外溢,作用范围会不断扩大,对供应商和第三方行为形成约束。而企业联盟作为跨国公司的发言人,实践中会向各国政府施压,迫使其接受联盟所推崇的社会责任标准。例如,BSR 在企业社会责任中的活动促进了美国相关法律的颁布。[2] 这些现象都足以证明"自我约束"机制在很大程度上间接地促进了企业社会责任监督权的完善和发展。

第三,"共同管理"模式。"共同管理"模式的特点在于利益攸关者的引入,体现在国家与跨国公司等利益攸关者的共同合作上。在"共同管理"模

---

[1] 《道德操守规范》不仅是所有员工、控股子公司必须遵守的规则,并通过合同对供应商、咨询顾问、律师事务所、公关公司、承包商和其他服务商等第三方进行约束,对违反守则的第三方进行经济制裁,载 http://www.wal-martchina.com,2016 年 7 月 3 日最后访问。

[2] Albareda L., "Corporate Responsibility, Governance and Accountability: from Self-regulation to Co-regulation", *Corporate Governance: The International Journal of Business in Society* 8, 2008, p. 435.

式下，企业社会责任监督权由投资国政府行使，不过，权力的运行往往会受到跨国公司等利益攸关者的直接影响，而非“自我约束”模式下的间接影响。可以说，这种影响在很大程度上对企业社会责任监督权形成了制约，以促使权力的行使更具科学性与效果性。需要指出的是，无论在任何国家，在任何时间，投资国在“共同管理”模式下的主导地位都不容动摇。囿于“共同管理”模式已在第三章进行探讨，故不在此赘述。

三、企业社会责任监督权的法律意义

（一）修正或补充跨国公司责任观

传统观点认为，作为“经济人”的企业应当奉行股东利益最大化原则，最大限度的盈利是企业的最高甚至唯一目标。[1] 跨国公司的日益巨型化可谓20世纪发生于经济领域中的最为耀眼的现象，[2]与此同时，也给国际社会带来了沉重的打击：其一，在壮大经济实力的过程中，跨国公司会造成市场集中度的增加并制约其他经营者进入，这也是反垄断审查权域外扩张的主要原因。其二，跨国公司的发展离不开资源的争抢和消耗，由此引发一系列诸如环境污染、贿赂等社会问题。是故，国际环境的日益恶劣使得跨国公司的经济行为成为国家管理的重点。其三，与跨国公司巨型化相对应的是以消费者和员工为代表的社会弱者，关于人权、劳工等问题，他们需要借助国家之力与跨国公司相抗衡。

---

[1] Arafa, Mohamed A., “Battling Corruption within a Corporate Social Responsibility Strategy”, *Indiana International & Comparative Law Review* 21, 2011, pp. 397 – 418.

[2] 卢代富：《企业社会责任研究——基于经济学与法学的视野》，法律出版社2014年版，第149页。

企业社会责任监督权从社会本位出发，修正或补充了跨国公司的责任观，并为其设定了另一个目标——除最大限度地实现股东利益，还应维护和增进国际社会的整体利益。可见，企业社会责任监督权旨在引导、规范跨国公司的海外投资活动，促进企业利益与社会利益的共同实现。然而，在实践中，企业利益与社会利益经常处于深沉的张力之中，任一目标的最大化都可能影响或制约另一目标的实现。是故，各国政府应充分发挥智慧，善于行使企业社会责任监督权，修正或补充跨国公司责任观，以二元目标代替传统的一元目标，促使跨国公司在海外投资中更多地考虑国际社会的利益。

（二）实现善治的必要手段

权利和义务是法律的核心范畴，[1]它是源于人、属于人和服务于人的。这意味着"为人类服务、造福人类"的规则之治可以成为善治，经济贸易的法律与政策只有和人类的生活联系起来，才被赋予了色彩与意义。[2] 企业社会责任监督权正是为了保障人类社会的整体利益而产生并发展的，它是企业经济利益与社会公共利益平衡的结果：一方面，投资国为了促进经济发展，提高国民生活水平，会基于本国国情设定海外投资规则，使跨国公司在规则范围内自由地开展海外投资活动；另一方面，出于对国际社会福利的考量，投资国又会制定法律，规范跨国公司在人权、劳工和环境等方面的行为并对损害国际社会利益的行为予以惩戒。是故，法律欲成良法，必须追求"正义""秩序""平等""自由""安全""利益"等社会价值，[3]而善治的方式是制定并执行良法，以国家公权力的介入与干预，保障社会价值的实现。

---

〔1〕 张文显：《法学基本范畴研究》，中国政法大学出版社1993年版，第65页。

〔2〕 何志鹏：《全球化经济的法律调控》，清华大学出版社2006年版，第359页。

〔3〕 李龙、汪进元：《良法标准初探》，载《浙江大学学报》（人文社会科学版）2001年第3期。

本章小结

本章将海外投资管理权的基本内容进行分解,采用历史、规范和比较分析法,剖析各项权力的含义、内容、国际实践与法律意义等。具体而言,依据对海外投资管理内容的不同,可以将海外投资管理权分为资本管理权、税收征管权、反垄断审查权、海外反腐败审查权和企业社会责任监督权。其中,资本管理权是国家对海外投资活动进行管理的第一道门槛,包括资本出境管制权和外汇管理权。税收征管权是投资国政府所享有的税收征收和管理上的权力,主要涉及日常税收征管权和反避税征管权。基于海外投资活动的复杂性,国家加强了对与海外投资有关的垄断、腐败及企业社会责任等一系列特殊问题的管理,强化了反垄断审查权、反腐败审查权和企业社会责任监督权的行使,在通过单边主义路径实现其域外效力的同时,也注重国际合作与协调。上述各项权力是海外投资管理权不可或缺的组成部分,由政府代表国家行使,任何一种权力的增长或削弱,都彰显了国家对海外投资或严苛、或宽松的态度。

第五章　海外投资管理权的主体

法律现代化的重要成就之一,是提炼出独立的"法律主体"概念。[1] 海外投资管理权的主体是指参与海外投资管理活动,并依法享有权利、承担义务的人或组织。一般而言,包括海外投资管理权的权利主体和义务主体。在现代法治国家,权利和义务是不可分离的,[2] 从这个意义讲,任何主体既是权利主体,又是义务主体。只是在不同的法律关系中,一方可以享有较多的权利,而另一方则主要是义务的承担者。海外投资管理权是一种纵向管理权,一方是处于支配地位的主权者(国家),可以单方面地为私人设定法律限制,此为权利主体;而另一方是私人,他须受国家执行权力的约束并向其履行义务,此为义务主体。

[1] 胡玉鸿:《法律主体的基本形态》,载《法治研究》2012 年第 10 期。

[2] 张文显:《法学基本范畴研究》,中国政法大学出版社 1993 年版,第 84 页。

第一节　海外投资管理权的权利主体

在海外投资管理法律体系中，关键的一环就是海外投资管理的依据是什么？应当由谁来进行管理？这两个问题都涉及权利主体问题。研究海外投资管理权的权利主体，包括决策主体和执行主体两个部分，前者决定了海外投资管理权的范围、程度及发展方向，后者决定了海外投资管理权的具体行使。

一、海外投资管理权的决策主体

国家是国际经济活动最全面的参与者，它在不同的层面、以不同的身份、通过不同的方式参加活动。[1] 在海外投资管理活动中，决策者是国家的首要身份，国家依据国际公法上的权限对跨国投资活动进行管理。此时，国家是处于支配地位的主权者，而其他参与主体则是被管理者。国家行使海外投资管理权，可以单方面地确定与被管理者之间的权利义务关系，但这种权利需受到一定的制约，可以视作国家妥协后的产物。

（一）国家享有海外投资管理的决策权

“国家问题是一个最复杂最难弄清的问题，也可以说是一个被资产阶级的学者、作家和哲学家弄得最混乱的问题。”[2] 比如，政治学家指出，国家是

[1] 何志鹏：《全球化经济的法律调控》，清华大学出版社 2006 年版，第 65 页。

[2] 《列宁选集》（第 4 卷），人民出版社 2012 年版，第 24 页。

阶级统治的工具，是阶级矛盾不可调和的产物和表现;[1]又如，历史学家将国家视为世界风云变幻的表面原因和结果。[2] 在国际法层面，学者们对国家的界定基本达成共识，凡有一定的人民，有一定的领土，形成政治组织，具有主权，则有一个国家的存在。[3] 关于国家概念及其构成要素，国际法上主要通过法律文件加以明确，1933 年 12 月 26 日签署的《蒙特维多国家权利义务公约》第 1 条规定:“国家作为国际法主体应具备如下条件:(1)常住的人口;(2)确定的领土;(3)政府;(4)与其他国家建立关系的能力。”

一般来说，国家在参与国际经济交往时具有三重身份:国际社会的成员、跨国经济活动的管理者、国际商事活动的参与者。[4] 其中，当国家作为跨国经济活动的管理者时，基于经济主权原则，享有管理本国对外经济活动的至高权力，可以通过国内立法对海外投资活动进行管理，设定被管理者的权利与义务，以及确立相关规则与惩罚机制。具体来说，国家对海外投资活动的影响主要表现在以下方面:

第一，决定本国海外投资的范围和程度。国家的存在是国际经济交往的前提，而有国家边界的存在才谈得上“跨国”交往，因此国家间的交往在实际上决定着当事人之间经济交往的范围和程度。[5] 更进一步讲，国家享有的海外投资管理决策权，体现在一国对海外投资规则的创制和秩序的维护上。国家可以决定本国海外投资者能否进行投资，以及投资的方式和资本

---

〔1〕《马克思恩格斯选集》(第 3 卷)，人民出版社 2012 年版，第 2 页。

〔2〕侯树栋:《国家、王权与帝国:中古德意志政治史研究的回顾与反思》，载《中国社会科学》2013 年第 2 期。

〔3〕周鲠生:《国际法》(上册)，商务印书馆 1976 年版，第 74 页。

〔4〕车丕照:《国家在国际经济法中的地位》，载《社会科学战线》1996 年第 5 期。

〔5〕何志鹏:《全球化经济的法律调控》，清华大学出版社 2006 年版，第 67 页。

流动的自由程度等。比如,美国总统特朗普在竞选时提出一系列经济计划,为将流向海外的制造业就业机会带回美国,主张将最高联邦企业所得税税率从35%降至15%,并提议对美国企业的海外利润一次性征收10%的税。可见,美国总统特朗普计划试图以政策刺激经济增长,但毫无疑问会在客观上抑制美国企业的海外投资活动,弱化投资意愿和资本流动的自由程度。[1]除制定常态化的海外投资规则外,国家在特殊时期或出于特殊原因,也可以对本国的海外投资活动进行特别控制。例如,在亚洲金融危机爆发后,亚洲诸国纷纷采取措施限制资本流出,以维护本国经济的稳定。又如,一些国家出于政治或外交等原因,禁止本国投资者向特定国家进行投资,更有甚者,不仅禁止本国投资者对特定国家投资,还禁止其他国家对特定国家投资。[2]据此,国家在国际经济活动中的重要性与特殊性显而易见,全球化浪潮的冲击也不足以湮没国家的海外投资管理决策权,而落入哈贝马斯所预言的"后民族结构"。[3]

第二,影响海外投资的发展方向。国家行为与全球经济发展相互依赖、相互作用。经济全球化削弱了国家主权,在客观上限制了一国的经济决策权,而国家行为又可以左右全球经济的发展方向。揆诸现实,全球化是一个

---

〔1〕 本书认为,特朗普计划的立意虽好,但实施手段不现实。构思政策向来不是美国政策调整的难点,关键在于如何通过政治博弈来落实政策。要想落实这些政策,美国首先需要面临的难题就是如何平衡开支和收入之间的矛盾。

〔2〕 徐崇利:《美国及其他西方国家经济立法域外适用的理论与实践评判》,载《厦门大学法律评论》2001年第1期。

〔3〕 哈贝马斯认为多元文化和全球化对民族国家的挑战,在民族国家的范围内是无法解决的。是故,必须超越国家层面,建立具有较强政治行为能力的跨国组织——后民族结构。参见[德]哈贝马斯:《后民族结构》,曹卫东译,上海人民出版社2002年版,第76~130页;铁省林、王维先:《论哈贝马斯的后民族结构学说》,载《当代世界与社会主义》2011年第1期。

可以改变方向、速度和规模的过程,在很大程度上,国家是全球化的掌舵者。[1] 一方面,作为经济全球化的重要组成部分,一国可以根据经济主权原则,通过制定方针、缔造法律等方式确立海外投资活动的规则并影响其发展;另一方面,各国通过经济交往,逐步将海外投资领域的共同认识上升为国际规则。“国家的同意是国际法的基础”,[2] 国际法是国家意志的自觉表现,这种经各国协商而达成的“共同同意”促成国际规则的形成。[3] 当然,这些规则最终将在国内法中予以体现并发挥效力,影响海外投资的发展。

(二)国家海外投资管理决策权的制约

国家管理权的基础是主权,是故,在判断一国的海外投资管理决策权是否具备合法性时,就需要站在主权者的立场进行审视。就海外投资管理决策权而言:其一,国家首先应服从自己所承诺的国际义务,遵守已签署的各项双边或多边条约。当然,这种决策权并非旨在实现双边或多边条约的内容,而是指新的行为,即与条约有不同目标或指向的行为——不得违反条约或协定中的既存规则。其二,即使没有国际条约,国家作出的决策也不应违背国际法的基本原则。其三,现实中,不同国家对既存规则或基本原则的理解可能有差异,因此,并不必然导致国家间的合作行为,以一国国内立法解决国际关系问题时,还须符合良法善治的要求。

1. 国际条约的制约

国家是主权的,不意味着主权国家在对外关系上可以为所欲为,[4] 国家

---

〔1〕 何志鹏:《全球化经济的法律调控》,清华大学出版社2006年版,第68页。

〔2〕 [美]路易斯·亨金:《国际法:政治与价值》,张乃根等译,中国政法大学出版社2005年版,第36页。

〔3〕 古祖雪:《国际造法:基本原则及其对国际法的意义》,载《中国社会科学》2012年第2期。

〔4〕 周鲠生:《国际法》(上册),商务印书馆1976年版,第184页。

对涉及本国经济活动的管理权实际上受到条约义务的限制。国内的法律规范和法律行为依靠国际规范而得以统一和协调;国际公约通过国内的具体落实和法律操作而达到目的。[1] 是故,国家基于主权而享有的决策权,应受到自己所承诺的国际义务的约束。当前,任何政府都享有规制各国与国际关系的广泛权力,但仍然几乎没有哪一部国内宪法包含了作用于政府管理其跨国交往的权力之上的、明确而特别的宪法约束。[2] 基于此,一国在行使海外投资管理决策权时,容易因缺乏有效的国内法约束而过分强调自己的利益,忽视东道国的利益,呈现一种权力扩张的态势,在极端的情况下,甚至带有"侵略性"。此时,为平衡两国的利益,处理他们共同关心的问题,国际条约发挥着无可比拟的作用,其既存规则能够在相当的程度上对国家决策权的行使予以限制。

一国在确定或改变与投资者的关系时,都须考虑自己行为与先前承诺的国际义务是否一致。依据"条约必信守原则",一国不仅应对自己的允诺承担履行的义务,[3]还应采取条约所要求的执行措施。[4] 由于条约被承认,对于批准它们的国家来说就具有了法律约束力,在美国和其他许多国家,条约成了该领域法律的一部分。[5] 一般来说,一国签署的条约越多、条约内容越完备,其行使海外投资管理决策权所受到的制约也就越多,反之,

---

[1] 何志鹏:《全球化经济的法律调控》,清华大学出版社2006年版,第61页。

[2] [德]彼得斯曼:《国际经济法的宪法功能与宪法问题》,何志鹏、孙璐、王彦志译,高等教育出版社2004年版,第64、493页。

[3] 《维也纳条约法公约》第26条明确说明:"凡有效之条约对其各当事国有拘束力,必须由各国善意履行。"参见 Arnold Duncan McNair, *The Law of Treaties*, Oxford, Clarendon Press, 1961, pp. 493－505。

[4] 周鲠生:《国际法》(下册),商务印书馆1976年版,第648页。

[5] [美]莉萨·马丁、贝思·西蒙斯编:《国际制度》,黄仁伟等译,上海人民出版社2006年版,第291页。

也就越少。需要特别说明的是,国家的决策行为和条约的履行行为可能存在一定的交叉重合,但两个行为有着不同的目标和指向,在本质上完全是两回事。因此,一国行使海外投资管理决策权并不是在履行条约,只是其决策的方式、内容等要素不得突破现有条约的边界。例如,甲国和乙国就避免对所得双重征税签订了税收协定,就纳税人范围、管辖权和税收抵免等一般性问题进行了规定,其目的在于解决投资国和东道国之间税收权益分配的矛盾和冲突。但是,随着海外投资日趋兴盛,税收协定表现出局限性和不适性,为了兼顾本国投资者利益和国家税收利益,甲国在不违反先前税收协定的前提下,出台延迟纳税规定和 CFC 法则。

2. 国际法基本原则的制约

国际法基本原则是管理国家间关系的基本法则,是国家活动的指导规则。[1] 一国行使海外投资管理决策权至少应当受到以下原则的制约:

第一,主权平等原则。主权平等原则是 1970 年《国际法原则宣言》的七项原则之一,国家间友好关系及合作的要求为国家管辖权的适用设定范围。[2] 主权作为国家的最高权力,是对内而言的。在国际关系上,任何国家不得将自己的主权意志强加于他国。[3] 可以说,一国应有主权受到尊重的权利,同时亦有尊重他国主权的义务,这一要求为国家海外投资管理决策权创制了约束性条件:在主权平等原则下,如果一国行使海外投资管理决策权,阻碍或影响了他国的政治、经济和社会秩序,则应当认为其决策权超过

---

〔1〕 Brownlie I., Baker K., *Principles of Public International Law*, Oxford, Clarendon Press, 1973, p. 310.

〔2〕 Bowett D. W., "Jurisdiction: Changing Patterns of Authority over Activities and Resources", *British Yearbook of International Law* 53, 1983, pp. 1 – 26.

〔3〕 周鲠生:《国际法》(上册),商务印书馆 1976 年版,第 184 页。

了必要的限度。

第二,不干涉内政原则。《国际法原则宣言》规定:“任何国家或国家集团均无权以任何理由直接或间接干涉任何其他国家之内政或外交事务。”是故,一国在行使海外投资管理决策权时,如果打着主权的旗号侵犯他国主权或干涉他国内部事务,是对主权的滥用,违反了国际法的基本原则。

第三,国家领土完整原则。《国际法原则宣言》规定:“各国在其国际关系上应避免为侵害任何国家之领土完整或政治独立之目的或以与联合国宗旨不符之任何其他方式使用威胁或武力。”揆诸实际,囿于海外投资管理决策权极少涉及“威胁或武力”的使用,因此这一原则在海外投资领域的适用较为有限,其更多的是对权力行使的一种限制。例如,在海外反腐败活动中,未经东道国同意,投资国不得在他国领土范围内实施逮捕或扣押财产等强制执行行为。这也说明了海外投资管理决策权虽具有单边性,但其效力实现需要其他国家的配合。

综上所述,一国必须充分考虑其海外投资管理决策权可能对他国及国际经济秩序造成的影响。事实上,一国海外投资管理决策的顶层设计无论是放松还是限制,本身就是一个利益博弈的过程。如果一国行使海外投资管理决策权无视国际法基本原则,只考虑自身利益,完全不顾及他国利益及全球化发展,必然会遭受相关国家的一致抵制。如果说主权的概念曾包含过“最高”“不容置疑”“绝对”这类意思的话,那么今天,在国际法基本原则的指引下,这些意思正在国际社会彼此交往的浪潮的冲刷之下被销蚀棱角。在经济全球化时代,我们看到的是国家间的权衡与协调,为了共同的目标与利益协商谋划,因此主权者需要更加谨慎地作出决策。[1]

3. 良法善治的制约

在现实的国际关系中,强权政治仍然占据着主导地位,国际条约或国际法基本原则不被遵守的例子不胜枚举。例如,环境领域中的《气候变化框架公约》《京都议定书》虽已生效,但一些大国仍然拒绝接受;又如,国际法基本原则应当是指导一般规范的,具有基石性、评价性和权衡性,但现实的情况是只要涉及国家利益,它就会被相关国家弃如敝履,即使是最基本的主权平等原则也难以得到落实。[2]

与强权政治相对应的概念是良法善治。历史上,人类社会的公共治理模式经历了两次重大革命:第一次是从人治到法治(以法而治,"rule by law";或依法而治,"rule of law");第二次是从以法而治(依法而治)到良法善治(governance of good law)。[3] 可以说,从工具主义的以法而治或依法而治,再到良法善治的变迁,意味着公共治理模式的实质性变革,以法律的"人性化""人文化""人权化"消除"法律暴政",从而达到形式与实质争议的统一。[4] 实践中,法与人的联系如此紧密,以致人们将所期望、所追求的法称为良法,良法善治体现了法的精神,是法所追求的终极价值。[5] 孟德斯鸠在其著作《论法的精神》中指出,法的精神就是由政体、自然地理状况、宗教、社会风俗等诸多客观和主观条件所决定的民族精神,并且这种民族精神是

---

〔1〕 何志鹏:《全球化经济的法律调控》,清华大学出版社 2006 年版,第 164 页。

〔2〕 何志鹏:《国际法治:良法善治还是强权政治》,载《当代法学》2008 年第 3 期。

〔3〕 张文显:《和谐精神的导入与中国法治的转型——从以法而治到良法善治》,载《吉林大学社会科学学报》2010 年第 3 期。

〔4〕 张文显:《走向和谐法治》,载《法学研究》2007 年第 4 期。

〔5〕 卓泽渊:《论法的价值》,载《中国法学》2000 年第 6 期。

多样的、与时俱进的,因而法的精神又是时代精神的精华。传统的良法善治本应局限于一国的疆域内,但是随着社会经济的发展,人们的生活领域逐步拓宽,漫无边际的地球仅仅是一个村。因此,对“社会”“群体”等概念的理解也应当更为宽泛,良法善治的观念也应当延伸至国际领域。《联合国宪章》《联合国千年宣言》等都可谓是早期国际社会对法治或良法善治意愿的最好呈现。例如,各国领导人在《联合国千年宣言》中明确表示:“将不遗余力促进民主和加强法治,尊重一切国际公认的人权和基本自由,包括发展权。”〔1〕

要考察良法善治对海外投资管理决策权的制约,我们可以分别从“良法”与“善治”两个方面进行探视:

第一,从良法善治之“法”的角度看,现实的情况是海外投资管理规则制定本身存在合法性瑕疵:一方面,从程序上看,海外投资管理权在决策上是一国单方意志的体现,囿于各国缺乏宪法或相关国内法对政府涉外权力运行的约束,导致海外投资管理决策权已然成为强国操纵国际社会的工具,进而为海外投资管理权的具体执行埋下隐患。另一方面,从实体上看,许多规范存在价值理念的误设。例如,大多数国家都曾经或正在陷入自由主义的误区,其海外投资管理决策倾向于投资自由化,而忽视了国家之间的公平关系;又如,特朗普为实现“美国第一”,拟采取的一系列措施将在客观上抑制美国企业,尤其是制造业的海外投资行为,其初衷虽在于振兴美国本土市场,却缺乏对企业全球发展战略需求的公平性回应。

第二,从良法善治之“治”的角度看,海外投资管理决策权属于立法范畴,是指导海外投资管理权行使的顶层设计和现实依据,是执行机构运用权

〔1〕 UNGARes. A/55/L. 2, para. 24.

力实现善治的先决条件和逻辑起点。就法律产生与运行而言,一方面,海外投资管理权的决策主体应当制定良法。历史经验已经证明,主权不是绝对安定的存在,任何暴政都可能引发人民的反抗,从而使主权者易主。是故,行使海外投资管理决策权不得任意为之:其一,要求实质公平。国家决策应当兼顾经济全球化的趋势和本国对外经济发展的特点,从国民经济的全局出发,追求海外投资管理的合理性、正当性与公平性。同时,在保障经济安全与发展的基础上,以较小的成本或代价,引导和规范投资者自身的创造性和积极性,既不过分放任,也不过度抑制投资者的自主选择。其二,要求形式公平。国家应当采取民主立法的方式,要求跨国公司等海外投资者参与到规则的制定之中,并在他们充分知悉和表达意见的基础上进行立法,同时立法还应当符合公开、透明和明确的要求。只有这样,制定的法律才能够得到认可、理解、接受和遵从。另一方面,海外投资管理权的决策主体应当确保执行机构具有权威性,执行程序体现公平与效率。更进一步讲,在规则的实践中,应当有明确的、具体的执行机构来行使权力。任何一个好的法律规则都不能自发形成其所要求的秩序,这就需要在规则之外出现一个执行机构,保证一套法律原则和规范能在所意定的范围内广泛、平等、无歧视地适用,并对参与者的遵行情况进行监督、考察、评估,提出改正的建议和意见。[1]

二、海外投资管理权的执行主体

在经济学中,国家和政府一词经常混用,国家干预实际上是政府干预或

---

〔1〕 何志鹏:《全球化经济的法律调控》,清华大学出版社2006年版,第352页。

政府监管。主权的行使主体是国家的代表人，这是因为国家的法律人格是虚拟的，[1]它自己不能从事任何行为。更进一步说，主权的执行主体并非国家，而是由政府及其职能部门代表国家去为或不为某些行为，而无论这种政府以何种方式组成，以何种方式进行统治或者治理。[2] 揆诸实际，海外投资管理权的具体执行主体，主要包括外汇管理机构、税收管理机构、反垄断审查机构、海外反腐败审查机构及企业社会责任监督机构等。需要指出的是，作为执行主体的各个"机构"只是一个笼统的、抽象意义上的概念，体现了各国执行主体之间的共性。囿于各国在社会政治制度、经济发展水平和法律文化传统等方面的差异，实践中这些执行主体可能由一个或多个具有专门名称的具体部门组成。不可否认，从共性的角度看，各个国家的同类机构间有一定的传承和借鉴，主要体现在它们在总体政策、执行思路和框架体系上的相似性；而从差异性的角度看，它们在政策取向、执行内容和宽严程度上又各有不同。本书将择要论之，选择最具代表性的相关"机构"进行阐述。

（一）外汇管理机构

环顾全球，以发达国家为代表的资本输出大国已经较少对海外投资项目及用汇进行管理，而以日本和韩国为代表的"后起之秀"虽减少对海外投资项目的行政审批，但仍保留了海外投资用汇的管理性措施。实践中，各国负责机构及其履行职责的模式有所不同，一般而言，包括两种情况：其一是由外汇管理机构直接负责对资本和外汇的管理；其二是主要由外汇管理机构负责管理，其他部门协助、配合。

---

〔1〕 薛克鹏：《经济法的定义》，中国法制出版社2003年版，第247页。

〔2〕 何志鹏：《全球化经济的法律调控》，清华大学出版社2006年版，第136页。

1. 韩国外汇管理机构

从历史发展来看,韩国对海外投资的外汇管理经历了简政放权的过程,对海外投资的审查由最开始的财政部部长批准,逐步发展为现在的外汇银行申告制度。除超过规定限额的海外投资项目仍需要海外投资委员会进行审议,以及对金融机构海外投资的特别规定外,韩国规定由外汇银行负责对海外投资进行统一管理,投资者无须再向其他部门提交相关材料。

综观韩国海外投资的发展,不同阶段负责管理的机构有所不同。具体来说,韩国海外投资管理的发展可以划分为四个阶段:第一阶段是政府对海外投资活动控制最为严格的时期,外汇管理法规定企业须先经海外投资审议委员会审议,再由财政部长官许可,方可进行海外投资;在第二阶段中,韩国开始逐步放宽海外投资的条件,主管机构也由财政部转移到韩国银行,但是所有的海外投资仍需要海外投资审议委员会审议;到了第三阶段,韩国进一步简化了海外投资审批程序并提高了审批的门槛,规定投资额度达到500万美元以上的项目才需要由海外投资审议委员会负责审议;第四阶段,即投资自由化时期,韩国为达到OECD资本自由化的要求,将海外投资管理的相关权力向民间部门大幅转移,原来由韩国银行负责的审批制度也转为外汇银行申告制。比如,2012年韩国贸易投资振兴公司颁布《海外直接投资指南》,其规定了外汇银行是企业海外直接投资的核准机构。[1]

2. 日本外汇管理机构

日本对海外投资的外汇管理经历了由严厉到宽松的过程,但其"一个窗口、分工管理"的海外投资管理模式却从未改变,可见这种沿袭了几十年的

---

〔1〕 参见韩国贸易投资促进局网站:http://www.kotra.or.kr。

行政管理模式的高效性。

“一个窗口”是指投资者将需要办理海外投资的申请材料递交到日本银行,由其受理后将申请材料转交到外汇使用管理部门财务省。而投资者只需要静候结果,无须向涉及的所有分工部门“登门拜访”。如果某一行业的海外投资属于国家限制名列的投资,那么则由财务省在接到申报材料后转送该行业的特定主管部门(一般是经济产业省)进行备案或审批,待后者作出备案或批示意见后,财务省再据此作出相应的决定。可以说,这种由一个部门联系投资申请人并在政府各部门之间形成专业化分工、协作的做法是非常高效与便民的,值得各国学习。

“分工管理”是指负责海外投资管理的部门之间权责明确、分工明确。日本负责海外投资项目管理的部门主要包括财务省、经济产业省和各行业主管部门三类:其一,财务省,之前被称为大藏省,主管资本越境以及外汇使用的相关政策;其二,经济产业省是跨国通商、贸易与投资的经济管理部门,负责主管包括海外投资在内的经济政策;其三,国内产业政策由各行业主管部门参与决策,如果某些行业的海外投资涉及国家经济发展的战略规划,那么,该行业主管部门也会以鼓励性支持或限制性约束的方式参与到海外投资的管理中。可以说,三类部门分工合作、各司其职,从根本上杜绝了对投资项目的重复性管理。

(二)税收管理机构

为提高国际税收管理绩效,维护国家税收主权和保障海外投资人的利益,各国往往会专设实用性强的特别税务机构或部门来履行海外投资领域的税收管理职责。例如,日本国税厅设立了国际业务科;加拿大在联邦及各省均成立了国际税务审计部;法国则由专门的海外投资管理机构负责;英国

不仅在皇家税务海关总署设立国际税收管理部门,还在收入局设国际税收部。〔1〕

1. 美国税收管理机构

IRS 隶属于财政部。2010 年,IRS 进行了机构重组,将原有的大中型企业局重组为大型企业与国际局(the Large Business and International division, LB&I),旨在提高国际税收征收管理水平。LB&I 负责管理美国所有的内资、外资企业,下设 321 个属地管理的大型企业办公室和具有专业化分工的国际税收管理部门,包括国际资源合并部、国际企业遵从部、国际个人遵从部和国际合作部等。〔2〕 如果以海外投资管理权为视角审视此次机构重组,不难发现,其至少在以下四个方面有力地推进了 IRS 工作职责的完善和征管水平的提高:其一,有利于在经济全球化进程中加大对不断涌现的海外投资税收事项的识别力度;其二,有利于打造一支专业化、职业化和专家化的国际税收管理队伍,加强国际税收协调;其三,有利于优化海外投资税收管理领域的资源配置;其四,有利于强化信息报告义务,推进 FATCA 等国际税收管理项目的实施。

2. 韩国税收管理机构

韩国的税收管理主要由国际税收司、税收协定司和国际税收管理部三个部门负责。其中,国际税收司和税收协定司隶属于计划财政部,前者负责制定国际税收法律并对其进行解释,后者负责与他国税务主管机关联系,商洽税收协定事宜并对其进行解释。国际税收管理部隶属于国税厅,下设国

〔1〕 对外投资税收政策研究课题组:《对外投资税收服务与管理的国际借鉴》,载《国际税收》2016 年第 3 期。

〔2〕 金亚萍:《探索跨国税源管理新径提升依法治税绩效》,载《国际税收》2015 年第 5 期。

际税收协调科、国际税源管理科和离岸避税信息管理科三个科室：国际税收协调科主要负责协调国际税收事项、支持其他国家外商在韩投资、管理派遣在其他国家的韩国税务代表、收集国际信息并对其进行研究；国际税源管理科主要负责海外法人申报和税源减免、国际税收相关法律规定的管理、对海外投资企业的税收服务和税源管理、分析国际税源的发展趋势；离岸避税信息管理科的主要职责有收集企业在海外的避税信息并对其进行分析、联系其他国家的税务机关并进行情报交换以及对派遣进行协调。[1] 由此可见，国际税收管理部中的国际税源管理科和离岸避税信息管理科是海外投资管理权最重要的执行主体，前者主要负责海外投资的日常税收管理，后者则负责反避税管理。

（三）反垄断审查机构

反垄断审查关系着一国的安全利益，尤其是经济安全利益。是故，在理论和实践层面，各国都非常重视对反垄断审查的探讨。如同现代反垄断法肇始于1890年美国的《谢尔曼法》一样，反垄断审查机构建设的最初实践也发生在美国。美国反托拉斯局和FTC是负责执行各项反托拉斯法律的联邦机构，既涉及国内领域，也牵涉国际领域。是故，在海外投资领域，它们是企业海外并购的主管机构。

反托拉斯局成立于1903年，在行政上隶属于司法部，是代表政府从事反托拉斯管理活动的专门法律机构，由助理司法部长担任负责人，其主要职能是负责实施《谢尔曼法》和《克莱顿法》。反托拉斯局可以监督、管理企业的海外投资活动并根据收集的相关信息适时启动反托拉斯审查。不过，反托

---

〔1〕 官滨、姜文阔、陈江山：《韩国对外投资税收政策、管理及服务研究》，载《国际税收》2016年第3期。

拉斯局本身并不具有处罚权，它只能根据调查结果权衡是否向普通法院提起民事或刑事诉讼。[1] 其中，民事诉讼的后果是法院颁发禁止令，防止垄断行为的产生，或颁发拆分令，拆分实施并购的企业使之回归原始状态，或要求损害赔偿；而刑事诉讼的后果则是判处罚金和个人监禁。

FTC 根据 1914 年的《联邦贸易委员会法》设立，由 5 名委员组成，下设竞争处、法律顾问办公室、经济处和消费者保护处，[2] 其职责是保护消费者权益和促进自由竞争。FTC 主要负责管理违反《克莱顿法》和《哈特—斯科特—罗迪诺反垄断改进法案》（Hart-Scott-Rodino Antitrust Improvement Act，HSR）的托拉斯行为，其关注的焦点在于海外投资并购行为是否会造成消费者的利益损害。一般而言，FTC 会联合反托拉斯局不定期发布并购指南和声明，以指导、规范企业的海外投资行为。此外，FTC 拥有广泛的调查权，可以要求企业提供相应的报告和信息。同时，它拥有行政裁决权，在进行反托拉斯审查后，行政法官会作出初步裁决，不服 FTC 裁决的当事人可以向联邦上诉法院提出上诉。

实践中，反托拉斯局和 FTC 在执法上享有平行管辖权，[3] 具体来说，反托拉斯局和 FTC 都享有对同一个海外投资行为的管理权。实践中，当事人在实施并购前需同时向两个机构提交材料，但只有其中之一会对材料进行审查。一般而言，两个机构通常以"磋商"的方式确定管理权的行使方，要么以案件的具体行业或行为为标准，要么由专家更多或更有经验的机构来负

---

〔1〕 周昀：《反垄断法论》，中国政法大学 2001 年博士学位论文，第 144 页。

〔2〕 参见美国联邦贸易委员会网站：https://www.ftc.gov。

〔3〕 刘和平：《美国反托拉斯法上的外资并购控制及启示》，载《现代法学》2006 年第 5 期。

责。[1] 管理权的确定过程被称为反托拉斯中的"通关程序"(clearance process),一旦确定由反托拉斯局或FTC进行管理,那么,主管机构有权从各种渠道获得包括交易双方和有关企业在内的非公开信息。[2] 不过,在某些特殊领域中,反托拉斯局和FTC又有明确的分工。例如,在刑事处罚中,只有反托拉斯局有权向法院提起刑事诉讼,追究违法者的刑事责任。

(四)海外反腐败审查机构

各国审查海外腐败行为的机构不同,总体上看,主要由负责商业腐败管理的相关部门进行执法。以美国为例,FCPA明确规定,美国司法部(DOJ)负责该法的刑事部分及与国内关联者相关条款的民事部分的执法,而SEC负责与发行者相关条款的民事部分的执法。明确执法机构能够避免执法中出现相互推诿或争夺管辖权的情况,确保商业贿赂行为得到准确、及时地处理:一方面,DOJ内部设立了刑事欺诈部,与各州的联邦检察官办公室共同调查腐败事件。[3] 联邦调查局、国土安全部和联邦税务总署下设的刑侦处都是DOJ的执法合作伙伴,协助调查潜在的犯罪行为。此外,国务院(类似中国外交部)和商务部也致力于解决海外腐败问题,促进公平的竞争。双方定期协助美国公司推进反腐败治理举措。例如,当企业面临贿赂诱惑或其他相关问题时,可向美国大使馆寻求帮助。[4] 另一方面,SEC于2010年成立了专项领导小组,对包括海外腐败行为在内的五个高度专业和复杂的领

---

[1] 白艳:《美国反托拉斯法·欧盟竞争法平行论:理论与实践》,法律出版社2010年版,第251页。

[2] Ling, Raymond Z., "Unscrambling the Organic Eggs: The Growing Divergence between the DOJ and the FTC in Merger Review after Whole Foods", *Brooklyn Law Review* 75, 2010, pp. 935 – 974.

[3] U. S. Dept. of Justice, U. S. Attorneys' Manual § 9 – 47.110 (2008) [hereinafter USAM], http://www.justice.gov/usao/ eousa/foia_reading_room/usam/.

[4] http://export.gov/worldwide_us/index.asp for more information.

域进行审查。[1] 该小组创建了新的市场情报办公室,负责收集、分析和检测美国居民或企业在外国的腐败行为数据,防止美国投资者为获得政府合同或其他业务而贿赂外国官员。总之,美国的海外反腐败治理是全方位、多维度和跨领域的,除监管及协助本国企业治理外,还通过外交行动、遵守国际承诺、推动反腐败更高标准的多边合作、协助投资伙伴共同打击腐败行为、全球性宣传等多种方式推进腐败治理的全球化。[2]

(五)企业社会责任监督机构

从世界范围看,欧洲大部分国家设立了制定和规范企业社会责任的职能机构,同时邀请利益攸关者参与,促进公司及社会相关人士共同解决政府最关心的问题,如环境影响和可持续发展。[3] 例如,2002 年,瑞典在首相办公室内设立了可持续发展协调办公室,专门负责企业社会责任工作,通过政府、企业和社会三个层面积极推行企业社会责任并将其纳入国家战略。又如,德国作为推行企业社会责任的代表,联邦劳动与社会保障部是负责企业社会责任监督的国家机构,[4]其主要职责涉及三个方面:其一,对国内外企业社会责任的承担进行管理;其二,制定企业社会责任的发展战略;其三,

---

〔1〕 专项小组对与证券法相关的资产管理、市场滥用行为、金融产品、海外腐败行为、市政证券这五个领域重点进行审查。参见美国证券交易委员会网站:https://www.sec.gov/news/press/2010/2010-5.htm。

〔2〕 A Resource Guide to the U.S. Foreign Corrupt Practices Act, by the Criminal Division of the U.S. Department of Justice and the Enforcement Division of the U.S. Securities and Exchange Commission, 23 February 2015, p.5.

〔3〕 林波、殷格非:《欧洲:企业社会责任国家战略及意义》,载《WTO 经济导刊》2012 年第 4 期。

〔4〕 Ho, Virginia Harper, "Beyond Regulation: A Comparative Look at State-Centric Corporate Social Responsibility and the Law in China", *Vanderbilt Journal of Transnational Law* 46, 2013, pp. 375-442.

不定期地开展各种活动,增强利益攸关者对企业社会责任相关事项的参与。[1] 2009年,联邦劳动与社会保障部及其他相关职能部门,会同社会各界的利益攸关者经过历时两年的协商,发起了企业社会责任论坛(Corporation Social Responsibility,CSR)工作委员会。CSR论坛工作委员会由来自商界、工会、非政府组织和政界的企业社会责任专家组成,构建对话和推动企业社会责任达成共识的平台。经过一年的筹划,该委员会提出“对企业社会责任达成共识”建议案并成立行动领域起草工作小组,[2]建议案在提交德国联邦政府后,德国以此为基础于2010年颁布并实施了“企业社会责任行动计划”。

第二节　海外投资管理权的义务主体

按照《牛津法律大辞典》的解释,“义务”这一术语起源于拉丁文的“债务”和法语的“责任”,“是指向他人承担的必须满足的一种法律上的不利条件”。[3] 是故,义务主体是指按照法律规定应该从事某类行为的人。[4] 在海外投资管理权法律关系中,国家与投资者之间虽不是绝对的管理者与被管理者的关系,但是从管理权的运行方向来看,国家依旧是相对的权利主

〔1〕 Stone, Addie, “Improving Labor Relations through Corporate Social Responsibility - Lessons from Germany and France”, *California Western International Law Journal* 46, 2016, pp. 147 - [ii].

〔2〕 林波、殷格非:《欧洲:企业社会责任国家战略及意义》,载《WTO经济导刊》2012年第4期。

〔3〕 [英]戴维·M.沃克:《牛津法律大辞典》,李双元等译,法律出版社2003年版,第348页。

〔4〕 胡玉鸿:《法律主体的基本形态》,载《法治研究》2012年第10期。

体,而投资者则是义务主体。作为海外投资管理权的义务主体,投资者的主体资格依据国家的有关规定而产生、变更或消灭,其经济行为也应服从国家的法律规定并接受监督。一般来说,海外投资管理权的义务主体包括自然人、法人和其他组织。[1]

一、自然人

自然人作为海外投资管理权的义务主体,首先必须是海外投资法律关系主体,依照相关法律而享有权利和承担义务。

(一)自然人的国籍

自然人从事海外投资活动,首先要涉及的就是国籍问题。根据国际法的一般规则,国籍的赋予方式原则上属于国内法事项,1930 年《关于国籍法冲突的若干问题公约》第 2 条规定,关于某人是否具有某一特定国家国籍的问题,应依照该国的法律予以决定。是故,要判定一个自然人是否具有某国国籍,只需要援引该国国籍法或其他相关法律。

(二)自然人的主体资格及发展

从法律的视角看,自然人更多的是民商事法律关系的主体,随着一系列新情况、新问题以及新规则的出现,这一问题开始被反思,自然人的国际经济法律人格开始被承认,在全球化经济活动中,他首先是国际经济活动的参与者;其次是被管理者,即他须服从国家的调控与管理,同时在权利受到侵害时,他可以寻求救济。在海外投资活动中,自然人要获取主体资格,首先

〔1〕 国家作为特殊的民事法律关系主体,可以直接参与海外投资活动并以国库财产为基础承担相应的法律责任,此时必然涉及国家及其财产豁免、国家责任等复杂问题。由于国家在理论和实践上都与普通的私人投资者有很大不同,因此本书不将其纳入义务主体进行研究。

应具备一般的民事权利能力和民事行为能力，其次还应当具备从事海外投资活动的法律能力。例如，自然人应享有一定的资本和技术，能够以自己的资本从事投资活动并承担由此引发的风险和责任。[1] 环顾全球，当前绝大多数国家都承认了自然人开展海外投资活动的法律人格，美国、欧盟、日本与韩国等均不再对自然人的海外投资行为设限。[2] 例如，韩国规定，个人海外投资的数额在100万美元以内的，备案即可进行海外投资；在100万美元以上的，向银行申请方可投资。[3] 不过，也有不少国家由于自然人经济实力较弱、海外投资量较小等因素，将其置于边缘化地位，甚至明确禁止自然人从事海外投资活动。例如，中国《境外投资管理办法》将投资主体限定为在中国依法设立的企业，对公民个人境外直接投资问题未作任何明确规定，这实际上是对自然人海外投资主体资格的忽视。又如，在一些社会主义国家，自然人因不能直接拥有生产资料而无法开展海外投资活动。

在国际投资法层面发展或完善自然人的主体资格，于海外投资管理权而言，至少涉及以下三个方面的意义：其一，有利于加强对自然人资本输出的管理。以中国为例，虽然《境外投资管理办法》没有明确自然人的主体地位，但是现实中已有相当多的中国公民通过各种途径进行海外投资，法律的不明确导致国家对自然人资本跨境流动的管理处于“真空”状态。是故，只有放宽自然人海外投资的限制并形成科学的、规范的海外投资渠道，才能实现对其资本输出的合理管理，降低资本外逃的风险。其二，有利于实现国际

---

〔1〕 余劲松主编：《国际投资法》，法律出版社2014年版，第16页。

〔2〕 史晓丽：《华侨境外投资的法律保护与规制》，载《中国政法大学学报》2014年第4期。

〔3〕 金明玉：《韩国对外直接投资的发展轨迹及其绩效研究》，中国社会科学出版社2015年版，第71页。

收支平衡和维持本国货币币值稳定。开放自然人海外投资主体资格,可以扩大海外投资主体范围及投资规模,一来拓宽一国外汇资金的流出渠道,减轻外汇储备过多的压力,促进国际收支平衡,二来应对货币升值的消极影响,引导个人将手中持有的本国货币兑换成外币,积极从事海外投资活动,缓解货币升值的压力。其三,促进经济转型升级。开放自然人海外投资,可以在一定程度上解决国内一些资源短缺、产能相对过剩的问题,促进产业结构的优化升级,此外,还能提升投资的灵活性,在更宽广的领域开展国际竞争与合作。

二、法人

法人的权利能力和行为能力始于依法成立,终于消灭,且二者在范围上保持一致。法人是海外投资活动的重要参与者,也是海外投资管理权最重要的义务主体。

(一)法人国籍的标准

法人的成立是法律行为的结果,一国意欲对从事海外投资的法人行使管理权,必须以法人国籍的确定为前提。在各国实践中,法人国籍标准主要有但不限于以下五种:其一,成立地说。法人是依据一定的法律制度创设(主要涉及依法批准或予以登记两种途径)而成的“人格”,因此其理所当然地具备了创设国的国籍。其二,住所地说。法人是一种与其机关所在地有领土联系的社会机体,因此可以采用住所地标准来确定法人的国籍。其三,投资地说。法人在哪一国运用资本或实现自身目的,就应当获得哪一国的国籍。其四,实际控制或成员国籍说。确定法人国籍的关键在于其资本控制在哪一国国民手中,或者为哪一国的利益服务,因为法人不过是覆盖在一群成员身上使他们联合于其中的一层薄纱,成员国籍就是它的国籍。[1] 其五,复合标准说。法人国籍的确定应当同时考虑两个或两个以上因素。总之,根据标准的不同,法人可能具有不同的国籍。

那么,到底以何种标准确定法人的国籍最为合适,学界对此尚无定论,各国总是趋于根据自己的利益需要来确定标准。例如,在"巴塞罗那公司案"中,比利时主张以实际控制或成员国籍来确定法人国籍并提出求偿要求,但国际法院采用了成立地和主要营业地的判断标准,因此对比利时所主张的求偿要求不予支持;[2] 又如,在1982年的"美国住友商事案"中,美国法院采用了成立地标准,将日本母公司在美国成立的子公司视为美国公司。[3] 揆之于现实,世界各国大都采用了成立地标准,OECD的《多国公司的指导方针》和《联合国跨国公司行动准则》也要求各国普遍尊重外国公司的独立法律人格。可以说,自"巴塞罗那公司案"起,国际上就逐步确立了成立地说的权威性,该学说的优势主要体现在以下几个方面:其一,强调外在形式,以地理位置为判断标准。要判断某一法人的国籍,只需要找到该法人最初的成立地。其二,有利于法人国籍的稳定,在公司的运行中,其股权状况、资本分布及营业中心都可能发生改变,但其成立地通常是一个稳定因素。其三,该学说与"授予和剥夺公司国籍属于一国国内管辖的事项"这一基本原则严密契合,使成立地国的国家主权得到最大维护。[4] 由此结论推衍开去,国际法上对仅根据受本国人控制的客观事实,就将在外国成立的法人视为本国

---

〔1〕 [俄]拉德任斯基:《法人的国籍》,载隆茨编:《国际私法论文集》,世界知识出版社1959年版,第98页。

〔2〕 Barcelona Traction,Light and Power Co. Ltd. (Belg. v. Spain),ICJ Rep. 1970.

〔3〕 Sumitomo Shoji Amerca,Inc. v. Avagliano,457U. S. 176(1982).

〔4〕 张磊:《论外交保护中认定跨国公司国籍的法律标准》,载《法律与政治》2013年第1期。

人并对其行使管理权的行为,难以得到国际社会的普遍认可。因为仅依据“控制”而行使管理权,势必会与法人成立国的管理权相冲突,扰乱国际秩序。

(二)法人国籍标准的反思

成立地说是传统的属地管辖理论的另一种呈现。正如本书第二章所提及,经济全球化背景下,国家对经济活动的管理不可能局限于特定的疆域内,传统的属地管辖已不能满足国家调整海外投资法律关系的需要,因此严格的成立地说也应当逐步弱化。与此同时,实际控制或成员国籍说等理论和规则应当得到进一步发展。

1. 成立地说的弊端

各国对法人国籍的主张是否合理,关键取决于法人与相关国家之间是否存在有效或者重大联系。成立地说的优点无须赘述,但其弊端也难以掩饰,最突出的问题就是“特殊目的公司”——在东道国(成立地)注册并拥有其国籍,而股权分布、资本构成及管理中心等法律关系的重心都在投资国境内的公司。由于“特殊目的公司”不具有投资国国籍,投资国无法依据国籍对该公司行使管理权。此时,假设出现以下两种情况:其一,外国子公司根据东道国法律开展活动,但是活动却严重影响投资国的利益;其二,外国子公司违反东道国法律进行活动,但是活动给投资国造成的利益损害远超东道国,显然,该公司和投资国的实际联系比东道国更加紧密,没有理由能够充分地证明成立地说比实际控制或成员国籍说更加具备公平性、合理性和正当性。此外,在经济全球化时代,国家和法人的关系不再如早期一样密不可分,国家依然需要法人,但法人却不再依赖于特定国家。为适应全球化浪潮,实现利润最大化,法人的组织形态和经营情况日趋复杂,这使得国家和法人之间联系的重心日趋模糊、难以确定。总之，随着海外投资发展的日益繁盛，僵化的成立地说将越来越无法适应国际社会发展的需要。

2. 国籍标准应体现国家与法人的真正联系

长期以来，学者们热衷于改良甚至颠覆成立地说的现有理论，对“真正联系”的考察因素也争论不休。在特别报告员杜加尔德（John Dugard）向国际法委员会提交的《关于外交保护的第四次报告》中，提出了法人国籍确定的七种方案。[1] 七种方案各有不同，但都旨在将“注册国”（成立地）和“真正联系的国家”两个逻辑端点合二为一，形成一条清晰的脉络。本书无意对法人国籍标准展开全面研究，仅从海外投资管理权视角去探讨国家和法人之间的真正联系：

第一，成立地说是国际习惯法的真实反映。尽管成立地说存在种种弊端，但我们仍然不能对其“全盘否定”。可以说，自“巴塞罗那公司案”确定至今，尤其在新的法人国籍标准尚未确立之前，成立地说将长期指导海外投资管理权的具体实践。

第二，实际控制或成员国籍说对法人内部进行考虑。从国际法实践看，实际控制或成员国籍说在一些国家的立法中早有体现。例如，1916年，法国司法部颁布通令，只要法人管理机关或资本的绝大部分以上属于敌国公民，该法人就是敌国法人；又如，1970年，加纳商法规定，除非法人的全部资本或其他金融利益由本国公民所有，且该法人由本国公民控制，否则即为外国法人；瑞士在其双边投资协定中也采用了该标准，将本国法人定义为由瑞士直接或间接拥有多数股权的法人或不具有法律人格的公司。但是，问题也随

〔1〕 关于“七种方案”的具体阐述，参见张磊：《论外交保护中认定跨国公司国籍的法律标准》，载《法律与政治》2013年第1期。

之产生:一方面,控制的标准是多数股(享有50%以上的股份)还是优势股;另一方面,控制在本质上是关于股权比例的经济控制还是涉及公司组织、决策及运作上的综合控制。此外,现实中各国实践也并不一致,可见实际控制或成员国籍说虽有合理因素或存在价值,但其还未能完善到单独适用的程度,它应该与其他学说结合,形成复合标准说。

第三,建立综合成立地说与实际控制说的复合标准。如前文所述,成立地说或实际控制说均有其存在的合理性,但是单纯或简单地适用某一种标准都可能存在"公平上的瑕疵"。法人国籍的确定必须充分考虑国家和法人之间的真正联系,在海外投资领域,可以在遵守国际习惯法,即坚持以成立地说为原则的前提下,引入实际控制说作为补充。具体来说,成立地说的例外应当同时满足以下四个条件:其一,法人必须被投资国(非成立地国)的国民控制;其二,法人在东道国(成立地国)没有实质性商业活动;其三,法人的管理总部和财务控制权必须同时在投资国;其四,法人行为明显对投资国不利,同时又不会对东道国造成影响或影响较小。那么,在这种情形下,依照实际控制说,投资国也应该被视为该法人的国籍国,并据此直接将法人纳入本国的管理范围。揆之于现实,例如,在税收领域,各国先后出台了CFC法则,即除本国公司外,在法定情形下,CFC也应当受到投资国的管理;又如,在反腐败领域,美国不仅对本国母公司,也对其域外子公司行使管理权。1988年FCPA修正案规定,美国母公司要为其海外子公司向外国政府官员行贿的行为负责。[1] 需要指明的是,在这些规定中,投资国对"CFC"或"海外子公司"的管理并非是依据传统的国籍原则,而是基于股权控制。因此,

---

〔1〕 Romaneski, Mark, "Foreign Corrupt Practices Act of 1977: An Analysis of Its Impact and Future", *Boston College International and Comparative Law Review* 5, 1982, pp. 405 – 430.

这些规定在某种程度上反映了成立地说的僵化或局限,肯定了利用复合标准探寻国家和法人之间真正联系的重要意义,可以为法人的国籍理论研究提供新的视野。[1]

三、其他组织

自然人和法人是最常见的海外投资管理权的义务主体。但是,实践中一些其他组织同样可以从事海外投资活动,成为海外投资管理权的义务主体。比如,在一些国家,除具有法人资格的公司或企业可以参与海外投资外,不具有法人资格的公司、社团或其他经济组织也可以进行海外投资。[2]

当前,跨国公司在海外投资活动中的重要作用不可忽视,已经成为现代全球化经济的主要承担者。[3] 跨国公司作为一种经济组织,[4]是国际法上的抽象概念,实际上并无法律上的界定。进言之,跨国公司并不是公司,而是一个由分属在不同国家的实体组成的集合体。囿于国际上不存在所谓的“国际公司法”,跨国公司本身并没有国籍,因此整体意义上的跨国公司自然不具备法律主体地位。是故,本书将跨国公司纳入其他组织范畴并基于其重要性和特殊性,对它展开专门研究。

---

〔1〕 将类似此处的“CFC”或“海外子公司”纳入投资国的法人范畴,是国籍原则扩张的一种体现,本书也只是尝试性地提出一种思路。诚然,随着经济全球化的不断发展以及学术研究的不断加深,采用复合标准说来确定法人国籍的方法可能得到更多的支持。但是,在本书其他地方的论述中,凡涉及法人国籍时,依然采用国际习惯法所确立的成立地说。

〔2〕 1983 年,中国与联邦德国订立了《关于促进和相互保护投资的协定》及《评议书》,德意志联邦共和国方面将投资者定义为:“住所在本协定有效范围内依照法律设立的法人、具有或不具有法人资格的、其他股东或成员具有有限责任或无限责任的、营利或非营利性的商业公司、其他各种公司和社团。”

〔3〕 Backer, Larry Cata, “Regulating Multinational Corporations: Trends, Challenges, and Opportunities”, *Brown Journal of World Affairs* 22, 2015, pp. 153 – 174.

〔4〕 余劲松主编:《国际投资法》,法律出版社 2014 年版,第 23 页。

(一)跨国公司的定义与法律结构

1. 跨国公司的定义与特征

跨国公司概念的提出源自经济学家对其跨国经营所产生的特殊问题的关注。从经济学和管理学的视角审视,跨国公司的行为是一体化的,为解决其产生的特殊问题,法学界创制了这一特殊概念,意图通过统一规则的适用实现对它的整体性治理。1977 年,国际法学会在奥斯陆会议上为其下了一个"法学定义","凡由位于一国的决策中心和位于一他国以上的营业中心(具有或不具有法律人格)所组成的企业,应被视为多国企业"。[1] 1983 年,联合国跨国公司中心在其发布的《三论世界发展中的跨国公司》调查报告中,指出跨国公司的三个要素:其一,跨国公司包括两个或两个以上国家的实体企业,不论这些实体的法律形式和活动范围如何;其二,各个实体通过一个或数个决策中心,在一个决策系统的管辖之下开展经营活动,彼此有着共同的战略并执行一致的政策;其三,由于所有权或其他因素,各个实体相互联系,其中一个和数个实体,对其他实体的活动施加重大影响,甚至还能分享其他实体的知识、资源,并承担责任。[2]

由上述定义可知,跨国公司的特征包括以下几个方面:其一,投资的跨国性。跨国公司的海外投资活动呈现多国分布的状态,但它不是多个公司的简单联合,而是以一国为基地,受到一国大企业的控制和管理。其二,管理的集中性。跨国公司的母公司是整个集团的决策中心,享有最高层面的管理权,能够制定海外投资战略。其三,战略的全球性。母公司的海外投资

[1] C. D. Wallace, *Legal Control of the Multinational Enterprise*, Martinus Nijhoff Publishers, 1983.

[2] 史晓丽:《国际投资法》,中国政法大学出版社 2005 年版,第 35 页。

决策不会着眼于某个子(分)公司或地区的利益,而是从整个公司的全球利益出发,以期最大限度地、长期地攫取高额利润。其四,公司内部的相互关联性。跨国公司不是单一的法律实体,[1]而是公司与企业的集合,由分布在多个国家的诸多实体组合而成,各个实体尤其是母子公司间存在密不可分的关联性。

2. 跨国公司的法律结构

从跨国公司的法律结构看,一般包含“母子公司”与“总分公司”两组相对应的概念:其一,跨国公司的母公司或总公司是依据投资国的法律设立的,其法律能力由投资国法律赋予,法律地位与投资国的其他商业公司一样。其二,跨国公司的子公司是依据东道国法律设立的,是东道国的经济实体。相较于东道国其他商业公司,不具有特殊的法律地位。其三,跨国公司的分公司是在东道国注册的公司,分公司是总公司的增设部分,不具有独立的法人资格,具有投资国而非东道国的国籍,由总公司承担法律责任。

由此可见,虽然作为公司的集合,跨国公司不是国内法的法律主体,因为没有一个国家可以对若干不同国家的公司统一地进行调整,但是它的各个组成实体都是依据国内法产生和存在的。既然是国内法实体,其权利能力和行为能力只能取决于国内法的规定。从这个意义讲,在海外投资管理权的视角下,应当重点关注跨国公司中总公司或母公司为投资国国籍的情况。[2]

---

〔1〕 余劲松:《国际投资法》,法律出版社2003年版,第25页。

〔2〕 除特殊语境外,本书在论述“投资国与跨国公司”的关系时,更准确的表述是“投资国与跨国公司的母公司(决策中心)”的关系。此外,在总分公司的关系模式中,分公司作为总公司的附属机构,其行为都由总公司承担责任,故本书不对其进行详细研究。

(二)跨国公司在全球范围内的影响力

一直以来,跨国公司都是国际经济交往中最活跃的主体,在其不断壮大的过程中,对世界各国经济、政治和文化的影响不容小觑:

第一,经济影响力。跨国公司通过海外投资将原本封闭的各国经济统一起来,推动了经济全球化的发展。从实践来看,跨国公司在海外投资中所占比例逐年上升,20 世纪 90 年代后期,跨国公司直接投资占对外直接投资总额的比例甚至高达 90%,这充分说明跨国公司逐渐成为资本跨国自由转移的最重要的载体,对世界经济发展的作用日益显著。[1]

第二,政治影响力。跨国公司的相关权利随全球化进程而得到空前的发展:其一,跨国公司在经济上的主导地位使其拥有更多的议价能力。实践中,跨国公司可通过合法捐献政党竞选经费、资助民间组织等方式,参与到规则的制定中,按照自己的意愿影响政府立法和公共政策导向,从而改变既有利益分配格局,使其占据权威分配和价值分配中的有利地位。其二,跨国公司利用全球化网络迫使各国进行政治回应。尽管私人权利与政府公权力存在本质的冲突与对立,但是跨国公司的经营体系将投资国及东道国一并纳入一体化的全球网络之中,着眼于政治权力带来的经济效益,跨国公司努力谋求与其经济地位相匹配的创建规则和影响规则实施的地位和力量。[2]实践中,跨国公司常常凭借强大的经济实力和游说能力,对投资国和东道国的管理决策产生影响,促使各国政府对跨国公司的利益作出政治回应,从而

---

〔1〕 *World Investment Report* 2009, UNCTAD, UNCTAD/WIR/2009, United Nations New York and Geneva, Sep 16 2009, p. 3.

〔2〕 赵红梅:《跨国公司对国际经济法创制和实施的参与》,北京邮电大学出版社 2014 年版,第 26 页。

影响不同国家的政治进程，成为制约或影响国际政治格局变革的重要力量。

第三，文化影响力。跨国公司不仅通过出售商品、提供服务来影响人们的生活，同时还推广其理念与文化，对人们的日常生活和消费文化方面产生重要影响。至于那些直接传播文化用品的跨国公司，将它们的音乐、电影、书籍等在世界的范围内销售，当然对世界文化与生活方式有着深远的影响。[1]

（三）国家对跨国公司管理的必要性

跨国公司对国际社会存在广泛的影响力，且这种影响力在国际经济、政治和文化舞台上日趋活跃，已经对国际关系产生了深远的影响。但现实的问题是由不同国家对跨国公司内各个实体分别管理的方式无法有效解决它所产生的集团性问题。是故，即使跨国公司的国际法主体资格存疑，国家或国际社会也总是试图对跨国公司进行整体性管理。本书认为，国家介入跨国公司管理的必要性在于以下几个方面：

第一，从跨国公司的发展来看，经济全球化的纵深发展促使跨国公司的经济实力不断提升、市场规模不断扩张，从而导致了国家主权原则，尤其是国家经济主权原则面临前所未有的挑战，西方学者曾一度主张主权“过时论”“淡化论”“消亡论”等，国家主权弱化甚至消亡的言论甚嚣尘上。[2] 此外，当前国际社会的“全球治理”要求以跨国公司为代表的利益攸关者参与到世界规则的制定之中。由此可见，跨国公司早已突破了所谓的“国内法的限制”，它们在一定程度上可以按照自己的意思独立地参与国际活动，而不以国家意志为转移。

---

〔1〕 何志鹏：《全球化经济的法律调控》，清华大学出版社2006年版，第118页。

〔2〕 杨泽伟：《国际法上的国家主权与国际干涉》，载《法学研究》2001年第4期。

第二,从跨国公司与国家的关系来看,跨国公司的全球战略往往导致各利益主体之间的冲突和矛盾,不仅涉及传统的国际法主体投资国与东道国间的关系,还涉及跨国公司与投资国及东道国间的关系。事实上,在海外投资活动中,跨国公司既能帮助投资国获取海外利益,也能因客观或主观上的因素造成投资国的利益损失。此外,投资国和东道国对待跨国公司的态度还会影响两国之间的关系,比如,东道国实行财产国有化、投资国行使外交保护、投资国法律的域外适用等都会造成投资国与东道国之间严重的冲突,进而威胁国际关系与秩序。

第三,从跨国公司对环境的影响来看,在过去的几十年里,跨国公司被认为是重大环境事故频发的"罪魁祸首",是世界环境污染的制造者。面对各方的指责和非难,一些有担当的跨国公司开始采取措施挽回公司的社会形象:一方面,实施绿色经营战略,通过清洁生产工艺赢得更多的市场机会;另一方面,通过建立诸如世界可持续 WBCSD 等由跨国公司组成的企业联盟,开展有利于环境保护的活动(如通过环境管理 ISO 国际标准),并与相关国际组织建立密切联系。这一系列行为都是作为整体意义上的跨国公司的具体表现,但囿于这些行为通常是自发的,可能存在无法克服的缺点和副作用,因此需要一定的原则指引和规范指导,确保其在正确的轨道内运行。

总之,国际经济格局正在发生翻天覆地的变化,随着海外投资的发展,跨国公司的作用将越来越大,因此我们应当以开放的眼光看待跨国公司国际法主体资格问题。越来越多的学者认为,一味地否定跨国公司的国际法主体资格并不是这个时代的"明智之举"。本书认为,在海外投资管理权的视角下,可以赋予跨国公司有限的国际法主体地位,使之参与全球治理并在更广泛的空间发挥作用,更好地实现某些权利的保护和责任的承担。但是,任何没有约束的自由都不是真正的自由，对跨国公司亦是如此，如缺乏国家的制约，跨国公司就无法运作。〔1〕是故，对于作为义务主体的跨国公司来说，国家要介入跨国公司的管理，积极转变政府职能，改进管理方式和手段，促使海外投资管理权的行使与全球经济发展的规律相符合，助力跨国公司为投资国和国际社会的发展作出更大的贡献。

（四）跨国公司的国际社会责任

事实上，任何公司都应承担国际社会责任。本节之所以强调跨国公司的国际社会责任，源于对发展理论、移动理论和道德理论的思考：其一，发展理论认为，跨国公司具有庞大的规模和充足的财力，它在将社会利益交付国际社会方面扮演着特殊的角色，如同政府一样，跨国公司应当在国际社会可持续发展上发挥重要作用，这已是一种共识；其二，移动理论认为，跨国公司可以将其全部或部分业务迁移至海外，而将政府置于一旁；其三，道德理论是基于全球化利益的不公平分配而被提出的，以环境为例，海外投资引发跨国公司的国际污染行为，因此其不该从无力的环境标准中获得利益。〔2〕本书立足于理论上的多元考虑，认为跨国公司凭借其广泛的影响力，足以对国际社会经济、政治和文化的发展起到呼风唤雨的作用，它们不仅作为雇主控制着成千上万劳动者的就业，还左右着国际经济市场。是故，跨国公司在责任的承担上，不仅要承担一般意义上的法律责任，还要承担与自身实力相匹

〔1〕［美］斯蒂芬·D.克莱斯勒：《结构冲突：第三世界对抗全球自由主义》，李小华译，浙江人民出版社2001年版，第175～176页。

〔2〕当然，这些理论仅从某些方面对跨国公司的国际社会责任特殊机制进行了阐述，它并非总是正确的，也会受到一些质疑。参见 Jennifer A. Zerk, *Multinationals and Corporate Social Responsibility – Limitations and Opportunities in International Law*, New York, Cambridge University Press, 2006, pp. 44–49。

配的国际社会责任。

1. 人权保护责任

跨国公司在人权保护方面的责任和义务主要有以下几个方面:其一,不侵犯人权。跨国公司不是一个政权组织,一般不会作出侵犯人权的行为。但是,跨国公司也不得以作为或不作为的方式,协助、参与或支持有关国家政府及其官员所为的侵犯人权的行为。其二,尊重国际基本人权。生命权是国际基本人权的核心内容,此外,人权还涉及健康权、劳动权和财产权等。跨国公司应当采取积极的措施,在人权保护方面切实发挥作用。其三,支持和尊重发展权。跨国公司要支持和尊重发展权,不仅应当将"人的发展权"纳入国际基本人权范畴予以保护,还应当支持和尊重"东道国的发展权",尤其是应当保护发展中国家在政治、经济上的可持续发展。

2. 劳工权益保护责任

劳工是跨国公司重要的利益相关者。跨国公司在"经济人"本性的驱动下,会尽可能地降低劳动成本,造成劳工权益的侵犯,使得公司内部的劳资关系和劳工权益保护问题日趋严峻。是故,在全球化过程中,跨国公司应当从内部和外部两方面主动承担起劳工权益保护的义务:从外部义务看,跨国公司应当遵守国际核心劳工标准,根据国内法及国际法层面的规范,履行最低限度的义务,包括消除强制劳动、废除童工、消除职业歧视等;从内部义务看,跨国公司应当制定生产守则,规定其所有公司及合作伙伴都必须遵守一定的劳动标准,对不遵守该生产守则的合作伙伴,跨国公司应取消与他们的业务往来。同时,跨国公司还应当尽可能地在就业培训与服务、基本生活的安全保障、社会保障等方面发挥作用。

3. 环境保护责任

揆之于现实,跨国公司趋于选择那些环境责任并不严格的东道国从事在投资国可能受到禁止的行为,其“资源输入”和“污染输出”的发展模式,造成影响和危害环境的典型事件层出不穷。是故,为了扭转和改变这一局面,跨国公司应当主动承担环境保护方面的义务:其一,对环境问题采取预防措施。为预防环境损害,跨国公司在进行海外投资前,应当对该投资项目可能造成的环境影响进行评估,在投资后的经营过程中,跨国公司还应采取持续监测措施。同时,环境评估报告和监测报告都应主动向社会公开。其二,主动承担更大的环境保护责任。在环境损害的实践中,行为人通常不对自身行为负责,而由他人或社会承担后果的做法明显有失公允。跨国公司应主动采取措施实现环境成本内在化,承担更大的环境保护责任。其三,实现绿色技术的合理共享。科学技术是解决环境问题的先导,跨国公司有责任在海外投资中实现绿色技术的开发与传播,促使其成果广泛地惠及国际社会。

需要指出的是,除了上述三种责任形态外,跨国公司还应当在更广泛的领域内承担国际社会责任。不过,这些责任形态并不完全属于法律意义上的责任,有些更多的是属于一种道德义务,[1]那么,问题首先在于道德义务与法律责任之间没有泾渭分明的“楚河汉界”,二者的区分有时并不明显;其次,即使有些观念中属于道德的东西,也可能在法律中以强制的方式作为义务对待。此外,在国际法的发展中,道德义务已经越来越多地被法律制度所接受并转换成为法律责任。总之,跨国公司的国际社会责任具有不同层次

〔1〕 从总体上看,欧美国家对跨国公司海外投资的监管机制,在责任的承担上,尤其重视对防治贿赂和腐败采取较为严格的措施,而对于社会融合、环境保护等事务,则要求跨国公司自行掌控尺度。

的性质,既包括法律的,也包括道德的,还包括从道德向法律过度的。对于这些责任来说,不仅需要跨国公司自愿承担和自我监督,还应当选择性地纳入海外投资管理权的决策与执行范围中。

本章小结

主体是海外投资管理权的基本要素。依据在海外投资管理活动中享有权利和承担义务之不同,可以将海外投资管理权的主体分为权利主体和义务主体。一方面,权利主体包括决策主体与执行主体:国家享有海外投资管理的决策权,能够决定海外投资管理权的范围、程度和发展方向,但应受到国际条约、国际法基本原则与良法善治的制约;执行主体是抽象权力的实际载体,负责海外投资管理权的具体行使,主要包括外汇管理机构、税收管理机构、反垄断审查机构、海外反腐败审查机构与企业社会责任监督机构等。其次,义务主体是指按照海外投资法律规定应该从事某类行为的私人,一般包括自然人、法人和其他组织。作为既典型又特殊的义务主体,跨国公司的责任样态,不仅取决于法律的规定,还涉及与之实力匹配的其他责任,主要包括人权保护责任、劳工权益保护责任和环境保护责任等。

第六章 海外投资管理权的中国实践及其走向

弗里德曼用“金色紧身衣”形象地形容国家法治建设的过程,“当国家穿上金色紧身衣时,两件事情会发生:经济增长和政治收缩”。[1] 要到达本书研究的“终点站”——海外投资法治建设中的“中国问题”,必然要求结合中国的现实情况对海外投资管理权法律制度的完善进行分析论证。是故,我们有必要立足于现行立法的相关规定,检讨现行立法存在的缺失以及制度运行中暴露的“症结”,探寻海外投资管理权法律制度完善的依据、基本原则及方式,并在此基础上使其符合中国与世界的需要。

第一节 中国海外投资管理权法律制度的现状及问题

海外投资管理权法律制度是一种综合性的制度体系,主要涉及海外投

---

〔1〕 [美]丹尼、罗德里克:《国际经济一体化能走多远》,载《经济消息报》2000 年 6 月 30 日版。转引自王花、吉敏丽:《生成中的外贸管制权》,法律出版社 2011 年版,第 219 页。

资审查、外汇管理、税收管理、反垄断审查、海外反腐败审查和企业社会责任等法律制度，本节将对这些法律制度的现状及问题一一进行阐述。

一、中国海外投资审查法律制度的现状及问题

（一）中国海外投资审查法律制度的现状

目前，中国尚无法律层面的海外投资审查制度，现行规则体系主要包括商务部发布的《境外投资管理办法》（商务部令 2014 年第 3 号，以下简称 3 号令）、国家发展和改革委员会（以下简称发改委）发布的《企业境外投资管理办法》（发改委令 2017 年第 11 号，自 2018 年 3 月 1 日起施行）和国有资产监督管理委员会（以下简称国资委）发布的《中央企业境外投资监督管理办法》（国资委令 2017 年第 35 号，以下简称 35 号令）等，虽然数目不多，但内容广泛，细节繁多，对中国资本出境管理的相关事宜都进行了规定。

1. 海外投资审查机关

中国海外投资审查机关主要包括商务部、发改委、国务院和国资委：（1）商务部。商务部从企业与产业政策的角度进行审查，商务部及省级商务主管部门均可进行备案或核准管理。其中，当海外投资涉及敏感国家和地区以及敏感行业时，才需要履行核准程序且只能由商务部行使核准权限，中央企业直接向商务部提出申请，地方企业通过所在地省级商务主管部门向商务部提出申请。此外，企业一律走备案审查程序，依据其归属中央企业或地方企业，分别向商务部或省级商务主管部门备案。（2）发改委。发改委从项目管理的角度进行审查，与商务部一样，中央企业和地方企业提交核准申请或备案的部门层级也有差异。其中，发改委核准的情形为涉及敏感国家和地区及敏感行业的项目。发改委备案的情形包括中央企业实施的、地方

企业实施的中方投资额3亿美元及以上的投资项目;而地方企业实施的中方投资额3亿美元以下的投资项目,由投资主体注册地的省级政府发展改革部门备案。(3)国务院。(4)国资委。由于国有资产的特殊性,中央企业从事海外投资活动,除需要经过商务部、发改委和国务院的审查,还需要经过国资委的审查,从而防止国有资产遭到浪费或价值剥离。

2. 海外投资的审查对象

中国海外投资的审查对象是指从事海外投资活动的主体,一般包括中央企业、民营企业和个人:(1)中央企业。[1] 长期以来,中央企业一直是中国海外投资的主要力量,其在投资规模、投资存量及企业数量方面都占据着主导地位。(2)民营企业。近年来,民营企业海外投资迅猛发展,据商务部统计,2018年,对外非金融类直接投资存量中,民营企业占比52%,未来民营企业或将逐步成为对外投资的主力。(3)个人。在现行规定中,3号令未提到个人海外投资的情形;发改委11号令也只是在最后提及自然人的海外投资,另行制定具体的管理办法;仅有外汇管理局颁布相关规定对个人的海外投资进行管理(容后再述)。

3. 海外投资的审查内容

如前所述,中国海外投资审查机关包括商务部、发改委、国务院和国资委,每个机关负责审查的情形不同,因此核准或备案时所要考虑的因素或审查的内容也存在区别:(1)商务部。3号令较之前的规定,在本质上是一个简政放权的过程,简化了海外投资审查程序,将全面核准模式改为以备案为主、核准为辅的审查模式,同时简化了审查所需要材料。在具体内容方面,

[1] 根据35号令,中央企业是指国资委代表国务院履行出资人职责的国家出资企业。

商务部以否定式列举的方式规定了企业不得发生的四类情形。[1] (2)发改委。发改委的审查和商务部类似,只要不涉及敏感国家和地区以及敏感行业,统一实行备案管理。根据发改委 11 号令,发改委在核准海外投资项目时,除考虑该项目是否符合国家法律法规、对国家主权的影响以及国家所缔结的国际条约等因素,还要考虑投资主体是否违反我国有关发展规划、宏观调控政策、产业政策和对外开放政策。(3)国资委。根据 35 号令,国资委会重点考虑中央企业的海外投资是否遵循战略引领、依法合规、能力匹配和合理回报等原则。在审查内容上,国资委发布了中央企业海外投资项目负面清单,并将其区分为禁止类和特别监管类:属于禁止类投资项目的,中央企业一律不得投资;属于特别监管类项目的,中央企业经过国资委审核通过后可以投资;属于负面清单外的投资项目的,中央企业可以自主决策。此外,中央企业原则上不得从事非主业海外投资,如因特殊原因需要开展,则必须报送国资委审核把关,审核的内容主要涉及非主业投资的必要性、对企业的影响及企业的实力等,并要求该企业通过与具有相关主业优势的中央企业合作的方式来开展。

(二)中国海外投资审查法律制度的问题

近年来,为了更好地促进海外投资发展,中国针对海外投资审查法律制度中存在的问题进行改革,形成了“备案为主、核准为辅”的审查制度,但仍然存在一系列问题亟待解决。

1. 海外投资审查机关存在的问题

第一,多头管理。实践中,各个机关存在职能的交叉和审批内容的重

---

〔1〕 参见3号令第4条。

叠。根据现行审查制度的要求,投资者从事海外投资时需要分别向商务部和发改委提出审核申请,而两个机关在审核程序和提交材料等方面都存在交叉和重复。就企业而言,同一个海外投资行为要受两个及以上部门的管理,必然增加了自身的压力,降低了投资的效率。可以说,审核权的横向转移不仅无法实现审批的简化,反而会使问题更加复杂。

第二,海外投资审核程序复杂、周期较长。多头管理要求企业重复地向不同机关提交审核申请,再历经不同机关从不同的角度的审查,必然会导致审查程序的烦琐复杂。此外,从审核周期来看,在资料符合要求的前提下,企业备案流程也需要7个工作日以上,核准则需要20个工作日以上,如果再加上企业资料准备、用汇登记及贷款程序所花费的时间,海外投资审核周期通常为一个月至数个月。在投资商机瞬息万变的时代,过长的投资审核周期显然不利于企业对海外投资机遇的把握。

2. 海外投资审查对象的不足

第一,对中央企业和民营企业的审查缺乏足够的差异性。在中国现有的海外投资审查制度中,除国资委外,商务部和发改委在审查时并没有将二者区分。总体上看,中国的海外投资审查仍属严格,这对防止国有资产外流大有裨益,但是民营企业属于自负盈亏,对其采取与中央企业相同的审查方式或许并不恰当,这在实质上是对民营企业海外投资活动的限制,同时也是对行政资源的浪费。

第二,个人海外投资的主体地位缺失。一直以来,受制于政策的束缚,合法的个人海外投资渠道并不多,常见的有两种:一是将资金汇到海外再开展投资,二是通过在海外设立特殊目的公司开展投资。其中,前者容易踩入“地下钱庄”并触及外汇管理的红线,后者则在投资者的身份和投资范围上都有很大的局限性。现实中，个人投资者更多的是以打“擦边球”的方式开展海外投资活动，无疑会给中国的海外投资管理体制带来挑战。

3. 海外投资审查内容的不足

事中、事后管理较薄弱。现行海外投资审查制度主要是针对事前审查，对事中、事后的管理较为薄弱，3 号令和 11 号令均没有提及事中、事后管理的内容。从现实来看，“备案为主、核准为辅”的审查制度对事中、事后管理提出了较高的要求，如果制度设计跟不上或执行力不够强，既可能导致机关之间的责任划分不清，给国家和企业利益的实现埋下隐患，还可能阻碍审查制度的进一步改革。不过，在对中央企业的管理中，35 号令设专章对事中、事后管理予以规定，可谓是一个喜人的开端。

二、中国海外投资外汇管理法律制度的现状及问题

(一) 中国海外投资外汇管理法律制度的现状

外汇审查是海外投资活动中必不可少的一个环节。投资者在获得商务部等主管机关的核准或备案后，即可办理外汇相关手续。近年来，中国外汇管理理念发生转变，不断简政放权，但并没有因此放松管理，而是在监管上寻求创新，建立有效的事中、事后管理体系，提升跨境资本流动监测分析的能力。中国现行海外投资外汇管理法律体系较为庞杂，主要包括《外汇管理条例》(国务院令第 532 号) 与国家外汇管理局发布的各类通知。各类通知逐步革新并细化海外投资外汇管理规定，同时顺应国内外形势，不断优化国家外汇管理手段。

1. 外汇审查机构

1979 年，国家外汇管理局建立，负责全国外汇的管理。2015 年，为了更

好地支持海外投资发展，外汇管理局在总结试点经验的基础上，加大了海外投资项下简政放权的力度，将原属于外汇管理局的审批权限下放至银行，即直接取消海外投资外汇登记核准，转由银行负责海外投资项下的相关外汇登记。根据规定，投资者可自行选择注册地银行办理海外投资外汇登记，完成外汇登记后，即可办理后续相关业务，包括账户开立、资金汇兑等。与此同时，新规还取消了海外再投资的外汇备案及外汇年检等程序。

2. 外汇审查的内容

总体上，海外投资外汇审查，或者说投资者应到注册地银行办理海外投资外汇登记主要涉及以下几种情形：第一，投资者以国内外合法资产或权益[1]向海外出资，应在"外汇局资本项目信息系统"（以下简称系统）中登记商务主管部门颁发的《企业境外投资证书》中的投资总额，同时允许企业根据实际需要按现行规定对外放款。第二，投资者以国外的资产或权益出资的海外投资，银行应审核其合规性，涉嫌以其非法留存的资产或权益转做海外投资的，不得为其办理外汇登记。第三，多个投资者共同实施的一项海外投资，可约定由一个投资者去办理外汇登记。银行通过系统完成海外投资外汇登记后，其他投资者可分别向该银行领取业务登记凭证。第四，投资者在国外设立的分公司，参照境内投资者海外投资管理。在系统中，开办费用应纳入投资总额登记。同时，该分公司每年应按规定办理海外投资存量权益登记。在银行通过系统为投资者办理海外投资外汇登记手续后，后者可凭业务登记凭证直接到银行办理后续资金购付汇手续。

（二）中国海外投资外汇管理法律制度的问题

海外投资外汇管理改革的实施得到了银行和投资者的普遍认可。就银

---

〔1〕 一般认为，权益包括但不限于货币、有价证券、知识产权或技术、股权、债权等。

行来说，可直接为投资者提供外汇登记、账户开立和资金汇兑等全方位的服务，能够吸引和维持优质客户；就企业而言，海外投资外汇登记核准的取消，缩短了业务办理的流程和环节，能够减少投资者在外汇局与银行之间往返的“脚底成本”。2017年1月，外汇管理局进一步简政放权，〔1〕在深入推进外汇管理改革中再下一城，涉及三个方面九项措施的改革，其中要求建立资本跨国流动管理体系，督促银行和投资者遵守外汇管理相关规定，确保交易真实合规等。

总体上，现行外汇管理法律制度的改革是成功的，符合各方利益诉求。在未来的改革中，无须大规模改变，只须进一步完善使之符合时代的要求。比如，中国应当加强重点监测，尤其是针对异常外汇流动重点渠道和主体的监测，全面升级跨国资金流动监测与分析系统建设，同时根据形势和管理目标的变化实现指标的弹性调整，促进外汇市场健康有序地发展。

三、中国海外投资税收管理法律制度的现状及问题

（一）中国海外投资税收管理法律制度的现状

《企业所得税法》及其实施条例、《税收征收管理法》及其实施细则、《特别纳税调整实施办法（试行）》（国税发〔2009〕2号，以下简称2号文）、〔2〕财政部、国家税务总局《关于企业境外所得税收抵免有关问题的通知》（财税〔2009〕125号，以下简称125号文）以及《企业境外所得税收抵免操作指南》

〔1〕　参见《关于进一步推进外汇管理改革完善真实合规性审核的通知》。

〔2〕　为进一步规范特别纳税调整工作，2017年3月17日，国家税务总局发布了《特别纳税调查调整及相互协商程序管理办法》，自2017年5月1日起施行。2号文第四章、第五章、第十一章和第十二章同时废止，其他章依然有效。

(国家税务总局公告2010年第1号,以下简称《操作指南》)、国家税务总局《关于非居民企业间接转让财产企业所得税若干问题的公告》(国家税务总局公告2015年第7号)、《特别纳税调查调整及相互协商程序管理办法》(国家税务总局公告2017年第6号)等一系列法律、法规和规章共同构成了中国海外投资税收管理法律制度,这些法律文件在立法的详细程度、可操作性和税负的设置等方面较之以往取得了长足的进步,为中国海外投资管理奠定了坚实的基础。

1. 海外投资税收管理机构

中国海外投资税收管理机构主要涉及国际税务司和省级国际税务管理机关。国际税务司隶属于国家税务总局,其主要职责包括以下几项:其一,制定或参与制定有关本国"走出去"企业海外所得以及其他国际税收法律法规草案、部门规章及规范性文件;其二,组织实施对"走出去"企业的税收服务与管理以及反避税调查;其三,负责税收情报交换等协定的谈签和修订,开展国际税收征管协作、交流合作等工作。省级国际税务管理机关隶属于地方税务局,主要职责涉及以下几个方面:其一,承办总局部署的国际税务管理工作;其二,组织实施对本辖区内"走出去"企业的税收服务与管理,以及反避税和重大跨境税源的税收管理;其三,开展税收协定执行、国际税收征管协作等管理工作;其四,结合当地实际,明确市级、县级税务机关国际税收管理的主要任务。[1]

2. 中国海外投资的日常税收管理

随着中国海外投资的兴起及发展,越来越多的国内投资者开始跨越国

〔1〕 国家税务总局《关于加强国际税收管理体系建设的意见》(国税发〔2012〕41号)第2条。

界对外投资,而现行税收管理制度对此则显得“力不从心”:一方面,就税收制度本身而言,《税收征管法》是规范中国税收管理工作的基本法律,其效力普遍适用于所有具备“中国因素”的税收征管行为,但缺乏关于海外投资税收问题的特别规定;另一方面,就海外征收实践而言,中国对海外投资者采用“粗放式”的日常税收管理方式,缺乏一套合理、有效的税收管理体制,税务机关根本无法掌握海外投资者的详细信息,难以了解他们在东道国的生产经营情况,更无法对其纳税义务的履行情况进行有效监督。

3. 中国海外投资的反避税管理

从避免国际重复征税的限制性规定看,《企业所得税法》及其实施条例、125 号文和《操作指南》四个层次的法律文件,共同搭建了中国企业海外所得税收抵免制度的大致框架。首先,在抵免方式上,中国采用“分国不分项限额抵免法”。[1] 但是,为了支持本国企业“走出去”,中国对石油企业率先实行“分国不分项限额抵免法”与“综合限额抵免法”的选择制;在抵免适用的限制性规定上,中国采用“总持股 20%、层级持股 20% 和三层间接抵免”的方式。具体而言,根据《企业所得税法实施条例》第 80 条和 125 号文第 6 条规定,中国要求间接抵免的持股比例,是总持股比例和层级持股比例均在 20% 以上,同时仅允许不超过三层的间接抵免。不过,石油企业的抵免层级已经由三层拓展至五层外国公司。

从受控外国企业税收管理看,新《企业所得税法》第 45 条的规定是真正称得上具有 CFC 法则性质的立法。目前,中国已初步形成了受控外国企业

[1] 分国不分项限额抵免法是指对海外投资人来源于每一个不同国家(地区)的所得,以国家为单位分别计算抵免限额。在每一个不同国家(地区)所缴纳的税款只能在该国(地区)的抵免限额内予以扣除,各个国家(地区)相互之间的抵免限额不得调剂弥补。

规则体系,[1]对受控外国企业的判定标准等问题进行了规定。根据2号文第八章的规定,在判定标准上,一般涉及四个标准:其一,控制标准,又可以分为表决权控制和事实控制两种情况;[2]其二,时间标准,中国采用任何时点标准——在纳税年度的任何一天;其三,地区标准,要求海外子公司所在国的实际税负明显低于12.5%;其四,行为标准,要求海外子公司并非出于合理经营需要对利润不作分配或减少分配。[3] 可见,现行CFC法则旨在有效打击在避税地设立外国企业并将利润滞留不予汇回,意图规避国内纳税义务的投资者。

(二)中国海外投资税收管理法律制度的问题

1. 海外投资日常税收管理制度不健全

第一,海外投资税收管理机构设置不规范。一方面,中国的税收征管体制是依据税种划分征管职能并设置管理机构的,各个税种的管理机构需要全面负责该税种自内向外的征管工作,因此海外投资者不得不接受多个部门的重复管理。另一方面,根据税务机关的内部分工,由国际税务司负责国际税收的相关工作,但海外投资所得的税收管理又划归所得税管理部门,现实的情况是所得税管理部门缺乏国际税收人才,而两个部门之间又缺乏有效的协调与合

〔1〕 分别由《企业所得税法》及其实施条例、125号文、2号文有效部门等法律文件的相关条款予以规定。

〔2〕 参见《企业所得税法实施条例》第117条。

〔3〕 2015年9月17日,国家税务总局曾对2号文进行修订,起草了《特别纳税调整办法(征求意见稿)》,其对制定标准作了修改:其一,将"任何时点标准"改为"受控时点标准",将其明确为纳税年度终止日;其二,删除了行为标准,受控外国企业的认定由行为主义转向外观主义,只要符合"受控外国企业"的外在形式,不论其经营需要是否合理,对利润处理是否合法,都应当首先纳入CFC法则的调整下,这表明了国家对待受控外国企业的严厉态度,以及对反避税工作的重视和打击国际避税行为、维护国家税收主权的决心。但是,囿于《特别纳税调整办法(征求意见稿)》并未生效,本书的相关论述仍以2号文有效部分为准。

作。基于上述原因,中国难以保证海外投资税收管理的效率和质量。

第二,海外投资者信息获取渠道不畅通。中国现行法律要求对海外投资者进行包括税源和居民身份证明等方面的管理。但是,由于相关规定不够规范、详细,尤其是缺乏惩罚性措施,导致投资者提供的信息不够全面、具体,税务机关很难获取关键性信息并作出准确的征税判断。此外,税务机关与其他部门间的信息交换机制不健全,无法从商务部、财政部、统计局以及外汇管理局等部门获取有效的信息资料。

第三,海外投资税收征管手段不完备。一国的税收管理部门通常不可能跨越国界去行使税收征管权。那么,国内的一些征管手段在面对海外投资时就可能失去"用武之地"。实践中,仅依靠申报材料对海外所得进行审核的做法,显然无法保证申报的准确性与真实性,这就需要加强国际税收征管合作。

2. 海外投资反避税管理实施不到位

长期以来,税务机关反避税调查的对象基本局限于国内关联企业和外国公司的中国关联子公司,对于海外投资者的避税问题关注不够。目前,从税收征管制度看,中国已经逐步形成了避免国际重复征税的限制性规定和CFC法则,但还有待进一步完善。

从避免国际重复征税的限制性规定看,首先,在抵免方式上,"分国不分项"存在制度设计上的漏洞。"不分项"允许海外投资者将不同税率的所得合并计算,在这种模式下,投资者可以用低税率类别所得的过剩限额去冲抵高税率类别所得超过抵免限额的部分,使原本无法抵免的部分得到全部或部分冲抵,从而损害国家的税收利益。事实上,发达国家的税制贯穿着对消极所得与积极所得的区分,将消极所得单列出来进行限额抵免,可以有效地防止投资者通过将消极所得的收入配置在不同税率国家而规避税收。[1] 此外，“分国别”在实践中也可能被海外投资者滥用。其次，在抵免适用的限制性规定上，石油企业的改革标志着中国政府对待海外投资的积极态度。不过，抵免层数的增多意味着国家在刺激海外投资的同时，也给国际避税留有余地，增加了税务处理及监管的难度，但石油企业可以作为“排头兵”，为完善中国抵免制度探明方向。

从受控外国企业税收管理看，中国CFC法则的实施效果不佳。与发达国家的同类立法相比，主要问题如下：其一，《个人所得税法》未引入CFC法则。实践中，已有不少个人投资者利用基地公司进行国际避税，但因缺乏相应的法律规定而导致税务机关无法对其征税。其二，CFC法则有关规定不够明确。例如，何为“实质控制”？现行规定除表决权控制外，没有对在股份、资金、经营、购销等方面构成实质控制的情形作出明确界定。又如，在受控外国企业的定义中，“并非出于合理的经营需要”的内涵是什么？再如，豁免规则也没有对“积极经营活动所得”做进一步解释。概念上的混淆不清，容易导致税务机关自由裁量权的扩大化，引发税企分歧以及争议。其三，现行豁免规则简单机械。豁免规则的引入，可以降低投资者的遵从成本与税务机关的管理成本。中国豁免规则最大的问题是规定较为单一，缺乏相关的配套措施，导致与复杂的现实情况脱节。其四，当期归属所得的计算口径有待调整。

〔1〕 不过，中国已经开始在税收协定中对消极所得和积极所得加以区分。在一些已经签署的税收协定中，都有针对股息、利息等消极所得的税收优惠条款，但是由于缺乏国内税法的支持，协定中的优惠条款在实践中也无从遵循。

四、中国海外投资反垄断审查法律制度的现状及问题

(一)中国海外投资反垄断审查法律制度的现状

当前,中国基本形成以《反垄断法》为基础,一系列行政法规、部门规章、指南为辅助的反垄断法律制度。在海外投资领域,反垄断审查的对象主要是"并购",其在不同国家有不同的表述,中国采用了"经营者集中"的概念,[1]它是指经营者通过合并、购买股权或资产等各种不同的方式,引发或强化独立市场力量间联系的行为,其实质在于原本相互独立的经营者之间的控制关联关系发生变化。[2]

1. 反垄断执法机构

根据国务院的规定,国务院反垄断执法机构包括国家工商行政管理总局、发改委和商务部三个部门。三个部门分别下设反垄断与不正当竞争执法局、价格监督检查司和反垄断局,共同负责中国的反垄断执法工作。其中,商务部负责依法对经营者集中行为进行反垄断审查,而反垄断局则负责具体职能的履行,主要涉及以下几个方面:起草经营者集中相关法规、审查经营者集中行为、调查对外贸易中的垄断行为、指导中国企业在国外的反垄断应诉、开展多双边竞争政策国际交流与合作等。

除了上述审查机构外,《反垄断法》第10条第2款还作了授权规定,赋予地方反垄断执法机构执法权限。地方反垄断执法机构的产生需要具备三个条件:一是经国务院反垄断执法机构授权;二是授权限于省一级的机构;

---

〔1〕 例如,德国采用"企业并购"、日本采用"企业结合"、欧盟则同时使用"合并"和"经营者集中"的概念。

〔2〕 叶军:《经营者集中法律界定模式研究》,载《中国法学》2015年第5期。

三是授权只能在相应机构内进行，如商务部授权省级商务局（厅）。

2. 经营者集中申报的标准

根据《反垄断法》规定，经营者集中达到申报标准的，由经营者向反垄断执法机构进行申报。目前，《反垄断法》中没有关于经营者集中的抽象概念，而是以“合并”“控制权”“施加决定性影响”为内容列举了经营者集中的三种情形，采取交易规模与成员规模的复合标准为主、特殊例外为辅的申报标准。[1] 此外，即使经营者集中不符合上述申报标准，只要有事实或证据显示“合并”可能造成排除、限制竞争的效果，主管部门应主动审查。

3. 反垄断审查及惩罚措施

《反垄断法》第25～27条规定了反垄断执法机构审查的程序和六个考虑因素，审查结束后，反垄断执法机构应作出禁止或不予禁止经营者集中的决定。对于不予禁止的经营者集中，反垄断执法机构可以通过附加限制性条件的方式同意该并购行为。限制性条件包括结构性条件和行为性条件，二者可以单独使用，也可以结合使用，[2] 旨在减少集中对竞争产生的不利影响。对未依法申报而实施集中的经营者，可以处以罚款并责令其采取措施恢复到集中前的状态。

4. 反垄断审查的域外适用

《反垄断法》第2条确立了域外效力，该条款在性质上属于冲突规范，即法律选择规则，它明确指出中国《反垄断法》不仅适用于国内发生的垄断行为，也适用于在海外发生但对中国市场竞争能够产生排除、限制竞争影响的

[1] 参见国务院《关于经营者集中申报标准的规定》第3条。
[2] 参见商务部《关于经营者集中附加限制性条件的规定（试行）》第3条。

垄断行为。[1] 可见,《反垄断法》采用了国际上通行的"效果原则",它是中国运用国际法基本原则及借鉴国际先进经验的结果。该原则不仅保障了中国审查域外垄断行为的合法性,维护国际市场秩序,保护国家利益和海外投资者的合法权益,还提升了中国《反垄断法》的国际威慑效果。

总之,中国已经在立法层面上赋予了反垄断执法机构域外管辖权,无论投资者的国籍、住所如何,也不论垄断行为发生在哪个国家或地区,只要该行为对中国的相关市场产生了排除或限制的效果,中国就有权进行合法有效的审查。在2008年《反垄断法》正式实施时,反垄断局就先后对松下公司收购三洋公司、美国通用汽车收购美国德尔福公司、英博集团收购AB公司等域外经营者集中的反垄断申报进行审核,分析合并对中国市场的影响。这些案例都是《反垄断法》域外适用的典型实践。

（二）中国海外投资反垄断审查法律制度的问题

1. 申报、审查标准设置不合理

在国际投资自由化时代,中国企业越来越多地以"并购"方式开展海外投资活动,然而现行经营者集中申报及审核标准设置得不合理,会在一定程度上抑制企业的海外投资热情。当前,中国的申报门槛偏低,这既可能增加经营者的集中成本和执法机构的工作负担,又可能无法有效规制某些实质上损害竞争的集中行为;在是否构成违法行为的审核标准上,《反垄断法》第28条要求从对竞争的影响来判断——是否排除、限制竞争,但在第27条的考虑因素中,又要求从国家产业政策的角度来判断——是否促进国民经济

[1] 王晓晔:《效果原则——美国反垄断法的域外适用》,载《国际贸易》2002年第1期。

发展及增进社会公共利益。[1] 两个判断因素在本质上是相背离的且无主次之分，导致经营者集中审查标准缺乏统一的理念。

2. 惩罚措施震慑力不足

相较各国反垄断法对违法行为规定的较大数额罚款，中国对违法行为的惩戒力度稍显不足。实践中，海外投资者通常是经济实力强大的企业或跨国公司，"50万元以下罚款"和"恢复到集中前的状态"的规定导致违法成本太低，投资者根本无所畏惧，从而毫无顾忌地追求自身利润最大化。可见，在惩罚机制不具威慑力的情况下，《反垄断法》很难消除违法行为对经济秩序造成的不利影响。

五、中国海外投资反腐败审查法律制度的现状及问题

(一) 中国海外投资反腐败审查法律制度的现状

中国海外投资总量虽不断增长，但企业海外商业贿赂的问题随之越发突出，严重地损害了中国的形象以及企业的竞争力。总体上看，中国应对企业海外商业贿赂的法制体系建设不足，无法维护正常的涉外经济秩序。在涉及海外投资反腐败的法律规定中，1993年实施的《反不正当竞争法》是中国第一部对商业贿赂作出明确规定的法律，不过其中仅有一条条款涉及商业贿赂行为，且仅约束销售或购买商品中的腐败行为，对海外投资者商业贿赂行为的威慑力明显不足。受制于早期国家管理商业市场"抓大放小"的态度，中国刑事法律制度对商业贿赂问题几乎置之不理。为了应对国际经济新形势，中国政府于2003年签署了《联合国反腐败公约》(以下简称《公

---

[1] 有学者将其称为"修正的控制标准"。参见丁茂：《论我国经营者集中控制标准的立法不足》，载《北方法学》2008年第3期。

约》)。《公约》生效后,为了履行相关国际义务,中国《刑法修正案(八)》增加了"对外国公职人员、国际公共组织官员行贿罪",实现了公约中规定的腐败犯罪类型在《刑法》中的全面化,并直接规制投资者的国际腐败行为。现行《刑法》中,海外投资反腐败审查的规定主要包括如下内容:

第一,行贿对象。《刑法》第 164 条将对外国公职人员、国际公共组织官员行贿罪的对象确定为外国公职人员或者国际公共组织官员,但并未对二者的内涵作进一步界定。虽然《公约》的规定可以提供借鉴,但囿于其中一些术语缺乏对应的国内法规范作为依据,导致这些规定在实践中依然缺乏可操作性。[1]

第二,行贿方式。给予财物是该罪的行为要件,财物一般包括金钱、实物以及可以用金钱计算数额的财产性利益,包括提供房屋装修、含有金额的会员卡、代币卡(券)、旅游费用等。[2] 此外,需要指出的有两点:其一,囿于权色交易、权利交易及无偿服务等非财产性利益在理论和实践中存在分歧,中国尚未将其纳入贿赂的范围中;其二,与《公约》的规定不同,《刑法》并未将"给予"进一步划分为"许诺给予""提议给予""实际给予",根据规定,只有在实际给予后才构成商业贿赂。由此可知,相较于《公约》,《刑法》缩小了对外国公职人员、国际公共组织官员行贿罪的范围,提高了犯罪门槛,不利于打击海外投资中的腐败犯罪。

第三,行贿目的。《刑法》所规定的行贿类犯罪,要有"谋取不正当利益"

〔1〕 根据《公约》的规定,"公职人员"指外国无论是经任命还是经选举而担任立法、行政、行政管理或者司法职务的任何人员,以及为外国,包括为公共机构或者公营企业行使公共职能的任何人员;"国际公共组织官员"指国际公务员或者经此种组织授权代表该组织行事的任何人员。

〔2〕 参见最高人民法院、最高人民检察院《关于办理商业贿赂刑事案件适用法律若干问题的意见》的通知(法发〔2008〕33 号)第 6 条。

之目的,即行贿人谋取违反法律法规规定的利益或要求对方违反法律法规提供帮助或方便条件。在海外投资领域,主要表现为投资者通过向东道国公职人员、国际公共组织官员给予财物,获得后者非正常的帮助或支持,达到减少投资经营成本或提高投资经营收益的目的。

第四,刑事处罚。根据不同违法行为,对违法者处以有期徒刑、拘役或罚金。

(二)中国海外投资反腐败审查法律制度的问题

对外国公职人员、国际公共组织官员行贿罪的确立,可以被认为是中国建立更加严格的海外投资反腐败审查法律制度的开端。不过,从现行规定来看,该制度至少存在三个方面的问题:

第一,惩治海外腐败的刑法体系不完善。相较于美国 FCPA 中的详细规定,中国对企业商业贿赂尤其是对海外贿赂行为的规定略显单薄。虽然《刑法修正案(八)》增加了对外国公职人员、国际公共组织官员行贿罪,但简单的规定仅是履行《公约》义务的体现,且没有《公约》详细并缺乏可操作性,这也导致中国对海外腐败行为表现出相对宽容的态度。

第二,惩治海外腐败的手段单一。从国际经验看,跨国反腐活动不能过分依赖刑事立法,还应结合民事、行政手段综合防治。〔1〕《公约》指出,刑法是打击腐败犯罪的基本措施,但同时也规定了非刑事制裁。可见,刑法并不是打击腐败行为的唯一措施。〔2〕然而,当前中国惩治海外腐败行为主要依

〔1〕 王文华:《打击跨国贿赂犯罪的刑事政策研究》,载《法治研究》2013 年第 7 期。

〔2〕 例如,美国倾向于从经济角度对海外腐败行为进行矫正,FCPA 作为美国联邦法,被收录在《美国法典》第 15 编的"商业与贸易"之中,而非纳入第 18 编"犯罪与刑事程序"之中,主要是基于海外腐败行为的商业背景,其目的在于维护正常的国际经济秩序。

赖刑事立法，虽然海外投资管理的相关法律文件涉及商业贿赂，如《境外投资管理办法》《规范对外投资合作领域竞争行为的规定》《中国境外企业文化建设若干意见》，但这些文件只是提及商业贿赂且大多是建议或指导性规定，比如要求中国企业在海外投资过程中要坚决抵制商业贿赂行为，而没有规定任何实质性惩罚措施。

第三，海外腐败犯罪的成本过低。综观中国企业的贿赂案件，可以发现，海外投资者通常因贿赂行为而获利颇多，但是囿于惩治性措施较为宽松，导致现行规定的威慑效果并不明显。反观美国 FCPA，其惩罚措施极为严厉，行贿者往往需要面临超过利润 10 倍的罚款，因此对遏制海外腐败行为大有裨益。

六、中国海外投资企业社会责任法律制度的现状及问题

（一）中国海外投资企业社会责任法律制度的现状

2018 年新修改的《公司法》明确提出公司应当承担社会责任，[1] 企业社会责任的概念随即在中国得到普及，引起了机关单位、企业与社会的极大关注。2008 年，国资委发布了《关于中央企业履行社会责任的指导意见》，首次对中央企业社会责任的履行进行指导。2011 年，国资委颁布《中央企业"十二五"和谐发展战略实施纲要》，将企业社会责任管理列为管理提升重点领域之一。随后，将企业社会责任上升为国家战略并逐步纳入法制化轨道。[2]

---

〔1〕 参见《公司法》第 5 条。

〔2〕 2013 年，党的十八届三中全会明确要求国有企业要以承担社会责任为重点，进一步完善现代企业制度，将企业社会责任上升为国家战略。2014 年，党的十八届四中全会明确要求加强社会责任立法，将社会责任推向法制化轨道，硬约束将成为推动企业负责任经营的中坚力量。

在海外投资领域,2013 年,商务部与环境保护部联合发布了《对外投资合作环境保护指南》(以下简称《环保指南》),引导"走出去"企业履行社会责任,造福当地人民。《环保指南》将企业社会责任定义为包括宗教信仰、民族风俗、劳工合法权益和环保责任等多方面的内容,旨在指导和规范企业的投资经营行为,引导企业履行环保责任,支持东道国的可持续发展。近年来,随着企业社会责任法制化和全球化的不断推进,越来越多的海外投资者意识到在自身发展壮大的同时还需承担相应的社会责任,这不仅有利于全球经济的和谐发展,还有利于提高中国企业的国际竞争力和可持续发展能力。

(二)中国海外投资企业社会责任法律制度的问题

1. 海外投资企业社会责任法制化程度不足

目前,中国海外投资企业社会责任法制化程度较低。中国虽将企业社会责任上升至国家战略,但关注的重点仍是国内企业及中央企业在海外的经营行为,缺乏对海外投资企业在整体层面的有效管理。新《公司法》主要规制企业的域内行为,而对企业社会责任的域外监督"鞭长莫及"。目前,监督海外投资企业社会责任的规定散见于各种规范性或政策性文件,但几乎都只涉及对中央企业的管理。《环保指南》作为唯一规范海外投资企业社会责任的法律文件,其相关规定较为粗糙和笼统,宣示性和指导性较强,缺乏硬性约束条款和惩罚机制,导致实践中企业承担社会责任的随意性较大。

2. 缺乏对海外投资企业在东道国行为的监督

非洲当地居民指出,相较于西方企业,企业社会责任并不是中国企业商业计划的内容之一;同时,中国企业鲜有参与社区事务或当地社会活动,更没有公开或讨论环境保护和人权的措施。2017 年,进入《财富》世界 500 强的中国企业有 115 家，其中 67 家企业发布了企业社会责任报告，占比 58.26%。在中国 500 强企业中，仅有 140 家企业发布了企业社会责任报告，占比 28.00%。[1] 由此可知，那些实力较弱、社会责任理念不强的企业往往会忽视东道国的环境、人权及劳工等问题。揆之于现实，中国虽发布了《环保指南》，但尚未建立系统的事后监督机制。此外，其他相关政府部门也缺乏对海外投资企业域外行为持续监督的重视，导致中国企业社会责任的履行效果并不理想。

第二节　中国海外投资管理权法律制度完善的基础

一、中国海外投资管理权法律制度完善的现实依据

（一）中国海外投资管理权法律制度完善的经济依据

2018 年中国海外投资流量为 1430.4 亿美元，海外投资流量的全球占比创历史新高，位列全球第二。在过去十年间，中国海外投资规模扩大了近十倍，赴海外的投资主体、投资领域和投资目的地越发多元化，种种迹象表明中国企业在全球化发展进程中迈入了一个新阶段。[2] 在这个阶段，中国的海外投资活动主要呈现以下特点：

一方面，企业实力不断攀升。改革开放以来，随着经济的快速增长，中国企业的实力显著攀升。不少企业具备了大规模国际化的条件和能力，纷

[1] 黄群慧、钟宏武、张蒽等：《中国企业社会责任研究报告：十年回顾暨十年展望（2015年）》，社会科学文献出版社 2015 年版，第 50、60 页。

[2] 王辉耀、苗绿：《中国企业全球化报告（2016）》，社会科学文献出版社 2016 年版，第 1 页。

纷走出国门参与全球化经济。目前,中国企业“走出去”的方式逐步由外贸出口转向海外投资,且投资的动机及涉足的领域也都发生了较大变化,前者从最初的能源资源依赖、产品输出转向技术合作、基础设施建设及市场拓展等多重组合,后者从高能耗、低技术的项目逐渐向低能耗、高技术的项目拓展。一些杰出的企业,如中粮农业、紫光集团已经开始整合国际资源,加速全产业链上的国际化发展布局。可见,中国企业在国际上的竞争力和话语权正在不断上升。

另一方面,海外投资日趋活跃。根据CCG数据库,跨国并购是中国企业海外投资的最主要方式,自2000年至2016年上半年,中国企业海外投资数共计2858起,其中跨国并购为2515起,占比88%。从2006年起,中国企业跨国并购的案例呈直线攀升趋势,2015年已达致498起,再创新高。[1] 相较于跨国并购,中国企业的海外绿地投资数目较少,不过在投资金额上却超过了跨国并购。中国企业的绿地投资,通常因动机不同而选择在不同国家进行:其一,劳动或资源密集型企业为获取原材料往往选择在欠发达或发展中国家投资,在“一带一路”倡仪背景下,非洲成了它们的热门选择;其二,寻求转型升级的企业则主要将目光投向德国,2015年中国再次成为全球在德绿地投资项目数量最多的国家。[2]

总之,得益于中国企业海外投资在经济上的耀眼表现,国家和投资者都获得了“可观”的利益,包括但不局限于经济利益。然而,企业在海外投资过程中所遇到的形形色色的问题,尤其是中国法律层面的问题,导致这些利益并非是“坚不可摧”。无论是出于维护或保护国家与投资者的利益,抑或保

---

〔1〕 王辉耀、苗绿:《中国企业全球化报告(2016)》,社会科学文献出版社2016年版,第17页。

〔2〕 王辉耀、苗绿:《中国企业全球化报告(2016)》,社会科学文献出版社2016年版,第17页。

障海外投资市场可持续发展的考虑，中国都需要对海外投资加强管理，完善海外投资管理权法律制度。

（二）中国海外投资管理权法律制度完善的政策依据

当前，海外投资逐渐受到各国政府的重视，不论社会制度与意识形态，不论文化偏好和地理背景，不论经济发展水平如何，各国都将海外投资上升为国家战略。[1] 实践中，海外投资战略基于各国国情不同，手段不同、方式各异，[2]具体到中国，主要涉及企业“走出去”战略和“一带一路”倡议。

1. 企业“走出去”战略

面对全球经济形势的变化，为充分利用国内、国外两个市场、两种资源，积极参与经济全球化竞争，掌握国际竞争的主动权。党中央适时地提出了企业“走出去”战略规划，鼓励国内投资者跨出国门去海外投资。“走出去”是一个形象的说法，广义上包括一个国家在政治、军事、经济、文化、教育、新闻等各个领域跨界的活动；狭义的“走出去”，主要指经济层面的“对外投资合作”，海外投资是它的核心内容。[3] 追本溯源，企业“走出去”战略肇始于1979年，国务院在其下发的《关于经济改革的十五项措施》中，明确提出“允许出国办企业”，由此，中国企业开始尝试性地启动海外投资活动。为顺应世界经济一体化潮流，以及中国对外经济发展的阶段变化，企业“走出去”战略一直处于不断地补充和深化之中，包括十四大至十八大报告等党中央文件和领导人讲话中，都有涉及企业“走出去”的相关内容。与此同时，海外投

〔1〕 杨丹丹：《中外对外直接投资比较研究》，辽宁大学2011年博士学位论文，第28页。

〔2〕 裴长洪等：《中国海外投资促进体系研究》，社会科学文献出版社2013年版，第59页。

〔3〕 参见《在危机中捕捉机遇 加快实施“走出去”战略——2009商务形势系列述评之三》，载中华人民共和国商务部网站：http://www.mofcom.gov.cn/article/zhengcejd/bq/200912/20091206689543.shtml，2009年12月22日最后访问。

资管理的内容也处于不断地调整和细化之中,因为完备的海外投资管理体系,既是保证企业利益的需要,也是保证国家利益的需要。更进一步讲,中国需要一部系统的海外投资管理法及其法制体系来保障这些利益,而企业“走出去”战略的推进,恰好为完善海外投资管理权法律制度提供了重要的政策支撑。

2.“一带一路”倡议

2013 年 9 月和 10 月,国家主席习近平分别提出了共建“丝绸之路经济带”和“21 世纪海上丝绸之路”的构想,即“一带一路”构想,标志着新的构想已在世界政经版图中从容铺展。2015 年 3 月,国家发改委、外交部、商务部联合发布了《推动共建丝绸之路经济带和 21 世纪海上丝绸之路的愿景与行动》,清晰地勾勒出“一带一路”的共建原则、框架、思路、合作重点与机制等内容。“一带一路”倡议以中国为起点,一路向西,地理范围辐射至东南亚、南亚、中亚、西亚北非、中东欧以及西欧等地区,涉及 64 个国家、44 亿人口。这些国家大多属于具有后发优势的新兴经济体或发展中国家,它们经济活力好、发展潜力大,并且具有开展互利合作的广阔前景。是故,自“一带一路”倡议提出以来,这一跨越时空的战略构想引起了国内、相关国家或地区,乃至全球的高度关注和强烈共鸣。可见,“一带一路”倡议构想不仅符合中国的利益,也符合相关国家或地区,乃至世界的利益。

目前,“一带一路”建设项目正在加速落地,以海外基础设施建设为主的“一带一路”倡议正在为中国海外投资开辟一个新的时代,促使中国加速融入世界经济。因此,“一带一路”倡议对海外投资来说存在相当大的战略价值和战略空间。

从国内战略意义来看,其一,推进国内产能及外汇输出。自 2010 年以来，中国经济出现了产能过剩及外汇储备过剩而导致的资源配置低效，“一带一路”不仅能够全面转移那些对中国来说是过剩产能、却是沿途国家发展需要的有效产能，还能够增加投资领域的本币结算，为构建和拓展“人民币圈”开辟新航道。其二，弥补海外投资的安全短板。从现实看，中国的崛起引发了诸多国家的担忧和敌视，海外投资首先要考虑外部环境的安全问题，“一带一路”倡议将沿途国家置于整体性框架下，可有效降低投资环境的复杂性或不稳定性。其三，实现西部大开发的新升级。当前，中国扩大对外开放最大的潜力在西部，“一带一路”在本质上是一种“西向政策”，能够加强中国西部地区与中亚、南亚、西亚地区的经济合作，是协调国内区域发展平衡的关键一环。

从国际战略意义来看，一方面，“睦邻友好”一直以来都是中国外交的基石，“一带一路”倡议突破了“自我中心主义”的利益观，秉持沿途国家“命运共同体”的新理念，强调平等互利、和平发展与合作共赢，标志着中国与沿途国家关系的重大转变；另一方面，“一带一路”倡议是中国主动地、积极地参与21世纪全球治理顶层设计的表现，对于维护世界和平、推动全球发展与中美构建新型大国关系相得益彰。

需要指出的是，与企业“走出去”战略相比较，“一带一路”倡议与之既有共性的一面，又有本质的不同，具体而言：一方面，“一带一路”倡议与企业“走出去”战略一脉相承，它囊括了不少既有的海外投资政策主张，比如跨欧亚交通带建设、与中亚和俄罗斯能源合作；另一方面，与中国单方面主张企业“走出去”战略不同，“一带一路”倡议需要同沿途的国家或地区开展一种领域更广、层次更深的合作机制。是故，看待“一带一路”倡议视角下的海外投资，应当站在一个更高的层面，中国作为“一带一路”的倡导国，在推进“一带一路”倡议实施的过程中,当务之急是完善海外投资法治环境,建立具有时代意义的海外投资管理权法律制度。

二、中国海外投资管理权法律制度完善的基本原则

海外投资的积极作用毋庸置疑,但国家疏于管理的负面效益亦不容忽视,正如前文所述,将给投资国、东道国国家利益以及投资者自身经济利益带来破坏性的影响。是故,投资国有必要对现行管理法律制度进行完善,兼顾各方主体的现实利益,实现投资国、东道国和投资者,甚至全球政治、经济效应的最大化。著名管理学大师亨利·法约尔(Henri Fayol)曾指出,“没有原则,人们就处于黑暗和混乱之中”,“要管理,人们就需要依据一些原则,需要依据一些被接受、被论证过的道理”。[1] 结合国际海外投资管理权的理论成果和中国实践,本书认为,完善海外投资管理权法律制度的基本原则,应当包括法治化原则、国际化原则和可持续发展原则,这三项原则是一个具有内在逻辑联系的有机整体:法治化原则解决国内层面的权力问题,国际化原则解决国际层面的关系问题,而可持续发展原则解决海外投资的效益问题。

(一)法治化原则

政府权力的来源与边界历来是法治所关注的重点。海外投资管理权必须依据法律赋予,否则执行机关不得享有或行使任何权力,同时海外投资管理权须受到法律的制约。完善中国海外投资管理权法律制度的法治化原则,主要表现在以下两个方面:

一方面,海外投资管理权来源于法律规定。企业“走出去”战略和“一带

[1] 高宏德:《国外著名管理学家论管理》,四川科技出版社1998年版,第8页。

一路”倡议的相继提出，表明了国家对海外投资的重视程度，然而，实践中战略的实施大都依靠政策推进，缺乏法制化的支撑。国家作为海外投资管理权的决策主体，有权依据现行政策对相关事宜进行立法，因为法律能为政策的目的服务并为政策建立稳定的预期目标。立法体系的完备是一国法治的前提和基础，是良法在量上的表现。[1] 中国在“有法可依”的基础上，还需注重立法“质”的提升——保障法治目标的实现。海外投资市场是一个“多重需要保护”的社会，既要保护投资国利益，也要保护投资者利益，更要保护东道国的利益。因此，一国海外投资管理权的顶层设计，应当考虑投资国与投资者、投资国与东道国两组利益关系，并在法律框架下编制政府权力清单及权力运行流程图，依法向社会公布，有效减少海外投资管理权的“越位”，维护法律权威。

另一方面，海外投资管理权的行使应当符合法律的规定。一国政府必须符合“法无明文规定即禁止”的行为准则，在法定范围内行使海外投资管理权。既然法律为海外投资管理权设定了界限，那么，也就为投资者在边界之内和底线之上的海外投资活动保留了必要的空间，政府不得在该空间内对投资者及其行为进行管理，否则政府的行为就可能侵权，这也意味着法律对政府有限的授权。可以说，法治要求以人为本、为人服务，经济贸易的法律与政策只有和人类的生活联系起来，才被赋予了色彩与意义。[2] 更进一步讲，在经济全球化背景下，投资国行使海外投资管理权，旨在消除国际市场机制发挥作用的过程中不适合本国经济发展的障碍。是故，为了实现这一目的，投资国必须严格依照法律的实体性和程序性规定行使海外投资管

---

〔1〕 李龙、汪进元：《良法标准初探》，载《浙江大学学报》（人文社会科学版）2001 年第 3 期。

〔2〕 何志鹏：《全球化经济的法律调控》，清华大学出版社 2006 年版，第 359 页。

理权,防止权力行使中的错位、越位或缺位造成的不良后果,因为其不仅可能影响投资者或东道国的利益,还会阻碍投资国甚至全球整体利益的实现。

(二)国际化原则

经济全球化使得一国的经济战略与法制建设更具国际性,因此国际化应当成为各国的一种发展战略;尤其对发展中国家来说,它不该是顺应时代潮流的盲从行为。随着中国对外经济战略由单纯的“引进来”转向“引进来”与“走出去”相结合的方式,海外投资活动在数量上逐渐增多,然而,实践中,不少投资者带有很大的盲目性,因此即使中国被称为投资大国,也远远达不到投资强国的水平。是故,中国海外投资管理权法律制度的完善应将国际化作为其主动迎接世界经济挑战与多极化竞争的原则与策略,并在国际化方针的指导下,走国际化管理路线,提高海外投资的质量与效果,为中国及其投资者在国际竞争中赢得更多的话语权。具体而言,包括以下几个方面:

其一,完善海外投资管理权法律制度,应与国际惯例接轨。海外投资涉及资本的跨国流动,对它的管理无不与国际因素相关,因此国际惯例中的共同原则或规则理应被海外投资者遵循并成为海外投资立法的重要内容。否则,一国的立法必然背离国际市场的经济规则,将自己拒之于世界市场之外。其二,完善海外投资管理权法律制度,应与国际立法相协调。边沁(Jeremy Bentham)在《道德与立法的原理导论》中提及国际法时谈到,人的行为受法律调整的政治性质,如果属于不同国家,则为国际法理学;主权者之间相互交往的事务,也属于国际法理学这一框架范围。[1] 当前,现实中诸多国际法律规范较为模糊,在很大程度上需要国内立法进行补充说明,才能

〔1〕 Jeremy Bentham, *An Introduction to the Principles of Morals and Legislation*, London, Methuen, 1970, p. 296.

指导投资行为、排除纷争。当然,中国海外投资法制建设必须注重国际因素,首先不得违反已生效的双边或多边条约等现行国际法规则,其次还应将诸多海外投资实务问题纳入国际法律层面来探讨,对伦理、政策导向等进行深入研究。这样一来,中国不仅有效参与经济全球化参与秩序的发展,还能够确保国际立法的发展符合中国实践的需要,只有两者协调一致,才能相得益彰。其三,完善海外投资管理权法律制度,应避免与他国发生冲突。由于海外投资管理权具有天然的域外效力,它易于同他国的属地管辖权发生矛盾与冲突。对此,中国可以通过单边让步的方式予以避免,这也意味着中国主动削弱了自己域外管辖的权力,以及对部分海外利益的放弃。这种做法既是国际礼让原则的适用,也是中国作为“负责任的大国”的体现,它不仅能够促使他国理解、接受中国在其领域内的管理事实,还能在很大程度上成为国家间进一步交流与合作的基础。

(三)可持续发展原则

自1992年联合国在里约热内卢召开人类环境与发展会议后,“可持续发展”已成为多边国际环境法律框架的核心概念。[1] 该概念通常能够通过双边或多边条约的接纳产生一定的规范意义。在国际投资领域,2012年,联合国贸易和发展会议制定了“可持续发展的投资政策框架”(Investment Policy Framework for Sustainable Development,IPFSD),意味着国际社会就投资政策的“共同路径”达成了初步共识,显示了投资政策的新发展。[2] IPFSD产生的主要背景源于两个方面:其一,传统国际投资政策片面强调资

〔1〕 邓烈:《论“可持续发展”概念在国际法上的意涵》,载《中国法学》2009年第4期。
〔2〕 曾华群:《“可持续发展的投资政策框架”与我国的对策》,载《厦门大学学报》(哲学社会科学版)2013年第6期。

本输出国(主要是发达国家)及其海外投资者权益所造成的时代挑战;其二,国家间投资地位的变化,尤其是一些新兴市场国家(主要是发展中国家)逐步建立了与发达国家之间的双向投资关系。

当前,中国具有资本输入国与输出国的双重身份,这种“身份混同”有利于推进“换位思考”,对自己的海外投资制度进行全面反思,并在建构“可持续发展”的国际投资新秩序中大有作为。从国际经验来看,OECD成员国自20世纪末以来,开始重视本国的海外投资与投资者的责任,结合传统的海外投资制度,制定一系列政策措施或计划,促进“负责任的投资”。〔1〕本书认为,中国在基于IPFSD完善海外投资管理权法律制度时,可以从国家和海外投资者两个方面来探讨:

一方面,从国家的角度看,中国要促进实施负责任投资的国内措施。虽然IPFSD为国际投资提供了法理基础,但其毕竟只是一份“专家指南”,缺乏国际法效力。在新的国际通行规则形成前,中国应当参考其核心价值,适时调整、健全和完善国内法制建设。要通过投资促进可持续发展,最大限度地发挥投资的积极作用、消除投资的消极作用,须充分协调投资促进与投资管理间的关系。〔2〕可以说,海外投资发展的趋向和严峻的国际现实都要求中国采取负责任的投资,在海外投资管理权法律制度中融入“可持续发展”的新概念,逐步减少直至杜绝有害投资。

另一方面,从海外投资者的角度看,要以企业社会责任作为附加条件。

---

〔1〕 Riva Krut and Ashley Moretz, *Home Country Measures for Encouraging Sustainable FDI*, *Occasional Paper*, No. 8, Report as part of UNCTAD/CBS Project, CBS, November 1999.

〔2〕 *Towards a New Generation of Investment Policies*, *UNCTAD*, *World Investment Report* 2012, 2012, pp. 116–118.

近年来，中国海外投资因频频遭受东道国的“非法律障碍”[1]而损失惨重。例如，中缅密松水电站投资项目被无限搁置；又如，中国因在厄瓜多尔投资建设中发生严重事故而引发当地居民的抗议。事实上，“非法律障碍”的出现主要源于发生上述事件的国家多为经济实力与法制环境较为薄弱的国家，相关环境、劳工等标准的欠缺为中国企业规避“法律”上的责任提供了空间。这些中国企业虽未违背东道国法律，但其投资活动所遵循的标准明显低于国际普遍标准或投资国标准。是故，中国不仅应要求投资者严格地遵守东道国法律，还应要求投资者遵守国际共同的规则和原则，并加强本国法律的域外效力，使中国企业在全球范围内维持不低于中国标准的投资经营行为。就跨国公司而言，更要适用严格的企业社会责任标准，做负责任的投资人。唯有如此，投资者才能有效防范风险，实现与东道国的和谐共赢，在为东道国的发展作出贡献的同时，实现自身利益的可持续发展。

三、中国海外投资管理权法律制度完善的方式

如前所述，中国须对海外投资进行适度的法律管理，以期实现国家和投资者利益的激励相容及国际社会整体福祉的最大化。奥斯特里（Sylvia Ostry）指出，一个日益全球化的世界对于系统分歧的容忍度是很低的。[2]是故，在世界经济一体化背景下，中国有必要掌握国际投资趋势并借鉴发达

---

〔1〕“超越法律”的企业社会责任是企业对那些超出法律义务规定的复合社会价值和期望的责任的承担。本书认为，在东道国法律标准较低时，中国企业应超出东道国法律标准承担责任，因此需要中国相关法律的域外适用。关于“超越法律”的企业社会责任的详细论述参见周林彬、何朝丹：《试论“超越法律”的企业社会责任》，载《现代法学》2008 年第 2 期。

〔2〕Sylvia Ostry, *The Post-cold War Trading System*: *Who's on First*?, University of Chicago Press, 2008. 转引自宋立刚、杨继东、张永生、荀琴：《中国国有企业对外直接投资与体制改革》，载《国际经济评论》2013 年第 1 期。

国家的管理经验,运用先进的、科学的管理方式,制定符合世界潮流的、具有时代意义的海外投资管理权法律制度。总体来说,海外投资管理权法律制度完善的方式,表现在从“直接管理”到“间接管理”,从“事前审查”到“全程管控”,从“国家管理”到“全球治理”三个方面。

(一)从“直接管理”到“间接管理”

当前,世界各国对海外投资的管理主要有直接管理与间接管理两种模式。从现实看,发达国家基本已经废除了对海外投资的直接限制。它们通常不再对海外投资项目进行审查,或完全放松外汇管理等,偏重以间接方式干预海外投资者及其行为。在间接管理中,国家并不会针对海外投资项目作出“允许”或“禁止”的判断,而是通过对相关行为或后果的管控,达致影响或改变投资者行为的目的,以维持一国及世界的经济秩序。例如,反垄断法旨在抑制垄断行为、维护市场公平竞争,然而该法能在一定程度上改变投资者的海外并购决定,或对并购行为产生影响,从而对海外投资起到间接管理的效果。相较而言,囿于发展中国家不同程度地存在资金制约、技术限制和规模不足等经济问题。因此,无论是出于防止资金外流抑或保护本国企业之目的,甚至是基于某些政治因素的考虑,即使在投资自由化时代,它们也要求海外投资者进行事前申报。是故,这些国家在制定海外投资法律法规时,通常会立足于本国国情与经济发展,要求对企业实力、产业导向、技术构成及投资主体等方面进行审查,实现对海外投资者及其行为的直接管理。其中,对海外投资项目的审查是直接管理的主要内容,并最终呈现“允许”或“禁止”的结果。

当前,中国经济实力和技术水平大幅提升,作为海外投资大国,中国在开放的世界市场中应大有可为。本书认为,中国应当逐步减少针对海外投资的直接性管理,如放松对海外投资项目的限制、简化海外投资的审批程序,转向通过间接性管理方式,对海外投资者的垄断行为、腐败行为及社会责任等问题进行倾斜式关注,全面提高海外投资的整体效应;同时,通过税收优惠、不予提供担保等手段引导投资者向符合中国利益的方向发展。

(二)从"事前审查"到"全程管控"

作为海外投资领域的"新人",中国政府对待海外投资一直持谨慎的态度,尤其重视对海外投资的事前审查,以防止企业盲目投资、资本外流及其他影响国内经济建设的情况,然而,对投资者"走出去"以后的行为却缺乏必要关注。综观西方发达国家,大多采取了常态化的管理手段。"常态化"体现在事前批准与事后监管并重;事中、事后的规制,更是约束企业投资行为的重要因素。[1] 结合国际经验和中国海外投资的现状,中国完善海外投资管理权法律制度,应当重视"什么应该管""什么不应该管""到底如何管"三个问题,换言之,就是要实现"管放结合",保证国家的管理行为既是适度的又是有效率的。

一方面,中国应当简化海外投资事前审查制度。在投资自由化背景下,除保留必要的关系国家安全或社会整体利益的行政审批事项外,应努力清理过多的、不同层级或部门之间重复的行政管理,采取诸如简化投资审批程序、放宽外汇审查、发展电子政务和调整投资者资格审查标准等措施,降低企业从事海外投资的交易成本,减少投资活动的行政阻碍。另一方面,中国应当实现对海外投资者及其行为的全过程管控。海外投资通常只是涉外经济行为的开端,投资者在东道国的经营行为更加需要投资国的关注。是故,

---

〔1〕 林勇明:《美国投资管理:管放结合的启示》,载《中国投资》2015年第5期。

中国应当在国际法允许的范围内加强对本国投资者的管理,将管理活动贯穿于投资行为的全程之中,在简化事前审查的同时,需加大事中跟踪和事后监管。当然,这种对投资者后续的管理并非意味着“控制”,而是一种互利的帮助和支持,它不仅对政府管理较薄弱的东道国是一种有益的补充,也能助力中国企业大量地进入国际市场并融入当地社会,实现可持续发展。

此外,海外投资管理权法律制度建设是一项长期性的工程,决定其建设质量的标志在于“效果”。是故,政府的“全程管控”应被置于“成本—收益”的分析框架中,并建立可评估的政府管理“成本—收益”指标系统,从而不断地提升政府部门依法管理的能力。

(三)从“国家管理”到“全球治理”

在威斯特伐利亚体系下,民族国家对海外投资的管理发挥决定性主导作用。然而,这种“国家管理”模式已经无法回应发展的世界和变化的现实,无法促进全球整体利益的实现。[1] 相较于国家管理,全球治理是一个内涵更加丰富的概念,是当今世界的主题词之一。在这种时代背景下,中国海外投资管理权法律制度的完善应体现“全球治理”:其一,从主体上看,要求参与主体的“多元化”,除国家依然扮演主要角色外,海外投资管理体系包括更多的主体,如跨国公司、国际组织及个人等利益攸关者,他们能够在相当程度上提升中国海外投资管理权的行使效果。其二,从规则上看,海外投资最大的问题是单纯的市场手段无法应对复杂的国际环境。是故,建立一套科学合理的规则至关重要。全球治理强调利益攸关者在海外投资规则制定中的作用,他们不仅可以通过具有约束力的规则参与进来,还可以影响或改变

〔1〕 David Held and Anthony McGrew, eds., *Governing Globalization: Power, Authority and Global Governance*, Cambridge, Polity Press, 2002, pp. 305 – 324.

规则的内容，尤其是涵盖环境、社会发展和企业社会责任等内容，体现的是“统一共治”的理念。其三，从路径上看，一般认为有效的全球治理需要多重的合作框架。可见，中国单方面地修改海外投资法律规则，调整与东道国之间的关系，促使本国海外投资朝平等、公平和共益的方向发展，这既是中国的诚意，也是中国参与多重合作的基础。

准确地说，完善海外投资管理权法律制度更多的是一种“国内治理”，并将效果延伸至其他国家的“全球治理”。事实上，海外投资管理权法律制度的国内治理和全球治理通常呈现良性的、积极的互动态势，两者相互贯通、相互渗透：中国海外投资管理权法律制度的完善离不开对国际投资法之原则、规则等内容的借鉴、吸收和转化；同时，随着自身实力的增强，中国将通过海外投资在全球治理中发挥更大作用，为建设互利双赢的和谐世界“保驾护航”。

第三节　中国海外投资管理权法律制度完善的具体措施

总体上，中国应当建立具有前瞻性，既符合基本国情、又能与国际接轨的海外投资管理权法律制度，以《海外投资法》作为基本法，下设各种法规、规章等，同时与其他相关法律制度配合，建立“以大带小”“以一带多”的法律框架，形成海外投资管理的合力。具体来说，结合前文所提及的问题，完善海外投资管理权法律制度主要包括以下五个方面的措施：

一、完善中国海外投资审查法律制度

中国海外投资的迅猛发展,致使现行审查制度的弊端逐步暴露。本书认为,完善海外投资审查法律制度,主要涉及审查机关、审查对象与审查内容等方面。

(一)统一海外投资审查机关

第一,统一审查机关。商务部、发改委和国资委等机关的多头管理必然导致海外投资效率的减损。对海外投资的多重管理进行改革,一般有两种途径:其一,设立一个专门的海外投资审查机关,全权负责海外投资审查职能;其二,维持现有审查机关不变,厘清各机关的管理权限。从国际实践来看,部分发达国家所涉及的审查机关通常是一个专门的对口机关,如韩国的外汇银行、日本的财务省。立足于海外投资发展现状及未来趋势,中国应当统一审查机关。由于产业政策指导和外汇风险评估是海外投资审查的两大目标,因此可以由商务部和外汇管理局联合成立海外投资审查委员会,以消除多重管理的现象。

第二,简化审查程序。审查程序的烦琐势必增加海外投资的阻力,要简化审查程序,可根据现实情况分两步操作:第一步,设立一站式服务窗口,集中办理现行制度中需要商务部、发改委分别审查的事项,同时加强各审查机关之间的交流合作和信息共享;第二步,在统一审查机关后,多头管理的问题随之解决,自然就简化了审查程序。同时,在具体的审查中,还应简化相关材料或手续,实现审查方式的便利化,缩短审查周期,提高审查效率。

(二)完善海外投资审查对象

第一,完善企业海外投资审查法律制度的相关规定。一方面,对中央企业来说,政企不分的弊病引发了海外投资审查中的诸多问题,要解决这些问题,当务之急是破解国企改革中的深度、硬度和难度。2015 年,国务院出台了《关于深化国有企业改革的指导意见》,促使对中央企业的改革进一步提速。此外,要完善中央企业的海外投资审查,国资委应当提高审查的有效性。明晰的产权制度是有效监管的前提,因此,中国尤其应当重视海外国有产权登记制度的建设。另一方面,对民营企业来说,海外投资活动自 2014 年起呈爆发式增长,但现行政策法规对它关注较少,不利于维护民营企业开展海外投资的良好势头,应通过立法加强关注。需要指出的是,民营企业与中央企业存在本质的不同,没有必要对两类企业适用统一的审查制度。在投资自由化背景下,对民营企业的审查标准应当宽于中央企业,使之能够适应时代的要求。

第二,明确个人海外投资的主体地位。个人海外投资法律制度的缺失,导致了国家对个人海外投资的审查于法无据。从国际实践看,除危及国家安全的投资会受到审查外,发达国家对个人的海外投资并无限制。在金砖国家中,超过半数国家逐步地、有条件地明确了个人海外投资的主体资格,如印度、巴西和南非。从国内现实看,2015 年,国务院批转发改委《关于深化经济体制改革重点工作的意见》,明确表示要“择机推出合格境内个人投资者境外投资试点”,首批试点包括上海、重庆等六个城市,这意味着个人海外投资的政策终于开闸,个人有望到海外捕捉更多的投资机会。总之,中国应结合国内外的相关情况,加快在立法层面上明确个人海外投资主体资格的步伐,使之更加透明化、合法化,为个人海外投资的发展提供制度保障。

(三)完善海外投资审查内容

加强事中、事后管理。如果说在投资者数量有限的海外投资初期,事前审查等粗放式管理尚且有效。那么,在中国海外投资流量屡创新高的今天,静态化的“一次性审查”无异于螳臂当车,无法防范国际市场的失灵;同时,负面清单管理方式的改革需要一系列制度予以配合。基于此,中国应重视海外投资活动动态化的“全过程监管”:其一,在立法中体现事中、事后管理。例如,中国虽有针对海外投资企业经营利润或资产汇回的相关规定,但实践中,东道国出于国际收支失衡或财政困难等因素的考虑,有时会限制资本(投资和投资收益)的回流,抑或投资者对资本回流的主观意愿较低,从而导致国家利益的减损。因此,中国要加强海外投资的事后管理,须对现行立法进行修正。此外,中国还应加强与其他国家的合作。目前,中国已与新加坡、英国、韩国等签署 BIT 并对资本转移的限制予以规定,其中,2007 年中韩 BIT 详细地列举了对资本转移的限制条件,有利于落实资本汇回的规定。其二,事中、事后的管理应实现国家与投资者间的激励兼容,避免管理机关在“放任”和“管死”之间循环反复。其三,要夯实海外投资者的信用基础,引入信用评价机制,对守信者实施激励、让失信者付出代价。

二、完善中国海外投资税收管理法律制度

优化海外投资税收管理法律制度,中国应当兼顾维护国家税收主权和投资者利益,对现行法律制度进行修正或完善。

(一)建立严格的日常税收管理法律制度

在经济加速全球化的大视野下,2013 年,国家税务总局以国际税收管理

工作为专题召开会议,进一步明确了国际税收管理的总体思路。[1] 是故,海外投资的日常税收管理应当强化跨境税源管理,实现"摸清底数""规范管理""防范避税",以有效预防中国海外税款的流失。

第一,理顺海外投资税收管理机构职能。从国际上看,许多海外投资大国都在税务系统内部设有专门的国际税收征管部门,中国可以借此经验,对现行按税种分设内部机构进行征管的做法进行调整,将各个税种的国际税收职能交由国际税务司和省级国际税务管理机关实行统一管理。

第二,拓宽获取海外投资税收信息的渠道。从国内信息和国际税收情报两个层面构建海外税收信息数据库。在国内层面,应在部门之间建立涉税信息共享机制,不仅要强化税务系统内部的信息协作与沟通,还应实现国家税务总局与商务部、统计局、海关、发改委以及外汇管理局等相关部门之间涉税信息的协作与沟通。在国际方面,应当完善国际税收情报交换机制。国际税收情报交换是世界经济一体化高速发展的产物,[2] 其在国际上的迅猛发展能够对中国形成倒逼机制,有效拓宽国际税收情报的获取渠道。

第三,完善海外投资税收征管制度。具体而言,其一,完善海外投资登记、备案及涉税信息报告制度。中国应当积极利用国内信息和国际税收情报,建立海外投资税源管理系统并形成涉税档案。其二,健全海外所得申

---

〔1〕 认真贯彻落实党的十八大精神,以维护国家税收权益为主线,以风险管理和纳税人需求为导向,完善反避税工作、非居民税收管理、"走出去"税收管理和国际税收征管协作机制,强化国际税收法律制度保障、信息保障和人才保障,全面推进国际税收管理,不断提升为开放型经济服务的水平。参见《税务总局:强化跨境税源风险管理 完善四大机制建设》,载中国政府网:http://www.gov.cn/gzdt/2013-07/29/content_2457544.htm,2013 年 7 月 29 日最后访问。

〔2〕 美国推进的 FATCA 打破了瑞士银行客户信息保密的壁垒,OECD 倡导的《多边税收征管互助公约》吸引了越来越多的国家加入,G20 税改的重要成果之一就是制定了金融账户涉税信息自动交换标准,并签署了《金融账户涉税信息自动交换之多边政府间协议》,这些现象均表明国际税收情报日益受到国际税收领域的关注。

报、征税和税务检查等制度。中国应对现行申报制度予以完善和细化，着重规范海外所得的申报内容、期限、方式、材料、举证责任、操作流程及相关滞纳金和罚款等事项。其三，完善海外账簿、凭证管理制度。依循国际惯例，对海外子公司的账簿、记账凭证等相关事项制定详细的规定。其四，推动国内法律制度的发展。目前，新修订的《税收征管法》及其实施细则等相关规定尚未对海外投资税收问题作出系统、全面的规定，因此中国应当将该问题纳入修法的范围内，建立或完善各项具体制度及其操作办法。

（二）优化反避税税收管理法律制度

1. 优化避免国际重复征税制度

中国税制改革宜顺应世界潮流，因此避免国际重复征税制度宜在充分体现国家特色、借鉴国际先进经验的基础上，采用“两步走”改革战略。

第一步，完善现行“抵免法”。一方面，中国应将石油企业的“选择制”拓展至所有海外投资者。其一，选择制赋予投资者税收筹划空间，让他们可以根据自己的实际需要进行选择，同时，宽松的制度环境可在一定程度上预防国际避税行为。其二，选择制体现了海外投资税收管理的灵活性，降低了改革的成本和剧烈程度，能够为中国由“分国不分项限额抵免法”转向“综合限额抵免法”，乃至更长远的改革设立一个过渡期。另一方面，适度放宽税收抵免的要求。中国的海外投资尚处于发展期，总体来说，“总持股 20%、层级持股 20% 和三层间接抵免”的标准符合当前实际，但随着“走出去”战略与“一带一路”倡议的全面深入，该标准可能过于严格，会在一定程度上抑制投资者的热情，造成国家海外税收的间接减少。是故，中国应当适度放宽海外投资税收抵免的要求，将石油企业五层间接抵免的方式逐步拓展到所有海外投资者。不过，这项改革需要配套的制度和管理体系予以支持，否则又将造成国家海外税收的直接损失。

第二步,积极探索实施“免税法”的可行性:一方面,实行免税法是世界各国的发展趋势。中国应当关注这种国际趋势,因为免税法可以保证资本输入中性,大幅降低中国企业的税负,从而提高其国际竞争力。另一方面,实行免税法对中国的税收影响并不大。目前,国内学者对实行免税法有两点担心:一是会牺牲一部分海外所得的征税权;二是会刺激国际避税行为。事实上,就前者而言,该影响仅存在于东道国税率低于中国的情形。在中国减税改革的背景下,下调企业所得税税率的可能性非常之大,如果下调到20%,在多数情况下,东道国税率都会高于中国,所以实行免税法对国家税收收入的影响微乎其微;就后者而言,这种担心是多余的,因为任何国家的免税法都不可能是无限制的,中国的立法者也会在诸多方面设置附加条件,对海外投资者形成有力约束。

2. 优化受控外国企业法则

针对现行 CFC 法则中存在的问题,中国应当充分考虑其背后的各方立场,确立适合中国国情的,旨在打击国际恶意避税行为的 CFC 法则:其一,扩大主体的适用范围。建议在修订《个人所得税》时将个人投资者纳入 CFC 法则框架中,堵塞其避税漏洞。其二,对 CFC 法则的相关规定进行明确和细化。例如,既然中国已经引入了“实质控制”的概念,那么如何使之明确是不容回避的问题。囿于现阶段征管水平较低,强化表决权控制能够彰显法律的稳定性,从整体上强化投资者的纳税意识。随着征管水平的提升,待条件成熟时,应当推进事实控制的细化工作。[1] 又如,对“并非出于合理的经营

〔1〕 比如,可以将单一持股不足10%的关联股东所持有的股份合并计算,防止投资者利用关联方分散股权而免于被认定为 CFC。

需要"的内涵进行界定,界定时需要在国家税收权益和投资者竞争力之间寻求平衡,防止解释的任意扩大化伤及投资者真实的活动目的。再如,明确豁免规则中的"积极经营活动所得",根据国际经验应首先将所得划分为积极所得和消极所得,再进一步划分各明细项。其三,完善 CFC 法则豁免条款。建议增加豁免种类、扩大适用范围,设置多重豁免措施,但在提高灵活度的同时,要辅以配套措施防止国际避税机会的产生。其四,尽快完善 CFC 法则中所得的计算规则。

三、完善中国海外投资反垄断审查法律制度

(一)完善申报标准和审查标准

第一,建立多重申报标准。反垄断法只应禁止严重损害市场竞争的合并,因此并购申报的门槛不应太低,否则会对那些有利于市场竞争或中性的合并造成不必要的阻碍。[1] 国际上,美国 FTC 于 2006 年修改了 HSR 的申报标准,根据规定,实施合并的企业应同时满足贸易、成员规模和交易规模三个标准才需要申报。可见,美国对申报标准的规定较为精细,涉及中小企业的合并行为,或收购一方为大公司、被收购一方为实力较小企业的合并行为都无须申报。中国《反垄断法》可以以美国的申报标准为蓝本,在现行申报标准中融入更多的考虑因素,包括营业额、企业数量与规模、投资国别等,兼顾集中行为的形式和实质因素,建立经营者集中的多重申报标准。

第二,确立审查标准的理念。经营者集中审查标准是海外投资反垄断审查制度的重要内容。一般而言,审查标准与《反垄断法》的立法目标息息

〔1〕 王晓晔:《〈中华人民共和国反垄断法〉析评》,载《法学研究》2008 年第 1 期。

相关，就立法目标而言，可以是经济层面的——对市场秩序的维护，也可以是社会层面的——对中小企业的保护，还可以是政治层面的——对国家利益的维护。从各国反垄断实践来看，长期以来，世界尚未形成统一的反垄断目标，本书也无意对各种价值位阶进行探讨。就海外投资管理而言，本书认为，中国《反垄断法》的审查标准应当确定"国家利益"理念的优先性。揆诸现实，一旦中国企业在东道国实施垄断行为，首当其冲的是东道国或其他国家，因此它们会对中国企业并购中的各项协议或安排进行严格审查，如果该项并购行为具备影响市场竞争的可能，自然会遭到这些国家的阻止或惩罚，这既符合他国利益，也符合传统的国际法原则。而"国家利益"理念，旨在强调中国应当加强对企业海外并购的反垄断审查。不过，此处的"加强审查"不代表"全面审查"，中国审查标准的确立应与投资行为导致的那些直接的、实质性的和可合理预期的"中国影响"密切相关，防止海外并购行为对中国市场竞争的破坏。

（二）加强经营者集中的惩罚力度

反垄断法的威慑性可以助力法律的实施，而威慑性主要依赖于现行立法的内容。对海外投资者来说，他们通常会考虑违法成本与违法收益的预期：当违法成本低于违法收益时，投资者会趋于实施垄断行为；当违法成本高于违法收益时，投资者会趋于作出对本国市场有利的行为。是故，针对现行惩罚性措施的"量小力微"，中国应当重视威慑性在海外投资反垄断审查法律制度中的工具性价值，并不断强化其惩罚力度；同时还应多管齐下，综合运用民事、行政及刑事惩罚性手段，提高海外投资者的违法成本，迫使其为垄断行为承担高额的代价。

四、完善中国海外投资反腐败审查法律制度

美国著名国际刑法学家巴西奥尼(Parthapratim)曾经一针见血地指出,"对一个国家和社会的稳定而言,腐败犯罪是最大的威胁",它在很大程度上被认为是对发展中国家发展及经济增长最大的阻碍。[1] 当前,中国海外反腐败审查法律规定较为笼统,亟待完善,必要时可制定一部专门的海外反腐败单行法。

第一,扩大海外投资反腐败法的适用范围。中国应立足于现行法律规定,结合《公约》第16条第1项的要求,[2]进一步细化及优化对外国公职人员、国际公共组织官员行贿罪的规定,对该罪的行为对象、行为方式、行为目的、犯罪主体、法律后果及域外适用等相关问题予以明确。例如,将"财物"的范围从"金钱、实物及财产性利益"扩大到"非财产性利益";又如,将"给予"的范围进一步拓展,突破"实际给予"的限制性规定。虽然投资与腐败间存在一定的负相关,[3]该罪适用范围的扩大会给海外投资者带来束缚。不过从长远看,它不仅可以提升海外投资管理权的威慑力,削弱滋生腐败的可能性,还可以规范海外投资秩序,维护中国的国际形象。从国际经验看,严苛的反腐败审查能够助力海外投资秩序的健康发展。美国严厉打击海外投资活动中的腐败行为,虽曾导致部分投资者为避免受到FCPA的规制而减少

---

[1] Chanda, Parthapratim, "The Effectiveness of the World Bank's Anti-Corruption Efforts: Current Legal and Structural Obstacles and Uncertainties", *Denver Journal of International Law and Policy* 32, 2004, pp. 315–354.

[2] United Nations Convention against Corruption § (2).

[3] *Why is Corruption so Much More Taxing than Tax?*, The National Bureau of Economic Research, *Working Paper* No. W6255, 1997, p. 10.

与美国有关或在美国境内的交易行为,[1]但美国也因此获益,逐步巩固了自身海外投资大国的地位。

第二,提高惩治海外投资腐败行为的力度。惩治力度的提高主要涉及两个方面:一方面,在惩治措施上,较低的违法成本难以实现有效惩罚、产生威慑作用。中国应增加财产刑的适用种类和适用范围,提高罚金的数额并将其与投资者获得的利润挂钩,以切实加强经济处罚的力度,提高投资者在海外实施腐败行为的成本。另一方面,在惩治手段上,中国要依据海外腐败行为的危害程度,动态地运用综合性法律手段。换言之,除刑法手段外,还应当增加民事手段和行政手段,使腐败行为付出足以产生警戒效应的代价。在行政手段上,可设立资格罚,将那些在海外实施腐败行为的投资者暂时地或永久地逐出国际市场,使其丧失继续实施腐败行为的机会。另外,民事手段能够对经济惩治作出更科学的规定并降低执法成本,且民事证据的要求较低,诸多优势决定了中国应尽快填补海外投资反腐败审查法律制度中的这一空白。

五、完善中国海外投资企业社会责任法律制度

海外投资企业履行社会责任是实现中国、东道国和投资者的可持续发展,以及在全球范围内促进环境、人权和劳工等问题全面协调发展的关键所在。针对海外投资企业社会责任法律制度存在的问题,中国还有大量的工作要做,任重而道远。

一方面,提高海外投资企业社会责任法制化程度。一直以来,中国企业

---

[1] Marie M. Dalton, "Efficiency v. Morality: The Codification of Cultural Norms in the Foreign Corrupt Practices Act", *New York University Journal of Law & Business* 2, 2006, pp. 583 – 640.

片面追求经济效益的发展思路严重危害了东道国社会,加深了中国与东道国之间的对立和矛盾。对此,中国立法者也逐渐认识到企业社会责任承担的重要性和必要性,并不断完善企业社会责任立法,实现了部分“道德义务”向“法律责任”的转化。不过,现有海外投资企业社会责任制度在实践中并未取得明显效果,一是因为目前中国尚无一部专门的法律对其进行规范;二是因为相关法规极为混乱,具体规定又过于原则、可操作性不强。是故,中国应当从各种企业社会责任综合运用的角度,对现行规定散乱的、层级不高的立法进行整合,深化企业社会责任的顶层设计并逐步提高它的立法层级。

另一方面,构建海外投资企业社会责任监督机制。正如前文所述,在全球治理理论下,社会由政府、非政府组织和企业等多元主体共同组成,不同主体所发挥的作用并不相同。构建海外投资企业社会责任监督机制通常涉及自律和他律两个方面:前者属于企业的“自我监督”,海外投资企业通过转变自身观念,优化治理结构,主动地承担社会责任;后者表现为政府、非政府组织通过监督,引导海外投资企业承担社会责任。在海外投资管理权视角下,投资国政府监督机制是本书研究的重点,中国应当以法律机制推动海外投资企业承担社会责任并分担部分公共职责。具体来说,构建政府监督机制需要从以下两方面入手:其一,平衡各方利益。政府监督机制要求平衡好中国及其海外投资企业与东道国等各相关方利益,充分发挥各方促进企业社会责任发展的主动性和积极性,促进国际投资市场秩序、中国及其海外投资企业与东道国社会的可持续发展。其二,遵从企业社会责任国际规范。在世界经济一体化进程中,企业社会责任的国际规范正逐步形成,因此构建政府监督机制除考虑现实国情外,还须遵从相关国际规范。这样,不仅能助力中国企业在全球化时代立于“不败之地”,还能在促进全球可持续发展的同时,为中国企业赢得更广阔的发展空间。

本章小结

海外投资管理权并非是"空中楼阁",它需要建立在国家实践的基础上,而海外投资管理权法律制度正是这种实践的结果。揆之于现实,中国海外投资管理权法律制度是一种综合性的制度体系,主要包括海外投资审查、外汇管理、税收管理、反垄断审查、海外反腐败审查和企业社会责任等法律制度,它们在海外投资管理权法律制度中始终居于重要地位。然而,当前中国海外投资管理权法律制度无论在立法层面还是制度运行层面,都存在一些问题。

要解决这些问题,需要深入剖析完善中国海外投资管理权法律制度的现实依据、基本原则和方式。具体来说,中国应结合海外投资的现状——经济上,中国企业实力不断攀升,海外投资日益活跃,海外投资流量连创新高;政策上,中国先后提出企业"走出去"战略和"一带一路"倡议,在完善海外投资管理权法律制度中始终遵循法治化原则、国际化原则和可持续发展原则——实现从"直接管理"到"间接管理"、从"事前审查"到"全程管控"、从"国家管理"到"全球治理"的方式转变。

最后,本章希冀通过在分析海外投资管理权法律制度的现状及问题,探索其完善的依据、基本原则和方式的基础上,逐步完善各项具体法律制度,建立具有前瞻性,既符合本国国情、又与国际社会接轨的海外投资管理权法律制度,进而折射出中国海外投资理想图景的色彩和光辉。

图书在版编目（CIP）数据

海外投资管理权研究 / 王佳宜著. -- 北京：法律出版社，2020
ISBN 978 - 7 - 5197 - 4896 - 8

Ⅰ. ①海… Ⅱ. ①王… Ⅲ. ①海外投资 - 涉外经济法 - 研究 - 中国 Ⅳ. ①D922.295.4

中国版本图书馆 CIP 数据核字(2020)第 165574 号

海外投资管理权研究
HAIWAI TOUZI GUANLIQUAN YANJIU

王佳宜 著

策划编辑 蒋 橙
责任编辑 蒋 橙
装帧设计 鲁 娟

出版 法律出版社
总发行 中国法律图书有限公司
经销 新华书店
印刷 北京建宏印刷有限公司
责任印制 吕亚莉

编辑统筹 法律应用出版分社
开本 710 毫米 × 1000 毫米 1/16
印张 16.5 **字数** 192 千
版本 2020 年 12 月第 1 版
印次 2020 年 12 月第 1 次印刷

法律出版社/北京市丰台区莲花池西里 7 号(100073)
网址/www.lawpress.com.cn
投稿邮箱/info@lawpress.com.cn
举报维权邮箱/jbwq@lawpress.com.cn
销售热线/400 - 660 - 8393
咨询电话/010 - 63939796

中国法律图书有限公司/北京市丰台区莲花池西里 7 号(100073)
全国各地中法图分、子公司销售电话：
统一销售客服/400 - 660 - 8393/6393
第一法律书店/010 - 83938432/8433　西安分公司/029 - 85330678　重庆分公司/023 - 67453036
上海分公司/021 - 62071639/1636　深圳分公司/0755 - 83072995

书号：ISBN 978 - 7 - 5197 - 4896 - 8　**定价**：62.00 元